たのしい刑法Ⅰ

総 論

［第3版］

島 伸一編著

弘文堂

第 3 版によせて

『たのしい刑法』が初めて刊行されたのが、1998 年 3 月ですから、2023 年 3 月で四半世紀にわたり、本書は刑法総論の教科書として読み続けられてきたことになります。人でいえば、生まれたばかりの赤ちゃんが 25 歳の立派な社会人になっています。これもひとえに読者と教科書採用していただいた先生方のおかげだと心から感謝しております。

刑法の教科書は改変の激しい法律に関する書物だけに、それにあわせてタイムリーに適宜改訂しないと、読者のニーズにこたえられません。改訂版を刊行するというのは、執筆者にとってはかなりの苦労です。しかし、本書では、執筆者が一丸となり、その労を惜しみませんでした。これが、本書が長期にわたり読者に受け入れられた理由の 1 つだと思います。

今回の改訂［第 3 版］の刊行は、2022 年 6 月の懲役と禁錮刑を拘禁刑に一元化する、という大きな刑法改正にあわせました。またその他にも、法改正や重要判例の変更などが第 2 版刊行からの 5 年間にいくつかありましたので、それらもフォローしました。

本書は、これから刑法総論を勉強しようとする人に、必要かつ十分な最新の知識を提供しようとするものです。したがって、ベースとなる刑法典は、2022 年 6 月に改正されたものにしています。そのため、本書刊行時点では成立したものの、まだ施行されていない条文もあります（たとえば、**懲役・禁錮の一元化に関連する法令は同年 6 月 17 日の公布後 3 年を超えない範囲において政令で定める日に施行**）。しかし、近い将来必ず施行されるので、これを先取りし、新しい法令に基づいて理解した方が再度勉強する無駄がはぶけ、将来も役立つはずです。

そこで本書では原則として、刑の成立が特に重要な意味をもつ「第 7 章 罪数論」とケース・スタディを除き（そこでは、「懲役・禁錮」の区別を維持し、＊マークで注意を喚起）、改正刑法に基づき「拘禁刑」に一元化して説明しています。また重要判例は最新のものを引用しています。［百選］、［百選Ⅱ］とあるのは、佐伯仁志・橋爪隆編『刑法判例百選Ⅰ』、同『刑法

判例百選Ⅱ』（有斐閣）の2020年11月刊行［第8版］からの引用です。

　本書が『たのしい刑法』と名づけられた理由やその目的、特徴、具体的な使い方などについては、「はしがき」や「**第2版によせて**」をお読みいただくことにして、ここでは割愛いたします。

　最後に、初版から本書まで本当に長い間、一貫して製作・出版にご尽力いただいた、弘文堂の北川陽子さんに深謝いたします。

　2023年2月1日

島　伸一

第2版によせて

『たのしい刑法』の初版を出版したのが1998年3月ですから、それから本書はすでに19年近くにもなります。その間、ほとんど毎年増刷され、また、2011年3月には『たのしい刑法II各論』が、2012年3月には『たのしい刑法I総論』が出版され、刑法の総論と各論がそろうことになりました。

厳しい教科書出版の世界で、本書がそれほど長く生きながらえてこられたのは、ひとえに読者と本書を教科書に採用してくださった学部・法科大学院などの先生方のおかげだと思います。ここに厚く御礼を申し上げます。

I総論とII各論がそろってからまだ5年ほどにすぎませんが、最近の刑法改正の動きが急なので、両者の改訂版を出版することにいたしました。まず本書を先行して出版し、本年の秋までには『たのしい刑法II各論』の改訂版も出版する予定です。いずれの本にも2016年9月の法制審議会刑事法部会の刑法改正案、特にそこでは177条等の性犯罪関係が大幅に改正になるようですから（2017年中には同案は国会に提出されて成立の予定）、それらまでフォローして読者の皆さんが刑法に関する最新の法規・判例・学説を学習できるように試みております。

本書の目的は、とかく難解で面白みがないと思われがちな刑法の教科書を**わかりやすい表現**や［**図解**］を用いて読みやすく、理解を容易なものにし、また［**イラスト**］や［**コーヒー・ブレイク**］等を挿入して、初めて刑法を学ぼうとする学生にもたのしく学べるようにすることにあります。しかし、それにもかかわらず、内容は法学部の学生として**必要にして十分な判例や学説**の知識を提供し、［**ケース・スタディ**］により事例問題への応用・論述能力を養うことも目指しております。本書の目的とさまざまな工夫の活用の仕方については、［**はしがき**］に詳しく書きましたので、ぜひお読みください。

最後に、そのような欲張った目的と内容をもつ『たのしい刑法』の執筆を快く引き受け、本書でも変わらずお付き合いいただいた執筆者の先生方ならびにいつも的確なアドバイスや校正など、労をいとわず19年間もの長

きにわたり本書の出版継続にご尽力いただいた弘文堂の北川陽子さんに心からの謝意を表します。

2017年2月1日

島　伸一

はしがき

　なぜか刑法というと、むずかしく、とっつきにくいものとの感じが先にたちませんか。私が大学ではじめて刑法の講義を聞いたときの印象を、今でもはっきりとおぼえています。「これから大変なことをやるんだ」という気持ちで気分が暗くなりました。そして、刑法の教科書を読もうとして「うんざり」しました。罪刑法定主義だの構成要件だの法益保護だの、いきなりわけのわからない語句が呪文のようにところ狭しとならび、「なんだこりゃ。さっぱりわからないや！」。それからずいぶん年月がたち、刑法を教える立場になってしまいました。わずかながらも刑法がわかってくると、実は「刑法を知ることはとてもおもしろく、役に立つことなんだ！」と感じてきました。だから、教え方さえ工夫すれば、刑法に対して一般の人々がもつ先入観を打ち破って、もっと早く、このおもしろくてタメになる刑法を知ってもらえるのではないだろうか。これが本書を作ろうとしたきっかけです。

　特に最近は、大学での刑法の講義が、1年生あるいは遅くても2年生のときから始められるようになり、高校を卒業してまだ法律について右も左もわからないうちに複雑な刑法学の体系を学び、理解しなければなりません。たとえていえば、日本の登山家がヒマラヤの未踏峰に挑むようなものです。だから、高校の授業から大学の講義にうまく乗り移れるような橋渡し（サポート）が必要です。これは、未踏峰をよく知っている地元の有能なガイドやシェルパなどの心のこもったサポートがなければ、登頂がおぼつかないのと同じです。刑法を学ぶ場合、サポートとしてもっとも重要なのは、先生の講義と教科書でしょう。はたしてこの本が、本当にこれから刑法という未踏峰に果敢に挑もうとする皆さんのかけがえのないガイドになり、登頂を成功に導くかどうかはわかりません。しかし、私たちは、わかりやすくするためのさまざまな工夫をして、しかも楽しみながら刑法を学べるようにすれば、きっと登頂に成功してくれるという同じ思いで、本書を作りました。

そこで本書の読者としておもに想定したのは、大学に入学し、はじめて刑法を学ぼうとする学生です。でも、なにも刑法を知る必要があるのは学生に限りません。社会人だって同じです。狂信的な宗教集団や暴力団などによる組織犯罪、少年による凶悪な殺人事件、精神異常者による連続殺傷事件、総会屋への利益供与事件、企業と官僚や政治家との癒着による贈収賄事件そして談合事件、脱税事件など、すべて刑法に関係します。刑法を知らなくては、社会を理解できませんし、運が悪ければ事件に巻き込まれかねません。本書は、やさしく、わかりやすく、しかも楽しめるように刑法を説明していますので、はじめてあるいは忘れてしまった刑法を学ぼう、思い出そうとする社会人にもぴったりです。

　しかし、そうだからといって、説明のレベルを下げたわけではありません。大学の法学部生のためには十分すぎる「量」と「質」をもっています。しかも、とかく日本の学生に欠けるといわれる論文作成能力を養うため、特に[**ケース・スタディ**]をもうけました。そして、執筆者は、今、各担当分野の第一線で活躍中の研究者と実務家ですから、現在の最新の考え方を知ることができ、司法試験の受験生や法科大学院の未修者コースの院生にとっては最適の教科書や副読本、また高度なレベルを求める法学部の3、4年生のゼミ教材などにもなるはずです。

　2009年からは、いよいよ一般市民の参加する裁判員裁判がスタートしました。裁判員の方にはもちろん、裁判員候補者である一般市民全員の必読書としても好適なものです。

　本書では、わかりやすく説明するため、できるだけむずかしい用語、語句、文章はさけて、専門用語の使用も必要最少限度にとどめました。説明は、与えられた問題について、原則として、通説・判例あるいは有力説によればどのようになるかという考え方の大きな道筋をたどることに重点をおきました。このため、文献等の引用も重要判例と刑法判例百選Ⅰ［第7版］（本文中［百選○○事件］と引用。改訂時に、第7版に事件番号を変更しました）に限らせていただきました。その他、各章の最初にそこで説明しようとする事柄の全体像を[**キー・ポイント・チャート**]で示し、各節のむずかしい部分には、[**図表**]を入れて理解の手助けにしました。

また、楽しく学ぶために、[**イラスト**]、[**コーヒー・ブレイク**]を適宜挿入したり、紙面のレイアウトをはなやかにするなどして、全体の構成をバラエティにとんだものとしました。紙面も２色刷にし、タイトルおよび重要語句等については色で容易に記憶に残るように配慮しました。以上のように盛りだくさんのユニークな企画で、わかりやすい「たのしい刑法」になったのは、執筆者全員が会議をかさね、アイデアと特殊技能を出し合った結果です。

　さらに、読者からの要望が強かった『たのしい刑法Ⅱ各論』も刊行されたので、それにあわせ、本書のタイトルを『たのしい刑法Ⅰ総論』と改めました。しかし、基本的な考え方・内容は『たのしい刑法』の［初版］［第２版］を受け継いでいますので、実質的には本書は『たのしい刑法』の［第３版］にあたります。

　本書の刊行に際し、本書からその『各論』へのレファー（参照）を徹底しました。このため、本書を読むかたわらに『各論』も置いておけば、総論と各論を同時に学べ、刑法の理解が深まること請け合いです。

　そのうえ、[**ケース・スタディ**]と[**コーヒー・ブレイク**]も１つずつ加え、最新の重要判例や立法の動向までフォローしました。

　最後に、『たのしい刑法』の［初版］から本書の刊行まで、いつも適切なアドバイスときちんとした紙面構成で読みやすく、文字通り『たのしい刑法』の教科書に仕上げてくれた、弘文堂編集部の北川陽子さんに心から感謝いたします。

　　　2012年２月１日

　　　　　　　　　　　　　　　　　　　島　伸一

●著者プロフィール＆メッセージ

＊編者

島　伸一　（しま・しんいち）１章およびコーヒー・ブレイク担当

現在　島伸一法律事務所所長・弁護士、法学博士（上智大学）、駿河台大学名誉教授。

経歴　中央大学法学部卒業、上智大学大学院法学研究科博士課程修了、東京大学法学部国内研究員、州立ワシントン大学ロースクール客員研究員。

メッセージ　人生の目標は「愛と自由」。大きく目を開いて世界を見ると、小さい日本が見えてくる。シアトル、カンヌ、ハワイは何回行っても良いですよ。皆さんも世界を巡ると、きっと新しい価値観が生まれます！

著書　単著『アメリカの刑事司法』（弘文堂）、『捜索・差押の理論』（信山社）、編著『ロースクール生のための刑事法総合演習』（現代人文社）等。

只木　誠　（ただき・まこと）　２章および図表担当

現在　中央大学法学部教授。法学博士（中央大学）。

経歴　中央大学法学部卒業、同大学院法学研究科博士課程退学、ゲッティンゲン大学（ドイツ）客員研究員。

メッセージ　「たのしい刑法」への途上には、常に笑いと激しい議論、そして笑顔の、しかし有無をいわせぬ原稿の催促がありました。皆さんもたのしんで刑法を勉強してください。

著書　単著『罪数論の研究〔補訂版〕』（成文堂）、『刑事法学における現代的課題』（中央大学出版部）、編著『刑法演習ノート─刑法を楽しむ21問〔第３版〕』（弘文堂）等。

山本輝之（やまもと・てるゆき）　３章担当

現在　成城大学法学部教授。

経歴　上智大学法学部卒業、同大学院法学研究科博士課程単位取得退学、同大学法学部助手、州立ブリティシュ・コロンビア大学（カナダ）留学。

メッセージ　何度も弘文堂の会議室に集まり、お互いの原稿をチェックしたり、ときには激論を闘わせたり、まさに「たのしい？刑法」でした。

著書　共編著『精神科医療と法』（弘文堂）、共編著『触法精神障害者の処遇[増補版]』（信山社）、共編著『プロセス演習刑法』（信山社）、共編著『ブリッジブック刑法の基礎知識』（信山社）等。

高山佳奈子（たかやま・かなこ）4〜6章およびイラスト担当

現在　京都大学法科大学院・法学部教授。

経歴　東京大学法学部卒業、同大学院法学政治学研究科修士課程修了、同助手。アレクサンダー・フォン・フンボルト財団奨学研究員としてケルン大学（ドイツ）留学。

メッセージ　日本に法学を普及することが人生の目標です。この本を手にしたあなたも、もう逃げられないのです。

著書　『故意と違法性の意識』（有斐閣）、共著『法の同化：その基礎、方法、内容―ドイツからの見方と日本からの見方』（de Gruyter）、共著『Death Penalty: A Cruel and Inhuman Punishment』（tirant）。

大島良子（おおしま・よしこ）7章およびケース・スタディ担当

現在　弁護士、民事調停委員、国際交流委員会委員、東証プライム企業取締役・監査等委員、登録政治資金監査人。

経歴　慶應義塾大学法学部卒業、司法試験合格、米国ロースクールで法学修士号（LL.M.）を取得。日本やニューヨークの渉外法律事務所、多国籍企業（インハウスロイヤー）等に勤務。

メッセージ　刑法は、現代社会において、国家刑罰権から自由である範囲・限界を理解するために欠かせない基本法です。裁判員として刑事裁判に参加する場合に、刑法は身近な法律となるため、この本は楽しく学べるバイブル的存在として活用できます。

著作　「Non-banks tapping CP market for new funds」（Euromoney）、『企業社会における民事訴訟制度の意義』（慶應通信）、『絶対負けない法律の常識』『絶対泣かない法律の常識』（KKロングセラーズ）、『渉外弁護士業務データファイル』（中央経済社）、『くらしの法律Q&A』（新日本法規）等。

北川陽子（きたがわ・ようこ）　担当編集者

「刑法はむずかしい！」とよく言われます。だから初めて刑法を学ぶ学生さんがそう感じないようなテキストを作ろうというのが、この本のスタートでした。ビジュアルな仕掛けをいくつもちりばめ、説明はとことん分かりやすくなるようにと何度も原稿チェックをし、会議を重ねました。そして、本当に「たのしい刑法」になっているだろうかと思い続けてここまできました。あとは、読者の皆様の判断をお待ちするだけです。さまざまなメッセージを著者、編集者にお送りいただけると幸いです。

目　次

第3版によせて
第2版によせて
はしがき
著者プロフィール&メッセージ

第7章　罪数論　㉛

第1章　刑法学への招待

〔キー・ポイント・チャート〕

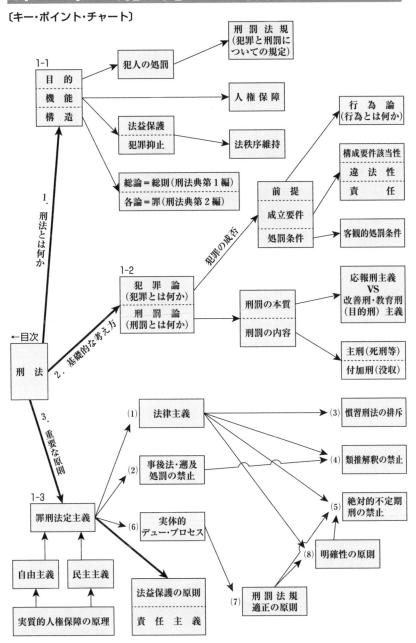

序. 刑法の学び方

　刑法学は、とてもむずかしい学問と思われている。そのおもな理由としては、次の2つがあげられる。①用語がむずかしく、聞きなれない言葉が多いこと（たとえば、犯罪構成要件）。②用語相互の関係が複雑なことである（たとえば、犯罪構成要件と違法性の関係）。日常生活では使われないような用語や言葉が刑法学に多いのは、現行刑法（明治40年制定）はドイツ刑法の影響を強く受けて制定されたので、用いられている用語や言葉がドイツ刑法学上のものを翻訳してあらたに作られたことに大きな原因があろう。

　さらに、刑法総論は、各論にくらべるとむずかしいといわれている。その理由としては、各論は特定の犯罪の成立（たとえば、殺人罪）を扱うので、一般の人々が具体例を考えることが容易であるのに対して、総論は、すべての犯罪に共通する要素を取り出してこの意味と役割を分析・検討するというきわめて抽象的な作業を行うから、具体例が考えにくいことがあげられる。

　そこで、「はしがき」で書いたように、本書を読むあなたのかたわらに『たのしい刑法Ⅱ各論』を置き、レファーに従い、その該当箇所を読むようにすれば、具体例がわかり、理解が一層容易になるはずである。

　本書は、刑法総論にあたるものであるが、できるかぎり現代風の言葉でわかりやすく、具体例をあげて用語や言葉を説明しながら筆を進めるように努力した。しかし、テクニカル・ターム（専門用語）としてそのまま覚えなければならないものもあるので、どうしてもわかりにくいところは残る。このようなとき、そこで1つ1つ立ち止まって深く考えず、とりあえずノートに書きとめる程度にしておき、どんどん先に読み進み、本書を完全に読み終えてからもう一度立ち返ってみるというほうが、能率的で効

果的な刑法の学習方法である。特に、1章は全体のアウトラインにあたり、ここで扱われた用語や言葉について後章であらためて詳しく説明されることが多いので、そのような方法をおすすめする。むずかしい用語や言葉も慣れてしまえばそれほど苦にならなくなり、むしろ刑法学の奥の深さと論理的思考のすばらしさにきっと感動し、刑法を学ぶことが楽しくなるであろう。

1. 刑法とは何か

●——— 刑法の目的と機能

　刑法の目的は、犯罪を犯した人を処罰することにある。このための要件を規定した法律が刑法である。これは、次の2つの部分から成り立っている。1つは、「犯罪を犯した」という点に関するものであり、「犯罪の成立」について規定した部分といえる。2つめは、「処罰する」という点に関するものであり、「刑罰」について規定した部分といえる。そして、学問上は、前者の問題を扱うのが犯罪論、後者の問題を扱うのが刑罰論と呼ばれている。要するに、刑法とは、犯人を処罰するため、「犯罪と刑罰」について規定した法律である。

　さらに、この「犯罪と刑罰」について規定した法律を意味する刑法という言葉は、しばしば次の2つの意味で用いられている。「犯罪と刑罰」について規定している個々の規定、すなわち刑法典における各条文（罰条）＝刑罰法規の意味と、これらが体系的に整理・統合された立法の全体、すなわち刑法典の意味とである。したがって、刑法というとき、これがいずれの意味で用いられているかを注意しなければならない。

　刑法は犯罪者を処罰するためのものであるから、社会的には次の2つの機能をもつ。①社会の平穏を保つことと、②人々の人権を擁護すること、である。なぜ刑法により社会の平穏が維持されるのだろうか。社会生活におけるさまざまな利益（たとえば、生命や財産）を保護（法益の保護）し、これを犯した者を刑法により処罰することにより、それらを奪おうとする行為をやめさせる（犯罪の抑止）からである。このように犯罪を未然に防ぎ、さまざまな利益を保護して社会の平穏を保つことは、言い換えれば法秩序を維持することでもあるから、結局、刑法には法秩序維持機能がある

といえる。

　次に、なぜ刑法により人々の人権が擁護されるのだろうか。それは次のように考えられる。犯罪の成立要件については、法律（この中心となるのが刑法典）により定めなければならないという罪刑法定主義の原則から、「犯罪」とは、原則的には刑法典において「犯罪」として規定されている行為をいう。だから、道交法のようなその他の犯罪を規定した特別の立法がない限り、刑法典に規定されていない行為は「犯罪」ではない。したがって、このような行為をしても決して処罰されないということを刑法は一般の人々に保障しているからである。これを、刑法の人権保障機能と呼ぶ。

　このように刑法には、大きく分けて、法秩序維持機能（法益保護機能・犯罪抑止機能）と人権保障機能という2つの機能がある。これらの機能は通常はうまく調和しながら社会に奉仕しているが、時折、相反する場合が起こる。たとえば、社会に犯罪的な行為が増え、人々の諸利益が危険にさらされつつあるというので、そのような行為をできるだけ多く刑法上の「犯罪」にとりこみ、これに重い刑罰を科して社会の平穏を回復したとしよう。この結果、今まではかろうじて「犯罪」とされず、自由に許されていた行為が「犯罪」とされ、それを行っていた人が処罰されてしまうかもしれない。こうなると、法益は保護され、犯罪は抑止され、法秩序は維持されるかもしれないが、人々の行動の自由が制限されることになるので、人権の保障機能は薄くなる。また、この逆の例もありうる。たとえば、人々の社会活動の自由を広げるために、刑法の適用をゆるやかにして、「犯罪」とされていた行為を単なる犯罪的な行為にとどまるとして、不処罰にしたとしよう。この結果、人権保障機能は強化されるかもしれないが、今まで刑法により守られていた利益は簡単に奪われ、犯罪あるいは犯罪的な行為をする人は増え、法秩序維持機能は後退する。

　したがって、刑法の解釈や立法にあたっては、刑法がそれらの機能の微妙なバランスの上におかれていること、および現在の社会が刑法に何を求めているか、たとえば、自然環境を保護するため環境を破壊するような行為を厳しく処罰することを社会が望んでいるかを忘れてはならない。

●───── 総論と各論

刑法の講義は、通常、総論と各論（あるいは刑法ⅠとⅡ）の2つに分けて行われる。刑法の多くの教科書も同様に分けて執筆されている。本書は、そのうちの総論に関するものである。

総論・各論という分類は、次のような刑法の対象と考察方法の違いに基づいている。総論では、刑法の諸規定に共通する問題や基本的な概念を取り上げて全体的な見地から説明あるいは解釈を加える。これに対して、各論では、刑法の各規定に特有な問題や例外的な概念を取り上げて、個別的な見地から説明あるいは解釈を加える。日本の刑法典も同様の分類を採用し、第1編「総則」と第2編「罪」の2つから構成されている。「総則」が「総論」に、「罪」が「各論」にあたる。

総論と各論の違いを具体例で示してみよう。犯罪の成立に必要なものというと、「犯意」が思い浮かぶであろう。これは刑法学上、「故意」と呼ばれているが、総論では、「故意」が犯罪の成立に必要とされる罪、すなわち故意犯について、この全体に共通する故意の意味・内容や体系的地位・要件、さらに故意と対立する概念である「不注意」＝「過失」との違いなどを考える。それに対して、各論では、故意犯を個々の犯罪に分解して、たとえば殺人罪を取り上げて、殺人罪の成立に必要な犯意＝「殺意」＝「殺人の故意」について、これに特有な意味・内容や要件などを考える。

したがって、理論的・体系的には、総論は各論の前提であり、総論から講義を開始するのが普通である。しかし、総論は一般論であるから、説明が抽象的になりがちで、受講者が理解しにくいという欠点がある。そのため、大学によっては、各論から開始するところもある。いずれから開始するにしても、まだ開始されていない部分についても常に意識しながら講義を聞き、また独習しておく必要がある（各論の学び方については、各論序章●─刑法Ⅱの学び方参照）。

●───── 刑法に関する法規

(1) **法源** 刑法の法源とは、簡単にいえば、犯罪と刑罰について、解釈・適用の根拠となる法のことであり、本章第3節で説明される罪刑法定

主義と関係して重要な意味をもつ。憲法31条は、「法律の定める手続によらなければ、……刑罰を科せられない」と規定し、ここでいう「法律」とは、国会でつくられた法律（形式的意味における「法律」）のみを指す。また、その規定には、「手続」＝刑罰を科すための手続に関する法＝手続法（刑事訴訟法）ばかりでなく、その手続により適用される「内容」＝犯罪と刑罰自体を規定した法＝実体法も含まれると解されているから、結局、犯罪と刑罰については、「法律」で規定しなければならない。この典型的な例が刑法典である。したがって、刑法の法源とは何かといえば、まず、刑法（刑法典）があげられる。しかし、犯罪と刑罰についての規定はそれのみに限らない。たとえば、道路交通法65条１項の酒気帯び運転罪（罰則は117条の２第１号）のように、他の法律中にも犯罪と刑罰について規定したものがよく見受けられる。これらは特別刑法と呼ばれ、広い意味で刑法の一部を構成し、刑法の法源となっている。したがって、特別刑法については、刑法典の第１編総則の諸規定が適用になる（８条）。

　刑法の法源は、「法律」に限られるので、厳格な意味では、慣習法（法例２条参照）や判例法はそれに含まれない。しかし、慣習法は刑法の解釈の基準になることがある（本章第３節●―罪刑法定主義(3)参照）。また、判例法も法律の条文だけでは内容が明らかでないとき、その解釈の手がかりにされることがあり、罪刑法定主義に反しない限度で刑法の法源として認める学説もある。

　(2)　**刑法と刑事訴訟法**　　刑事訴訟法は、刑法の法源ではなく、刑法の内容を実現するための手続について規定した法律である。法の支配（rule of law）の完備した近代国家においては、犯罪者に刑罰を科すという刑法の内容を実現するためには、**法の適正な手続**（due process of law＝デュー・プロセス・オブ・ロー）に従って犯罪と犯罪者を認定し、合理的な刑罰を選択しなければならない。このための法律が**刑事訴訟法**であり、刑法と刑事訴訟法という２つの法律は密接な関係にある。日本では、それぞれ別個の法典として立法されているが、アメリカのカリフォルニア州では、刑法典（penal code）のなかに刑事訴訟に関する規定が組み入れられているほどである。

人が犯罪を行うと、その瞬間にその人（真犯人）について、犯した犯罪にあたる刑法の規定が適用になり、国家の刑罰権が発生する。しかし、これは目に見えるわけでも、においがするわけでもないから、あくまでも観念的・抽象的なものにとどまり、いわば神のみが知る真実である。この真実に迫ろうとする努力が、刑事訴訟法に従って行われる捜査機関による捜査であり、裁判官・検察官・弁護人による裁判である。このような過程を通して、観念的・抽象的な刑法の適用が、証拠（犯罪のこん跡）により現実的・具体的に示されていくことになり、裁判官が事件の全体を知覚できたとき、犯罪が認定され、犯人に刑罰が科される（国家刑罰権の実現）。こうして刑法は刑事訴訟法により、神の世界から引きずりおろされ、人間の住む現実の世界のものとなる。

　　　　　　　　　　　しかし、捜査や裁判は、人間がやることであり、人間は神に近づくことはできても神にはなれないから、真犯人と裁判上の犯人とが相違する場合が起こる（ドラマの大岡越前守や遠山の金さんは、絶対に誤判をしないからもはや人間ではなく、神であるが）。この場合に、裁判官が裁判上の犯人（＝被告人）に刑を宣告することにより、この者について刑法が具体的に適用になったのだから、真犯人に対する刑法の適用は消滅すると考えるか、それでもなお真犯人に刑法が適用になっていると考えるかは、むずかしい問題である。刑事訴訟法を学ぶときに、いわゆる誤判や再審の問題に関連して検討されるであろう。

　これに対して、刑法を学ぶときには、そのような捜査や裁判の現実とは関係なく、真実がわかっているとの前提で犯罪の成否について考えればよい。つまり自分が神であり、事件の真の全貌をくまなく知りつくしているという立場で、犯罪の成立要件がその事実（事件）に備わっているか否かを考えれば足りるわけである。

　(3)　**刑事政策に関する法律**　　裁判で有罪判決を受けた犯罪者について、判決が確定するとこの内容に応じて刑罰の執行が開始される。死刑・拘禁刑・拘留については拘禁が行われる。また、罰金刑については、罰金の納

付が行われる。このような刑罰のあり方と犯罪の予防、犯罪者の社会復帰と更生の道を探るのが刑事政策である。この基本的な性質は、行政上の政策であり、法ではないが、行政政策の執行は法による必要があるから、刑事政策のための法律がある。たとえば、刑事収容施設及び被収容者等の処遇に関する法律（以下「刑事収容施設・被収容者等処遇法」という）などがそれにあたる。これらは、刑罰の目的実現とその具体的内容に関するもので、刑法と関係が深い。特に次節●─2つの基本的な考え方で述べるように、刑罰の目的が、応報から教育へと比重を移すに従って、その重要性は増している。

第**1**章………刑法学への招待

2. 犯罪と刑罰についての基礎的な考え方

●──── 2つの基本的な考え方

　犯罪と刑罰に関する考え方について、古くから次の2つの学派があり、争っていた。古典学派（旧派）と近代学派（新派）である。さらに古典学派は、近代学派成立前のベッカリーア（著書『犯罪と刑罰』）やフォイエルバッハらの前期古典学派と、その成立後のビンディング、ベーリングらの後期古典学派に分けられる。しかし、この両者は違法性の意味内容や犯罪行為者の意思の自由に関する理解では異なるところがあるものの、いずれも意思の自由を認め、これに基づく客観的行為について、応報として刑罰を科すという、基礎的理解で一致する。

　それに対して、近代学派は、前期古典学派に対する批判として、イタリアのロンブローゾ（「生来性犯罪人」説）、フェリーそしてドイツのリストらにより形成された。ここでも、ロンブローゾらの急進的な意思の自由否定論とリストの穏健な主張には開きがある。しかし、基本的には意思の自由と応報としての刑罰を否定し、個々の客観的行為の背後にある行為者の反社会的性格について、改善・教育あるいは社会防衛として刑罰または処分を科す、という基礎的理解で一致する。

　両派の主張を整理するとおおむね次のようになるとされている。

　(1)　**古典学派**　　①犯罪者には、犯罪行為をするか否かを決定する意思の自由があり（意思自由論）、②自由意思に基づいて行われる個々の犯罪行為自体に現実的意味を認める（犯罪現実説）。したがって、③処罰の対象は、行為者ではなく、現実的に意味のある個々の犯罪行為そのものである（行為主義）。④犯罪の成立については、行為の客観的側面と結果（法益侵害）を重視して（客観主義）、⑤刑事責任の根拠を、自由意思によりあえて違

法行為を選択し、実行したことへの道義的非難に求める（道義的責任論）。⑥刑罰は、道義的責任のある行為を行ったことに対する応報であり（応報刑論）、⑦その目的は、犯罪を行えば、必ずその応報として刑罰が加えられる、と一般社会人を心理的に威嚇して犯罪を予防することにある（一般予防論）。このことは、結局⑧国家的法秩序を維持することにつながる（法秩序維持論）。

(2) **近代学派**　①犯罪者は、生まれつきの性格（素質）や生活環境により必然的に形成されるので、犯罪者には、犯罪行為をするか否かを決定する意思の自由はなく（意思決定論）、②犯罪行為は、ただ行為者のそうした反社会的性格の徴表にすぎないから（犯罪徴表説）、③罰せられるべきは、行為ではなく行為者である（行為者主義）。④犯罪の成立については、行為者の反社会的性格などの主観的側面を重視して（主観主義）、⑤刑事責任の根拠を、社会が反社会的性格を有する者の危険性から自己を防衛する必要性、換言すれば行為者がそのために社会からの隔離等一定の負担を負うことに求める（社会的責任論）。⑥刑罰は、行為者の反社会的性格を改善し、教育するための手段であり（改善刑・教育刑論）、⑦その目的は、個々の行為者の更生と再犯の予防にある（特別予防論）。こうして、結局、⑧社会は犯罪から守られる（社会防衛論）。

(3) **近時の動向**　古典学派と近代学派の考え方は、**表1**のようにまとめられる。しかし、これはあくまでも各派の主張をモデル化したものであり、近時は、基礎となる思想や考え方を維持するよりも、両派のよいところを取り入れながら、刑法理論の体系化をはかろうとする傾向が強い。したがって、刑法の考え方としては、犯罪の成立と刑罰の問題を区別して、前者については、古典学派のいう、罪刑法定主義に基づく行為主義・客観主義を厳格に維持しつつも、後者については、応報刑主義を大幅に緩和し、むしろ近代学派のいう改善刑・教育刑主義を取り入れ、個々の行為者の更生と再犯の予防（特別予防）を重視している。現在、刑法は、不当な刑罰の実行から人々の人権を守りながら、世界的な犯罪の増加、悪質化を予防する、というむずかしいところにある。今ほどイデオロギーに基づく観念的な学派の争いを越えて、現実的対応がせまられている時代はない。

表1　古典学派と近代学派の考え方

事項＼学派	古典学派（旧派）	近代学派（新派）
①行為者の意思	意思自由論	意思決定論
②犯罪行為	犯罪現実説	犯罪徴表説
③処罰の対象	行為主義	行為者主義
④犯罪成立の要件	客観主義	主観主義
⑤刑事責任	道義的責任論	社会的責任論
⑥刑罰	応報刑論	改善刑・教育刑論
⑦刑罰の目的	一般予防論	特別予防論
⑧刑法の機能	法秩序維持論	社会防衛論

●─────「犯罪」とは何か

　私たちは、「犯罪」という言葉をよく使う。しかし、「犯罪」とは何かと問われると、説明に困る学生が多い。その解答には、「悪いこと」とか、「法律に違反する行為」とか、あるいは「人を殺すこと」（各論第1編第1章第1節●─殺人罪（199条）参照）などがある。いずれの答えも、間違いとはいえないが、完全な正解ともいえない。確かに「犯罪」は、「悪いこと」でも「法律に違反する行為」でもあるが、逆に、「悪いこと」や「法律に違反する行為」が必ずしも「犯罪」とは限らない。また、「犯罪」は「人を殺すこと」だけではないからである。しかし、刑法学者の間でも、「犯罪」についての決まった定義はまだないので、学生がそのようにさまざまな説明をするのも無理はない。現在の日本では、多くの学者はその解答を次のように考えている。

　「犯罪」とは、①「犯罪構成要件に該当し」（構成要件該当性）、②「違法」（違法性）であり、③「有責」（責任）な行為である。これらは、犯罪の基本的な成立要件であり、犯罪の成否を考えるときには必ず問題になるから、ここで絶対に覚えてほしい。したがって、本書もこの考え方にそって、「犯罪」について検討していく。

　(1)　**犯罪の成否判断の前提**　　犯罪の成否判断を始める前に、忘れてな

らないものが１つある。それは、犯罪の成否を考えるべき対象となる「行為」の存在である。ライオン等の猛獣はもちろん、犬や猫等のペットが人や財産に危害を加えることがある。しかし、刑法上の「行為」とは、少なくとも「人の身体の動静」でなければならないから、たとえばライオンが人をかみ殺してもはじめから殺人罪の成否は問題にならない。

また、人の「思想・信念・考え」自体は「身体の動静」ではないので、それのみについて犯罪の成否が問題にされることもない。もっとも、人が何もしなかったことについて、犯罪の成否が問題になる場合はある。たとえば、生命保険金をもらうために、池に落ちた子を何もしないで助けなかった親が殺人罪に問われる場合はありうる。このとき、一見、親の「考え」自体がその成否判断の対象されているように見える。しかし、実はそこでも、子供がおぼれているのにあえて何もしないという行為（身体の動『静』＝不作為）が問題とされているのである。これは「不作為犯」と呼ばれ、身体の『動』きがある場合の「作為犯」と対比されるが、いずれも「行為」である点に変わりはない。

　ここまでは現在、ほとんど問題がない。しかし、さらに進んで、刑法上の「行為」といえるためには、「身体の動静」以上に何が必要かという点について考え方が分かれる。

　(2)　**構成要件該当性**　　ある行為が「犯罪」となるためにはまず、それが刑罰の付加されている法律にあたらなければならない。その中心となる法律は、刑法であるから、「刑法なければ、犯罪なし」であり、刑法が犯罪をつくるといえる。こうして、刑法は、「罪刑法定主義」の基礎であるとともに、「犯罪」成立要件の出発点でもある。そして、刑法は、おもに刑罰のある各条文（罰条＝刑罰法規）の集合体であるから、正確には「罰条がなければ、犯罪なし」である。この罰条のうち、犯罪の成立について規定している前半部分が、ほぼ刑法学上「犯罪（これは通常省略される）構成要件」にあたり（正確には、構成要件とは「刑罰法規に規定された犯罪行為

の類型＝モデル」と定義されている。詳しくは、第2章第1節●―構成要件とは何か参照)、犯罪成立の第1の要件とされている。たとえば、199条の殺人罪では、「人を殺した者は」という部分が構成要件にあたる。このように、ある行為が「犯罪」になるためには、まず、それが構成要件にあたる＝該当しなければならない。これを「構成要件該当性」という。この判断の特徴を一言でいえば、おもに行為の客観的（外部的）側面に対する、抽象的（類型的）な形式的・一般的判断であるといえる。

なお、構成要件について、違法性推定機能と有責性推定機能という特殊な機能を認める考え方がある。その理由は、次のとおりである。構成要件は、現実の社会で行われるさまざまな行為のうち、違法で責任の程度が高いので法律で禁ずる必要があると立法者が考えた行為について、条文で規定するために、うまく抽象化・一般化したもの（犯罪類型＝犯罪行為のモデル）である。したがって、構成要件に該当すれば、その行為は特別の事情がないかぎり、原則的に違法性も責任もある行為と推定できる。このことを、それぞれ、構成要件の違法性推定機能および有責性推定機能という。そして、特別の事情とは、違法性阻却事由（たとえば、正当防衛）、責任阻却事由（たとえば、適法な行為を期待できなかったこと＝期待可能性）などと呼ばれているものである。しかし、それらの機能の存否をめぐっては、構成要件についての考え方と関連して学説の対立がある。

(3) **違法性**　構成要件に該当するとされた行為（これを「実行行為」という）について、本当に「違法な」行為であるか否かを詳細に検討するのが、違法性の判断であり、犯罪成立の第2の要件である。「違法」の意味について現在は、刑法の目的は、「法益」（各々の法規定により保護される諸利益、たとえば、199条の殺人罪では、「人の生命」）を保護することであるから、「違法」とは第1次的には、「法益の侵害または危険性」をいうとの解釈が有力である。さらに「法益」を保護することは、「法秩序」を維持することにもつながるから、それを侵害する行為は「法秩序」に違反する行為でもある。この意味で、「違法」には「法秩序違反」も含まれる。違法性判断の特徴を一言でいえば、おもに行為の客観的（外部的）側面に対する、具体的（非類型的）な実質的・個別的判断であるといえる。

(4) **責任**　責任は、犯罪成立のための最後の要件である。構成要件該当性、違法性がいずれもおもに犯罪行為の客観的側面についての判断であるのに対して、責任はその主観的側面、つまり個々の犯罪行為を行った行為者にまで目をむけて、行われた行為について行為者に非難を加えうるか否かを判断するものである。要するに、責任の本質は行われた個々の行為についての行為者に対する法的非難にある。そして、その根拠は、たとえある行為が、構成要件に該当し、違法なものだったとしても、行為者が精神病者や小さい子供のように善悪を判別できないとき、あるいは犯罪行為について認識（故意）や不注意（過失）がないときなどは、その行為を非難する（「なぜそんなことをやったんだ！」）ことはできないか、あるいは非難の程度が低下する、ところにある。もっとも、この非難（＝責任）の本質をめぐっては従来から激しい対立があるが（道義的責任論と社会的責任論など）、現在では、責任を法的な観点から、その行為について非難の余地がありうること（法的非難可能性）とする考え方が有力である。

　責任判断の特徴を一言でいえば、おもに行為の主観的（内部的）側面に対する、具体的（非類型的）な実質的・個別的判断であるといえる。

● ─── 「刑罰」とは何か

(1) **応報としての刑罰**　古典学派によれば、「刑罰」とは、犯罪行為に対する応報として犯人に科せられる苦痛（害悪）である（応報刑主義）。「応報」とは、犯人が犯した罪の重さに応じるだけの報いを受けることである。犯人がその報いを受けると、罪は償われたとして、犯した罪は帳消しにされる。「目には目を、歯には歯を」というタリオの法がそれにあたる。

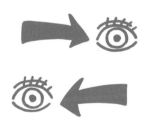

　近代国家が成立して刑罰権を独占し、法律が整備されて刑事制裁と民事制裁とがはっきりと区別される以前には、犯罪者は、被害者に対して犯した悪行に見合うだけの償いを要求された。この具体例が、贖罪（贖金）であり、これは加害者が被害者に犯行に見合うだけの賠償金を支払うこと

で罪を償うという制度である。もし、それを支払わない場合には、被害者の復讐を覚悟しなければならない。しかし、近代国家の成立後は、贖罪や復讐の代わりに、国家による刑罰が、与えられたと同じだけの苦痛を加害者に味わわせたいという被害者の応報感（情）を満足させるため、加えられることになった。

したがって、刑罰の本質は苦痛（害悪）であるが、これは犯した罪に見合う、バランスのとれたものでなければならない（罪刑の均衡）。さらに、このような刑罰を規定する効果としては、犯罪を犯せばそのような刑罰が科せられることを一般人に知らせ、事前に犯罪の実行を思いとどまらせることがあげられる（一般予防の効果）。これが古典学派の基本的考え方である。

(2) **応報から教育へ**　しかし、その考え方に対しては、近代学派が改善刑・教育刑の立場から厳しい批判を加えた。刑罰を重くしたり、罰条の数を増やしても、犯罪がいっこうに減らないので、近代学派は犯罪から社会を守るためには、応報としての刑罰はまったく無力であると考え、むしろ犯罪者には、うまく社会に適合して生きていけるようにする（改善・更生）目的で教育をほどこし、更生すればまた社会復帰させるほうが、社会にとっても、本人にとっても有益であると主張したわけである。これによれば、刑罰の本質は、犯罪者に対する応報ではなく、犯罪者の改善・教育になる（改善または目的刑・教育刑主義）。したがって、この立場からすると、「刑罰」という表現は適当でなく、社会に危険を及ぼすようなものを取り除くための改善・教育（社会防衛）「処分あるいは措置」＝保安処分というべきことになる。

近代学派の主張は、犯罪者の増加という社会の深刻な現実をふまえ、刑罰のあり方を根本から問い直すものであるとともに、刑務所内処遇について、きわめて現実的な提案を含んでいた。このため古典学派の学者にも大きな影響を与え、刑罰の問題——刑罰論においては改善刑・教育刑主義を重視する立場が増えてきた。しかし、応報刑主義を完全に捨てるまでには至っていない。

このおもな理由は、次の2点にある。①改善刑・教育刑主義を徹底する

と、刑務所内で反社会的で危険な性格を改善し、更生できた受刑者はすぐ刑務所から出すが、そうでない者は、いつまでも拘禁を継続しておくのが望ましい。このためには、判決において拘禁刑などの自由刑の刑期をまったく定めるべきではない（絶対的不定期刑）。さらに進めると、犯罪者の性格の社会的危険性を取り除くためには、刑罰ではなく、薬物中毒者に対する治療あるいは禁断処分のような保安処分を課すべきであり、それが除去されない者は犯した犯罪の重さにかかわりなく、一生社会から隔離すべきことになる。これは、犯した犯罪とこれを償うための「苦痛」とのバランスを欠き、犯罪者の人権を侵害する。②一般の人々の間にはまだ応報感が残っており、犯罪の重さに比較して、あまりに早い釈放は、一般人、特に被害者の感情を満足させられない。

　したがって、現在、日本の古典学派の学者は、刑罰は応報であるから犯罪と刑罰のバランスが必要である、という応報刑主義の基本的枠組は維持しつつも、不当に犯罪者の人権を害さない範囲で、改善・教育刑の考え方を取り入れていこうとしている。その結果、少年法52条では、相対的不定期刑（宣告刑で長期と短期を定めるもの）を採用している。また、刑罰を基本としながらも、これを補充するものとして保安処分を採用し（二元主義）、刑罰を科せられない場合（たとえば、精神障害のため責任能力がない場合）などには保安処分に付すべきであるという主張も有力である（1974年の改正刑法草案97条参照）。精神病者や異常人格者の犯罪の増加、また覚せい剤やシンナー中毒者の再犯率の高さを考えると、治療処分や禁断処分に限って（同草案97条1項・98条・101条参照）、保安処分の導入を真剣に検討する時期にきている。

　しかし、犯罪行為と関わりなく、もっぱら対象者の病的・反社会的性格から社会を防衛するために行われる典型的な保安処分については、学会や弁護士会の反対が根強い。そのため、そのような反対論に配慮しつつ類似した機能を一部営むものとして、2003年にいわゆる心神喪失者等医療観察制度が設けられた（「心神喪失等の状態で重大な他害行為を行った者の医療及び観察等に関する法律」参照）。ここでは、殺人、放火、強盗、強制性交等の重大な他害行為を行った者が、不起訴処分か無罪等確定した場合に検察

官の申立てにより、裁判官と精神保健審判員からなる合議体が、強制入院や通院等の処遇とその内容を決めることになる。なお、同制度の導入前は、そのような機能の一部を都道府県知事等によるいわゆる「措置入院」が担っていた（「精神保健及び精神障害者福祉に関する法律」29条参照）。

● ─── 刑罰の具体的内容

（1）**種類**　刑罰には生命刑、身体刑、自由刑、財産刑、名誉刑などがある。生命刑は死刑、身体刑は 杖 刑（細い棒で罪人を打つ）のように身体に危害を加える刑、自由刑は身体の自由を奪う刑、財産刑は財産上の利益を奪う刑、名誉刑は旧刑法における剥奪公権のように名誉を奪う刑である。現行刑法（2022年6月改正刑法）は、死刑のほか、自由刑として拘禁刑（懲役・禁錮の区別は廃止された。「第3版によせて」および本章本節 ● ─ 刑罰をめぐる近時の問題と動向(2)参照）・拘留、財産刑として罰金・科料（ただし、過料は行政罰）・没収のみを認めている（9条）。没収は独立して科せられない付加刑であるが、その他は独立して科せられる主刑である。

（2）**主刑の軽重**　主刑を重い順に並べると、死刑、拘禁刑（懲役と禁錮では原則的に労役義務がある懲役が重いとされていた）、罰金、拘留、科料となる（10条）。

（3）**主刑の内容**　死刑は、日本では絞首刑である（11条）。死刑制度のあるアメリカの州では、電気や毒薬の注射がおもな執行方法である。また世界には、銃殺やギロチンによるところもあった。死刑の存廃については、世界中で大きな議論があるが、日本の最高裁は、死刑は、憲法36条で禁ずる「残虐な刑罰」にあたらず（最判昭和23・3・12刑集2巻3号191頁参照）、また絞首刑も許されるという立場をとおしている（最判昭和30・4・6刑集9巻4号663頁参照）。

拘禁刑には、無期と有期があり、有期の期間は1月以上20年以下である（12条1項）。ただし、刑の加重により上限が30年になることもある（14条）。いずれも刑事施設に拘置する。

拘留は、刑事施設に拘置することになっている（16条）。拘留の期間は、1日以上30日未満である（16条）。

罰金と科料の相違は、国に支払うべき金額の違いにある。罰金は、原則として1万円以上（15条）であるのに対して、科料は千円以上1万円未満である（17条）。罰金が払えないときは、1日以上2年以下の期間、また科料を支払えないときは、1日以上30日以下の期間、労役場に留置する。労役場は刑事施設に附置され（刑事収容施設・被収容者等処遇法287条1項）、労役場留置の言い渡しを受けた者には拘禁刑受刑者の規定が準用されるから（同法288条3項）、実質的には拘禁刑と変わりがない。したがって、これは、財産刑から自由刑へと刑を変更すること（刑の変更＝換刑）に等しく、裁判官が財産刑を選択した意味を失わせるとの批判がある。

　(4)　没収・追徴　　没収は、独立に科すことはできず、他の主刑を言い渡す際に付加的にのみ科すことができる（付加刑）（9条）。そして、追徴は、没収の対象物が没収不能となったとき（裁判時）に、それに代えて行われる処分であり、いわば一種の換刑である（19条の2）。たとえば、犯罪により取得した物を善意の第三者に売って得たお金。没収の対象物は、次のとおりである（19条1項1～4号）。

　　①犯罪組成物件（例；偽造文書行使罪における偽造文書）
　　②犯罪供用物件（例；殺人罪における包丁）
　　③犯罪生成・取得物件（例；賭博により得た財物）
　　④対価として得た物（例；③により得た物を売った代金）

　没収の法的性質をめぐっては、刑罰説と保安処分説が対立している（保安処分については、本章本節●―「刑罰」とは何か(2)参照）。保安処分説は、没収が本犯（問題となっている犯罪の犯人）以外にも及ぶ場合があることを根拠とする（たとえば、19条2項ただし書の場合）。しかし、事実上の性質が保安処分に近い場合はあるとしても、現行法上は、刑罰の一種とされており（9条）、主刑にも付随しているから、形式的には、刑罰と考えざるをえない。アメリカの州の中には、わいせつ物のように社会的に有害な物については、人の刑事責任とはまったく無関係に、訴訟の相手方をその物自体とし、一括して没収する手続がある（対物訴訟）。このような処分は、犯人とは無関係に実行され、応報よりも社会に危険を及ぼす物を取り除くために行われるから、保安処分の一種といえるであろう。

没収・追徴については、収賄罪のように刑法典の中に特別規定をもつ場合があるので注意を要する（197条の5）。これは、没収するかしないかについて判断の自由が裁判官にある通常の裁量的没収と異なり、その判断の自由が裁判官になく、必ず没収しなければならないという必要的没収を規定したものである。また、刑法典で規定されている要件を緩和して没収を認める法律がいくつかある。たとえば、銃砲刀剣類所持等取締法36条は、刑法19条1項所定の物件にあたらない物について没収を認めている。さらに、いわゆる麻薬特例法（1991年10月）11条以下では、覚せい剤の輸出入等の「薬物犯罪」について、不法な利益は持たせないとの観点からより厳しい規制を加えて、非有体物である財産の没収および不法な財産から生じた利益である派生的財産（たとえば、利息）などにまで没収を認める等、没収・追徴の徹底を図っている。

●─── 執行猶予、仮釈放、保護観察

　(1)　執行猶予（全部執行猶予と一部執行猶予）　　刑の執行猶予とは、有罪判決に基づく刑の執行を一定期間猶予し、これが取り消されることなく無事に猶予期間を経過すると、刑の言い渡しにともなうすべての効果が消滅する制度である（25条）。執行猶予は、刑の言い渡しをする点で、有罪の確定後、刑の言い渡し自体を猶予する**宣告猶予**と異なる。

　執行猶予は、本来は短期自由刑の弊害を避けるため（後述）、社会内で犯罪者の更生・改善をはかる目的で考えられた制度である。現行刑法では、3年以下の拘禁刑および50万円以下の罰金に認められている（25条）。しかし、執行猶予が拘留、科料にまだ認められていないのは問題であり、特に短期自由刑の弊害を避けるためには、拘留にこそ必要である。このような不都合はあるものの、検察官が被疑者の性格・境遇等諸事情を考えて、公訴の提起（起訴）を行わないという**起訴猶予**（刑訴248条）とならんで、執行猶予のもつ刑事政策上の役割は大きい。有罪判決に執行猶予がつくと、拘禁刑を受けても刑務所に行かなくてすむので、犯罪事実を認めているほとんどの初犯の被告人の第1の関心事は、判決に執行猶予がつくか否かである。

従来、執行猶予は、刑の全部の執行を猶予する形のものだけであった。しかし、2013年に懲役や禁錮刑を特定の期間刑務所内で執行後、残余期間その執行を猶予し、受刑者を社会に戻して更生を試みるという、一部執行猶予制度が刑法に導入され（「刑法等の一部を改正する法律」（平成25年法律第49号））、2016年6月1日から施行されるに至った。適用要件などは異なるものの、同時に薬物犯罪についても同様の制度が薬物法上、実施されることになった。

　それは、施設内処遇と社会内処遇を有機的に関連させ、下記(2)の仮釈放では不足がちな社会内処遇の充実をはかることを目的としたものである。したがって、全部実刑か全部猶予かが判断しがたい場合の「中間刑」としての性質をもつものではないので、更生の可能性等に関する被告人の特性により決められるべきものである。

　2022年6月の改正刑法では、それ以前には許されなかった、保護観察付執行猶予中の再犯者を再度執行猶予にすることが可能となった（25条2項本文）。そのため裁判官は、初回の執行猶予に保護観察を付けることが比較的に容易となった。これも社会内処遇を充実する試みの1つである。

　(2)　**仮釈放**　仮釈放は、刑務所等で順調に改善・更生しつつある受刑者等について、それを刑期満了前に社会に戻し、社会復帰のための最終的な仕上げをはかる制度である。仮釈放は、収容されている施設の名称に応じて、仮釈放（28条）と仮出場（30条）に分けられる（なお、少年院を仮退院する者も含めることがある）。仮釈放制度は、歴史的には、次に述べる保護観察と密接に結びついて英米で発達してきた。ここではパロール（parole）と呼ばれている。日本では、仮釈放と仮退院中の者には必ず保護観察がつけられるが（更生保護40条、42条）、仮出場中の者については、それが認められていない。

　(3)　**保護観察**　保護観察は、犯罪や非行を犯した者が、社会に出た際、うまく社会に適合していくのを助けるためにもうけられた制度である。国家公務員である保護観察官と、この下にある民間人ボランティアの保護司が緊密に連絡を取り合い、対象者の改善・更生を援護する。仮釈放と仮退院の者には、必ずつけられ、また、執行猶予者もそれに付すことができる

（再度の執行猶予者については必ずつけられる：25条の2第1項）。社会内処遇の重要性が認識されるに従って、保護観察のもつ意味はますます重要になっているが、保護観察官や保護司の数と予算の不足から、対象者に対して十分な世話がいきわたらないのが実情である。

●─── 刑罰をめぐる近時の問題と動向

(1) **短期自由刑**　　短期自由刑については、従来は「弊害」の面が強調され、その廃止を主張する見解が多く見受けられた（なお、短期の範囲については、3、6、12カ月説等が有力である）。この理由としては次のようなことがあげられている。

> ①短期であるから、威嚇力がなく、しかも教育や改善をする余裕もない。
>
> ②拘禁中はお金を稼げないので、家族は生活費に困り、その間に失職する可能性が高く、この場合には出所しても社会復帰が困難になるだけである。
>
> ③刑の執行中に、より悪質な犯罪者と出会う可能性が高く、改善どころかかえって悪化しかねない。
>
> ④短期自由刑にあたる犯罪は、下層階級の者が犯すことが多く、刑事司法の不公平感を助長する。
>
> ⑤受刑者の数が多いので行刑当局に大きな負担をかける。

しかし、近時、短期自由刑を再評価しようという動きもある。この立場からは次のような理由があげられている。

> ①初犯者や過失犯等には、刑務所に入れるだけで心理的ショックを与えることになり、再犯防止につながる。
>
> ②罰金等の財産刑と違って、貧富の差にかかわりなく、同じ効果を受刑者に与えることができるので、公平に感じられる。
>
> ③応報感の満足という点では、罰金刑よりも自由刑のほうがふさわしい。
>
> ④一般予防的効果も財産刑より短期自由刑のほうがある。

短期自由刑の受刑者の再犯率の高さを考えると、紋切り型の応報刑論で

は解決できないところまできている。

　この問題にアプローチするためには、まずそのような軽い刑罰をもつ犯罪を規制することが必要かという点から考えるべきである。たとえば、毒物及び劇物取締法 3 条の 3（同施行令32条の 2 参照）はシンナーの吸引を 1 年以下の拘禁刑もしくは50万円以下の罰金に処している（同24条の 3 ）が、はたしてそのような行為を犯罪として規定する必要があるだろうか。これは、処罰の範囲を、できる限り他人の利益を現実に侵害する行為あるいはその現実的危険性のある行為に限定していこうとする考え方（ディクリミナリゼーション＝非犯罪化論）につながる。

　次に、処罰以外のより有効な方法あるいは措置はないのかを検討すべきである。たとえば、シンナーの常習的吸引者については医療施設への強制的入院措置、あるいは通院治療の義務づけなどが考えられよう。これは、軽微な交通違反を交通反則金の支払いで済ませるように、刑事事件を処理の途中で刑事手続の流れから切り離して処理する、いわゆるディバージョンの問題に関係する。

　そして、最後に、刑罰を科すとしても、その内容を工夫すべきである。この点は次項のテーマである。

(2)　**拘禁刑の新設と執行方法の多様化**　　刑務所出所者の再犯率の高さから刑罰のあり方とその執行方法に対する不信感が社会にある。そこで、2022年 6 月に受刑者の改善更生を目的とする大きな刑法改正が行われた。自由刑にあたる懲役と禁錮を廃止して拘禁刑を新設し（9条）、それらを拘禁刑に一元化するというものである（拘留は残存。16条 1 項）。刑の種類の変更は、1907年に日本刑法が制定されてから初めてとなる。

　懲役と禁錮の大きな違いは次の 2 点にある。①法的性質としては、本来、懲役は殺人や強制性交罪など反道徳的ないわゆる破廉恥罪の犯人に科される刑罰であるのに対して、禁錮はおもに政治犯や宗教犯など非破廉恥罪の確信犯的な犯人に科される刑罰である。そのため処遇上、②懲役には、刑務作業などの義務があるのに対して、禁錮には、その義務がない。

　しかし、改正刑法では、①の区別は否定され、いずれの受刑者も改善更生と社会復帰のため、刑事施設の長の判断により必要に応じて作業と教

育・指導プログラムなどへの参加が義務的になった（12条3項、刑事収容施設・被収容者等処遇法93条）。この点は拘留受刑者も同様である（16条2項）。したがって、刑法改正前の禁錮刑と拘留刑については重罰化されたことになる。しかし、従来、ほとんどのその受刑者は、自己の意思に基づき作業に従事していた（請願作業）ので、実際上それほど問題ではないだろう。

今回の改正のおもな狙いは、懲役・禁錮という伝統的な枠組みを打ち破って拘禁刑に一元化し、刑期の範囲内で受刑者の個性・必要性に応じ、作業・教育・治療などの日数や時間配分を柔軟かつ弾力的に運用できるようにすることである。受刑者の社会復帰の困難性、高齢化、再犯率の増加など刑罰のあり方とその執行方法をめぐっては問題が多いが、これを改善しようとする大胆な1つの試みである（その施行は、2022年6月17日の公布後3年を超えない範囲内において政令で定める日からである点に特に注意）。

その他、刑罰の執行方法の多様化については、今後、さまざまなものが考えられる。たとえば、悪質な交通違反者に対して、公園の掃除を数カ月させる等のコミュニティ・サービスを命じる社会奉仕命令（社会貢献活動については、2015年6月1日から、保護観察対象者に個別に課せられる特別遵守事項の中に加えられた）、あるいは昼間は刑務所から勤務先に通勤させ、夜は刑務所に帰らせるという外部通勤制や週末だけ刑務所に収容するという週末拘禁制等などである。アメリカをはじめ諸外国では、すでにそれらの制度を実行しているところもある。日本でも、刑事収容施設・被収容者等処遇法96条が限定的ながら、外部通勤作業を行わせることができる旨明記していることは注目に値する。

(3) 近時の刑法改正と犯罪化・重罰化の傾向　ディクリミナリゼーション（非刑罰化）や刑罰とその執行方法の多様化の議論にもかかわらず、近時の日本刑法の傾向はむしろ逆行し、犯罪化と重罰化の傾向がみられる。

犯罪化については、コンピュータの普及に伴い、新たに処罰の対象に加えられたものがいくつかある。たとえば、2011年にわいせつ物頒布等罪の規定（175条）が改正され、「電磁的記録に係る記録媒体」がその客体に加えられ、「電気通信の送信によりわいせつな電磁的記録その他の記録を頒

布」する行為も新たに処罰の対象になった（同条1項）。それに伴い、有償で頒布する目的で同項の電磁的記録を保管した者も処罰されることになった（同条2項）。

　また、交通犯罪と性犯罪の領域ではその傾向が顕著に認められる。たとえば、所定の要件の下、故意に自動車の危険な運転をして人を死傷させた行為を処罰するいわゆる「自動車危険運転致死傷罪」等が、過失運転致死傷罪などとともに、独立の法律にまとめられ（「自動車の運転により人を死傷させる行為等の処罰に関する法律」）、処罰されることとなった（同法2条、3条、5条参照）。

　性犯罪についても、2017年には、「強姦罪」が「強制性交等罪」と名称変更され、その主体と客体も男女の性差別がなくされ、また行為も性交の他、肛門性交、口腔性交（これらを「性交等」としている）にまで広げられた（177条）。「準強姦罪」についても、同様に名称変更と拡張が行われ（178条）、監護者によるわいせつな行為（「監護者わいせつ罪」）・性交等の罪（「監護者性交等罪」）も新設され（179条）、180条1項の親告罪規定は削除されて非親告罪化がはかられた。

　さらに同年、犯罪の国際化および組織化等に対処するためとの名目で、従来から批判の強かった『共謀罪』が、いわゆる「組織的犯罪等処罰法」に組み入れられて成立した（同法6条の2参照）。

　重罰化については、2009年5月から実施された裁判員裁判により、一般的には量刑・宣告刑は重くなったといわれているが、それに先立ち、法定刑に関し、2004年に刑法改正があった。①有期懲役・禁錮の刑の上限が15年から20年に引き上げられ、併合罪加重の上限も20年から30年となった。②いくつかの主要な各罪の刑も、たとえば、強制わいせつ罪の刑の上限が懲役7年から10年へ（176条）。強姦罪の下限も懲役2年から3年へ。さらに2017年の前記改正で5年に引き上げられた結果、執行猶予判決は宣告刑が3年以下の懲役・禁錮刑に限られるため（25条）、その付与が難しくなった。

　2022年6月の改正において、インターネットやSNSによる個人への誹謗中傷に対応するため、侮辱罪（231条）についても重罰化され、30万円

以下の罰金、1年以下の懲役と禁錮（これらは一元化にあわせて、「拘禁刑」に変更になった）が選択刑に加えられた。

　こうした重罰化の傾向は、その他の罪についてもことあるごとに見受けられる。たとえば、裁判員対象事件等の取調べにおいて録音・録画を原則的に義務付け、他人の犯罪について刑事免責制度を導入した、2016年5月の刑事訴訟法等の改正に伴い、犯人蔵匿等罪（103条）と証拠隠滅等罪（104条）の刑の上限が2年から3年へ、証人等威迫罪（105条の2）も上限が1年から2年へと引き上げられた。また、成人年齢を20歳から18歳にする民法改正にあわせて2021年5月に少年法も改正された。20歳未満という適用年齢は維持したものの、新たに「特定少年」（18歳以上20歳未満）の特例を設け（少年法5章）、成人と同様の刑事裁判を受ける対象犯罪の範囲を広げ（同法62条）、更生を目的とする保護処分に上限を画する（同法64条）など重罰化へ道を開いた。

　しかし、犯罪化を進め、刑罰を重くすれば犯罪が減少しあるいは無くなるわけではない。犯罪化は犯罪と犯罪者を増やし、重罰化は受刑者の社会復帰の機会を奪うので、その必要性・有効性・よりすぐれた代替的手段などを慎重に検討して決めるべきである。たとえば『共謀罪』は、判例法上確立している『共謀共同正犯理論』（第6章第2節●──共同実行の事実(1)参照）によりカバーできるので、不必要であったと考えられる。

コーヒー・ブレイク 鉄仮面 ── どうしても解けない謎

　コート・ダ・ジュールの夏は、灼熱の太陽と紺碧の海、そして白い浜辺のいろとりどりのパラソル。そんなカンヌの町では、水着を着ているのがやけにやぼったくみえ、多くの女性はトップレスでうまく自然のなかにとけこんでいます。しかし、カンヌ沖には、はなやかな浜辺とは対照的に、ひっそりと浮かぶ小さな島があり、うっそうと茂る樹木のあいだからは朽ち果てた城塞がみえます。ここが、カンヌから船で約15分のサント・マルグリット島です。

　カンヌにくる人々のうち、いったい何人がそこはむかし牢獄島であり、歴史上類を見ない奇妙な囚人のいたところだと知っているでしょうか。たとえ、その島にいっても、あるのはただ、その囚人が拘禁されていた薄暗い監房に、かつて「鉄仮面」がここにいた旨の小さな説明板があるだけです。日本だったら、いた

るところにありもしない事を書きならべた
てた看板が立てられ、鉄仮面饅頭まで売り
だされるのは間違いないのに。

　その囚人は、鉄仮面を、いや実際には黒
のビロードの布を頭からあごのあたりまで
すっぽりかぶり、死ぬまでそれをとること
はありませんでした。そして、死んだとき
には、顔をぐちゃぐちゃに破壊され、埋葬
されたので、結局、彼の顔をみることはで
きませんでした。もちろん、口をきくこと
は禁じられ、監禁を命じた国王ルイ14世と
数人の側近以外に彼の素性を知る者はいま
せんでした。その囚人を「鉄仮面」として世に売り出したのは、ヴォルテール、
ユゴー、デュマなどの文豪たちです。ヴォルテールによれば、鉄仮面は、年が若
く長身で、立ち振る舞いは優美かつ上品だったとされています。鉄仮面が、南ア
ルプスの山間部、イタリアのピネローロにあるピネロル要塞の牢獄からサント・
マルグリット島へ連れて来られたのは1687年の冬、そして1698年の夏にバスチー
ユの牢獄に去るまでの11年間、そこで囚人生活を送りました。

　鉄仮面は、ピネロル、サント・マルグリット、バスチーユと、当時のフランス
でもっとも警戒の厳重な第1級の牢獄を渡り歩きました。彼は、不思議なことに、
そんなうっとうしい仮面をかぶせられて、息も詰まるような生活を強いられてい
るというのに、スティーブ・マックイーン主演の『パピヨン』や吉村昭の小説
『破獄』の佐久間清太郎などの天才脱獄囚とは反対に牢獄からまったく逃げ出そ
うとはしませんでした。むしろ牢獄生活を楽しんでいるかのようでした。厳しい
境遇のなかでそのような生活を送れる鉄仮面のほうが、彼らよりも不思議です。

　鉄仮面の牢獄生活は大変特異なものでした。彼にはつねに極上の品が与えられ、
彼がもっとも好んだのはやわらかな絹の肌着とレースの飾りでした。テーブルに
はきれいなクロスがかけられ、食事は銀の食器でサービスされました。そして、
監獄の下士官はむろんのこと司令官までも彼に接するときには直立姿勢をくずし
ませんでした。陸軍大臣のルヴォア侯爵が監獄の警備状況を視察にきたとき、彼
さえ鉄仮面の前では腰をおろさず、非常な敬意を表していたそうです。牢獄内で
の彼の警戒・管理にはつねにサン・マールというひとりの司令官とその部下があ
たり、彼らはその囚人が移監するときには護送の任務もつとめました。しかし、
司令官自身も彼が何者であるかを知りませんでした。

　国王が秘密を隠そうとすればするほど、世の人々は秘密を知りたがるものです。
かくてその奇妙な囚人のうわさはフランス中に広まり、文豪たちの登場となりま
した。鉄仮面の正体については、まさに百家争鳴です。代表的な説としては、①

ルイ14世がイギリス国王をだますために送り込んだイタリア人僧侶が任務に失敗し、帰国後とらえられたという説、②ルイ14世をだまそうとしたイタリア人外交官説、③イギリス王チャールズ2世の隠し子だと名乗り、ローマカトリック教会をだまそうとしたイギリス人説、④ルイ14世の怒りをかった大蔵大臣説、⑤兄と喧嘩したために拘禁されたルイ14世の腹違いの弟説、⑥ルイ14世が身の安泰を図るために拘禁した、庶子の兄説（ヴォルテール）、⑦同様の理由から拘禁された、双子の兄説（デュマ）、そして近時では、⑧ルイ14世こそ庶子で、この出生の秘密をたねに彼をゆすろうとした異母兄説まで唱えられています。これらの説はいずれももっともらしい理由づけがおもしろおかしくなされています。

　しかし、どうしても解けない謎が残ります。それは、なぜそこまでして生かしておかなければならなかったか、ということです。近時の研究では、鉄仮面は、1630年代後半に生まれ、ほぼ30年後（1669年ごろ）に身柄を拘束され、1703年11月19日に死亡したとされています。そうすると、約34年間もの長い間、拘禁されていたことになります。生かしておくということは、その間、絶対に知られてはならない秘密が暴露されるという危険をつねに負担することになります。はたして、権力の亡者たちがそんなばかなことをするでしょうか。いつの時代、どの国でも権力者たちは、保身のためには人を殺すことなど、ハエを殺すようにいとも簡単に行ってきたのですから。

3. 刑法における重要な原則

●——— 罪刑法定主義

　罪刑法定主義とは、処罰すべき行為はあらかじめ法律で定めておかなければならない、という原則である。これは、「法律なければ犯罪なし」・「法律なければ刑罰なし」（フォイエルバッハ）等と表現されている。その由来は、イギリスのマグナカルタ（1215年）までさかのぼるといわれている。この後、アメリカ合衆国憲法（事後法の禁止＝1788年、適正手続＝1868年）やフランス革命の際の人権宣言（1789年）に採用されていく過程で、近代市民社会にうまく適合するような罪刑法定主義ができあがってきた。国民主権ないし三権分立という政治思想の確立がそのバックボーンにあった。また刑法理論的には、人間は合理的に考えて行動するから、あらかじめ法律で犯罪と刑罰を明確に定めておけば、罪を犯さないように心理的に強制されるので、犯罪が予防できる（犯罪の一般予防）だろうという、心理強制説（フォイエルバッハ）のはたした役割もみのがせない。

　日本では、旧刑法（1880年）そして明治憲法が罪刑法定主義を規定したものの、日本流にアレンジされており、そのよいところを十分反映したものではなかった。1907年に制定された現行刑法では、明治憲法がそれに関する規定をおいているので重ねて規定する必要はないとの理由で、結局、罪刑法定主義の規定はおかれなかった。戦後制定された新憲法は、罪刑法定主義について明治憲法とは規定の形式を変え、アメリカ憲法の法の適正手続の考え方を取り入れて、「何人も、法律の定める手続によらなければ、……刑罰を科せられない」（31条）と規定した。これは、文言の形式だけからみると、罪刑法定主義と無関係のようにみえる。しかし、刑法などの実体法も、訴訟手続において適用されるものであり、そこにいう「手続」

の中に含まれるので、罪刑法定主義を宣言したものと解されている。このことは、その内容の1つである事後法の禁止を規定した憲法39条からもうかがえる。

　罪刑法定主義の基本原則は、かつては自由主義（三権分立）および民主主義（国民主権主義・代表制民主主義）の要請に基づく(1)「法律主義」と、自由主義（行動の予測可能性）の要請に基づく(2)「事後法の禁止」であった。これらは、処罰は国王の命令でなく、議会の立法（法律）によるべきだ、というように処罰の形式・方法に関するから、罪刑法定主義の形式的側面と呼ばれている。ここからは、さらに次のような諸原則が導かれる。(3)慣習刑法の排斥、(4)類推解釈の禁止、(5)絶対的不定期刑の禁止などである。

　しかし、近時、民主主義の要請と自由主義の要請の基礎には、国家権力の不当な行使から個人の尊厳に基づく権利と自由を実質的にも保障するという、「実質的人権保障の原理」があると考えられるようになった（憲法13条・31条）。そこで、この原理に基づいて、前記のような諸原則による形式的な保障のみではカバーしきれない、処罰・刑罰法規の内容の適正など刑法の内容部分についても罪刑法定主義の保障を実質的に徹底するため、(6)「実体的デュー・プロセス」が加えられた。これは、罪刑法定主義の形式的側面に対して、その実質的側面と呼ばれている。ここには、(7)刑罰法規適正の原則と(8)明確性の原則などが含まれる。以下(1)〜(8)について説明する。

　(1)　**法律主義**　　犯罪および刑罰については、国民の代表たる議会が立法した「法律」により規定されなければならない、という原則である。ここでいう「法律」とは、法形式として「法律」の形をとるものを指すから（形式的意味の法律）、政令などの命令・規則類は含まれない。そして、「法律」により規定するとは、国会などの立法機関のみにその権限があり、裁判所や行政機関にはそれがないことを意味する。したがって、法律主義は、立法・司法・行政の三権の分立という自由主義からの要請に基づくといえる。さらに、国民の代表が集まる立法機関にそれを規定する権限をゆだねるのは、犯罪および刑罰の要件がどのようなものかは、国民の自由と権利に重大な影響を及ぼす事柄だから、国民のコントロールの下に置くべきで

あるという民主主義的要請に基づくともいえる。

　法律主義は、国民主権の思想が社会に普及していく過程では大きな意味をもっていたが、現代では、その必要はあまりなくなった。むしろその考え方を強調すると、かえって「法律があれば必ず処罰しなければならない」と受け取られかねないので注意を要する。

　(a)　**白地刑罰法規**　法律が、刑罰を
科すべき行為の具体的内容を法律より下位
にある政令や行政処分などにゆだねるもの
を白地刑罰法規という。ここで「白地」と
は空白部分のあるという意味であり、この
部分を政令等が補うわけである。実際の白
地刑罰法規では、法律が法定刑のみを規定
し、構成要件の具体的内容の全部または一
部が下位の法令にゆだねられている。

　憲法73条6号は、例外的に、法律による委任があれば、政令に罰則を付加できるとしている。これを認めた理由は、各種行政規制は、さまざまな分野に及び、しかも専門的で技術的な要素が多く、迅速な処理を要求されるので、国会の立法を待っていられないことにある。しかし、その内容をすべて政令にゆだねると罪刑法定主義に反する。そこで、どこまでなら法律による委任は許されるかが問題となる。最高裁は、「法律自体が、処罰される行為の輪郭を一応特定していると認められる」場合には許される、との立場をとっている（「猿払事件」最判昭和49・11・6刑集28巻9号393頁参照）。これは、国家公務員法102条1項が「人事院規則で定める政治的行為をしてはならない」とし、罰則を規定している（110条1項19号）ことに関連して示されたものである。

　(b)　**罰則付き条例**　法律の中には、政令より下位にある条例に対して、罰則を付加することを一般的に委任しているものがある。地方自治法14条3項は、「……条例中に、条例に違反した者に対し、2年以下の拘禁刑……を科する旨の規定を設けることができる」と定めている。これに従って、青少年保護育成条例をはじめ多くの条例に罰則がもうけられている。

これが「罰則の包括的委任」と呼ばれるものであり、憲法違反の疑いが起こる。しかし、条例は、政令等と異なり、地方議会により議決・作成されるから民主的コントロールが及んでおり、限定的ながら罪刑法定主義の民主主義的要請は満たされている。また条例については、憲法73条 6 号ただし書のような制約もないので、憲法違反ではないとされている（最判昭和37・5・30刑集16巻 5 号577頁参照）。

(2)　**事後法の禁止**　　これは、行為後に施行された刑罰法規により、施行前の行為を処罰してはならない、という原則である（憲39条）。このことは、結局、行為のとき適法であった行為について、さかのぼって処罰するのを禁じることであり（遡及処罰の禁止）、人が「法律」を目安として自由に行動すること（行動の予測可能性）を保障するという、自由主義的要請に基づく。もし、この原則がないと、行為のときは適法であったのに後から立法がなされ、処罰されるおそれがあるから、人はこわくて行動できなくなる。したがって、個人や法人の社会における活動が広がり、活発化した現代において、事後法の禁止のもつ意味は法律主義よりも大きくなっている。なお、その原則は、刑事訴訟法には適用がない。事後法の禁止の原則については、次の(a)～(d)のような問題がある。

(a)　**法律の改正**　　事後法の禁止には、行為のとき「違法」であったが、罰則がなかった行為について、後に法律を改正してそれを処罰することも含まれる。たとえば、現在、「売春」それ自体は違法であるが（売春 3 条）、刑罰は規定されていない（売春 5 条等）。そこで、売春行為後、「売春」それ自体に罰則を付加するような立法をして、その売春行為者および相手方を処罰しようとすることは事後法の禁止に反するから許されない。

(b)　**刑の変更**　　憲法39条の基礎にある人権尊重の精神と罪刑法定主義から、行為時に規定されていた刑よりも重い刑で処罰することは禁止される（重い刑への変更）。この逆に、重い刑から軽い刑への変更があったときは、軽い刑罰法規をさかのぼって適用する（刑 6 条）。これは、憲法39条から論理的に導かれる結論ではなく、政策的に認めたものである。

(c)　**判例の変更**　　判例の変更についても遡及処罰の禁止を適用すべきであるとの見解がいくつかある。判例のうちでも、最高裁判例は事実上、

後の判例に対して拘束力があり、国民はそれを自己の将来の行動の目安とする。したがって、その変更は、行動の予測可能性を奪うとともに、法秩序による社会生活の円滑な営みを害するので、最高裁が判例を変更して、不可罰あるいは軽い罪を可罰的あるいはより重い罪とするときには、判例変更を宣言するにとどめ、その具体的事件には適用しないようにすべきであるというのである。しかし、日本は、判例法を基礎（判例法主義）とする英米とは異なり、制定法を基礎（制定法主義）とする法制度を採用しており、判例を刑法の直接的な法源とみることはできず、また前の判例が後の判例を法的に拘束するという先例拘束性も認められないから、判例の変更を法律の変更と同様には考えられない。さらに、判例に法律と同じような強い拘束力を認めることは、裁判所に立法権を与えるにひとしくなるので、国会を国の唯一の立法機関とした憲法41条やこのバックボーンである三権分立の精神に反するおそれもある。したがって、最高裁は、行為当時の最高裁判例に従えば無罪となるべき行為を処罰することにしても、憲法39条の遡及処罰の禁止には違反しないとしている（最判平成8・11・18刑集50巻10号745頁）。

(d) **限時法の適用**　刑法6条の適用に関連して、限時法の問題がある。限時法とは、「存続期間を明示した時限立法、その他の特別の一時的事情の為に臨時的に設けられた早晩廃止の予想される刑罰法規」のことである。かつては処罰する特別の必要性があるとの理由で、その立法がある間になされた行為については、廃止後も6条に反してまでその刑罰法規を適用すべきであるという見解があった。しかし、今では、その立法の中に、廃止後も処罰する旨の規定がないかぎり、そのような行為を処罰するのは6条および罪刑法定主義に反する、と考える学者が多い。

(3) **慣習刑法の排斥**　法律主義は、犯罪と刑罰の法的根拠が形式的意味の法律にあることを要求するから、慣習法を根拠として刑罰を科すのは当然禁じられる。これが、慣習刑法排斥の原則である。しかし、慣習が刑法の解釈にあたり、重要な基準とされる場合はある。水利権や漁業権などの具体的内容は、慣習により定められることがよくあり、それらの侵害の有無は、慣習を基準として解釈せざるをえない。そのような場合において

も慣習は、あくまでも構成要件・違法性等に関し、この意味内容を明らかにするための1つの解釈基準にすぎないのであり、慣習が直接的に犯罪の成立要件となっているわけではない。

(4) **類推解釈の禁止**　　刑法の条文は、「法の解釈」という人の行為を通して、特定の刑事事件の基礎となる犯罪事実に適用される。犯罪事実は千差万別であり、そのすべてを条文に規定しつくすのは不可能であり、また、もしそれが可能だとしても、そこで用いられた言葉自体の意味内容は一義的に定まっているわけではないから、どうしても解釈が必要となる。この方法には、文理解釈、目的論的解釈、拡張解釈、類推解釈などがある。これらのうち、犯人に不利益な方向での類推解釈は許されない、とされている。

類推解釈とは、「明文に規定されている事項と、その適用が問題となっている明文に規定されていない事項との間に類似の性質があることを理由にして、前者に関する法規を後者に適用すること」である。これが罪刑法定主義に違反し、禁止される理由は次のとおりである。①裁判所がそのような解釈を行うと、国会が立法した法規では処罰を予定していなかった行為まで、そこにとりこまれて処罰されてしまうので、法律主義に反する。また、②そこまで処罰の範囲を広げられると、人は法律を基準にして自由に行動することができなくなる。このことは、結果的に、裁判所による事後立法・処罰を認めるにひとしく、事後法の禁止にも反する。

目的論的解釈とは、該当する法律が最終的にどのような目的を実現しようとしているかを考慮して、その目的にかなうように解釈することである。法解釈の1つとして重要な役割を演じているが、過去の立法者や起草者の意思を考慮しても、現在その「法律の実現しようする目的」が何かを見きわめるのはむずかしい。犯罪の防止・処罰の必要性を法律の目的として強調し、刑罰法規をゆるやかに解釈しようとすると、罪刑法定主義・類推解釈の禁止に触れるおそれもでてくるから、この垣根を踏み超えないような慎重な考慮が必要である。

拡張解釈とは、「ある言葉によって示された固有の概念を可能な範囲まで拡張して解釈する」こととされている。簡単にいえば、日常生活で普通

に使われる言葉の意味を超えてはいるものの（超えていないときは、文理解釈）、まだ、その言葉が一般的に持ちうるもっとも広い意味内容の中にはとどまっているような解釈といえよう（とどまらないときは、類推解釈）。

　しかし、頭のなかではこのように整理され、説明がついたとしても、実際の事例にあたると、類推解釈なのか、あるいは許される目的論的解釈・拡張解釈なのか判別がむずかしい場合が多い。たとえば、判例は、次の解釈はいずれも類推解釈にあたらないとしている。①「汽車」の中に「ガソリン・カー」を含めること（「ガソリン・カー事件」大判昭和15・8・22刑集19巻540頁参照、各論第2編第1章第3節●─往来危険罪（125条））、②写真コピーを公文書偽造罪における「公文書」とすること（最判昭和51・4・30刑集30巻3号453頁［百選Ⅱ88事件］参照、各論第2編第2章第2節●─文書の意義）、③テレホンカードを「有価証券」に含めること（最決平成3・4・5刑集45巻4号171頁参照、各論第2編第2章第3節●─有価証券偽造罪・虚偽記入罪（162条））、④矢がはずれて鳥が逃げてしまった場合でも、鳥獣法1条の4にいう「捕獲」にあたると解すること（最判平成8・2・8刑集50巻2号221頁［百選1事件］参照）。

　しかし、これらのケースについては、いずれも学説では類推解釈にあたるから許されないという有力な反対説がある。確かに、類推解釈と許される目的論的解釈・拡張解釈との間に明確な境界線を引くのはむずかしいが、少なくとも④にみられるような最高裁の立場は、処罰の必要性に傾くあまり、類推解釈に一歩踏みだしているように思われる（ケース・スタディ1は、判例の立場から答案を作成したものである）。

　(5)　絶対的不定期刑の禁止　　絶対的不定期刑（本章第2節●─「刑罰」とは何か(2)参照）は、刑罰を法定したことにならないので法律主義に反する。また、刑罰の内容が不明確で合理性もないので、明確性の原則および刑罰法規適正の原則（後述(7)(8)）にも反する。しかし、相対的不定期刑（本章第2節●─「刑罰」とは何か(2)参照）については、それに反しないとされている。

　(6)　「実体的デュー・プロセス」　　「実体的デュー・プロセス」（実体的適正手続）は、アメリカ法に由来し、憲法31条の法の適正手続の保障（デ

ュー・プロセス・オブ・ロー）について、刑事手続の適正のみならず、刑罰法規（実体法）の内容の合理性までも要求することである。そして、もしそれに反するとき、該当する規定はその条項違反として無効・違憲になる、という憲法解釈の理論を「実体的デュー・プロセス」の理論という。

　刑事「手続」ばかりをいくら適正なものにしても、その手続を通して適用になる刑法などの実体法の「内容」自体が不合理ものである場合には、結局、人々の生命・自由・財産が不当に奪われることに変わりはない。したがって、それは、手続の適正を保障したことの当然の帰結であり、両者あいまって初めて不当な国家刑罰権の行使から人権を実質的に保障できる。刑事手続の適正と合理性を要求する手続的デュー・プロセスの保障が、手続面からの権力の行使に対する規制の要請だとすると、実体法である刑法の内容の適正と合理性を要求する実体的デュー・プロセスは、実体面からの規制の要請であるといえる。そして、実体的デュー・プロセスの理論を裁判において具体的に実現するための憲法上の制度が**違憲立法審査権**であり（81条）、またその解釈論上の方法としては、憲法違反の疑いのある法規については、合憲となるように限定的に法律を解釈して適用するという、**合憲的限定解釈**がある。

　「実体的デュー・プロセス」には、(7)刑罰法規適正の原則と(8)明確性の原則などが含まれる。その中心となるのは、実体法である刑罰法規の内容が適正で合理的なものであることを要求する「刑罰法規適正の原則」である。しかし、そのためには、まず法律の内容が明確に定められていなければならない。これを「明確性の原則」という。処罰されるべき犯罪と刑罰の内容が明確でなければ、人々は法律を目安として行動できず、犯罪と刑罰を法律で規定した意味も失われるからである。したがって、それは「刑罰法規適正の原則」の前提として、ここからさかのぼって認められる原則である。もっとも、明確性の原則は、法律主義とも関連するから、必ずしも実体的デュー・プロセスに基づかなければ、認められないというわけではない。

　(7)　**刑罰法規適正の原則**　　「刑罰法規適正の原則」とは、犯罪と刑罰について規定した刑罰法規の内容が適正で合理的なものでなければならな

い、という原則である。この原則が適用になる場合としては、次の３つが
あげられている。①人権を保障する諸規定に違反して行為を処罰している
場合、②処罰することが必要でも、やむをえないものでもなく、そもそも
処罰するほどのことではない行為まで処罰している場合。このように刑罰
法規の適用範囲があまりに広範囲に及び、規制が許されない行為まで処罰
してしまう場合に、その法規を違憲とする考え方を、広汎性の理論と呼ぶ
ことがある。③法律に規定された犯罪と刑罰のバランスがとれていない場
合。

　これらのいずれの場合も憲法31条の罪刑法定主義違反となる。最高裁判
例には、刑罰規定が、罪刑の均衡を欠くなど著しく不合理で、「とうてい
許容し難いものであるときは、違憲の判断を受け」る、としたものがある
（前出31頁「猿払事件」最判昭和49・11・6）。これは、理論上③の趣旨を認め
たものと理解されているが、実際に正面から刑罰法規適正の原則に反する
として、憲法31条違反を認めたものはない。

　(8)　**明確性の原則**　　「明確性の原則」とは、刑罰法規はできる限り具
体的かつ明確に定められなければならないという原則である。そして、こ
の原則に反する法律は憲法（31条）違反であり、無効とされる。それは実
体的デュー・プロセスに基づいて、罪刑法定主義の保障を徹底するために、
特にアメリカの最高裁により展開されてきた原則である。もっとも、実体
的デュー・プロセスは刑罰法規の適正の意味に限定し、明確性の原則につ
いては、それから切り離して理解すべきである、という主張がある。しか
し、まず刑罰法規自体が明確に定められていなければ、その適正もはかれ
ないから、両者は密接に関連しており、明確性の原則は実体的デュー・プ
ロセスの中心となっている刑罰法規適正の原則の論理的前提になっている。
したがって、それは、刑罰法規適正の原則からさかのぼって導きだされる
原則と考えるべきである。

　最高裁は、徳島市公安条例事件において、明確性の原則を認めた。ここ
では、同条例３条３号の「交通秩序を維持すること」という規定が構成要
件の内容として明確であるかが問題とされ、最高裁は、禁止される行為と
そうでない行為とを識別する基準のない規定は、国民に対し犯罪行為を告

知する機能を果たさず、またその運用が恣意に流れるなど、重大な弊害を生ずるとした。そして、憲法31条に違反するかどうかは、「通常の判断能力を有する一般人の理解において、具体的場合に当該行為がその適用を受けるものかどうかの判断を可能ならしめるような基準が読み取れるかどうかによって」決定すべきであるとした（最大判昭和50・9・10刑集29巻8号489頁参照）。さらに、その後、福岡県青少年保護条例事件では、最高裁は広汎性の理論（前述(7)参照）および明確性の原則を認めつつも、合憲的限定解釈により、「淫行」を処罰する同条例10条1項は、不当に広すぎるとも不明確ともいえないとした（最大判昭和60・10・23刑集39巻6号413頁［百選2事件］参照）。しかし、法規は専門的知識のない一般人に向けられているのだから、合憲的限定解釈というきわめて専門的かつ特殊な解釈によらなければ、規定の内容が明らかにならないような法規は、明確性の原則に反するのではないかとの疑問が残る。

●———— 法益保護の原則

　罪刑法定主義が構成要件の基礎となる原則であるのに対して、法益保護の原則は違法性の基礎となる原則である。法益の保護が刑法の重要な機能の1つであるとすると（本章第1節●―刑法の目的と機能参照）、違法な行為とは法益を侵害するか、これに危険を生じさせる行為ということになる（法益保護の原則）。こうして、違法性の本質を法益侵害あるいはこの危険性に結びつけて理解すると、違法性を判断するにあたって、処罰すべき行為の範囲を限定し、処罰に値する行為のみを違法と評価できる。もっとも、刑罰法規の数をむやみに増やして多くの利益を保護しようとすれば、そのような方法で処罰範囲の限定を試みても意味がなくなり、人々の行動の自由は奪われ、人権が侵害される。したがって、法益保護の原則は、処罰する必要のある場合に限って刑罰法規を定めるべきであるというディクリミナリゼーション（本章第2節●―刑罰をめぐる近時の問題(1)参照）と深く関連しており、両者があいまって違法行為の範囲を適切に画することができる。

●───── 責任主義

　責任主義は、「責任」（有責性）判断の基礎となる原則で、「責任なければ刑罰なし」と表現される。しかし、これはあくまでも犯罪の成立を否定する——責任がなければ処罰してはならない——という消極的な方向で作用すべき原則（消極的責任主義）であり、「責任あれば刑罰あり」というようにそれを拡張する方向で作用すべき原則（積極的責任主義）ではない。

　その本質は、行為についての行為者に対する非難であり、これを加えることができるか、少なくとも加える余地（非難可能性）があって初めて犯罪は成立する。責任主義の根拠は、次のように考えられている。刑罰の本質は、行為者に苦痛を与えることをとおして、彼の行った行為についての否定的評価を行為者および一般の人々に知らせ、これによって犯罪を思いとどまらせることにある。したがって、そのような影響を及ぼしうるような心理状態にない行為者の行為に対して刑罰を加えても効果はなく、また一般の人々もそれについて応報を加えたがらない。そこで、刑罰を科すためには、行為者に刑罰が影響を及ぼすような心理状態、言い換えると一定の心理的要素が必要となる。

　責任が認められるための心理的要素としては、まず故意または過失が要求される（狭義の責任主義）。しかし、現在は、これだけではまだ十分でなく、責任能力、違法性の意識の可能性、期待可能性なども必要であるとされている（広義の責任主義）。さらに、刑の量定に際しても、刑罰は責任を限度として決められるべきであるとされている（最広義の責任主義）。刑法は、責任を認めるためには、原則として故意が必要であり（38条1項＝故意犯）、例外的に過失でも足りるとして（38条1項ただし書＝過失犯）、狭義

の責任主義に関する規定をおいている。しかし、責任能力については、心神喪失と心神耗弱（39条）および刑事責任年齢（41条）に関する規定はあるものの、責任能力について一般的に定義した規定はなく、またその他の責任を認めるための要素（責任要素）についても規定に欠ける。これらの不足は広義の責任主義の立場から理論的に補わなければならない。

(1) **結果的加重犯**　結果的加重犯とは、基本となる犯罪から重大な結果が発生した場合に、基本となる犯罪よりも処罰を重くすることを定めた犯罪をいう。たとえば、人をただ傷つけるつもりでナイフで刺した（基本となる犯罪）ところ、意に反して死んでしまった（重い結果）場合に、傷害致死（205条、各論第1編第1章第2節●―傷害罪（204条以下））で処罰するのがそれにあたる。死の結果についてまで責任を負わせて重く処罰するのは、犯人の主観にかかわりなく、生じた結果について責任を認めるもの（結果責任）で、責任主義に反する。しかし判例は、一貫して重い結果について、過失ないし予見可能性は必要でないとしている。学者の多くは、それでは責任主義に反するとし、基本となる軽い行為の際に重い結果について、少なくとも過失ないし予見可能性を要求すべきであると批判している。

(2) **過失の推定と責任主義**　行政法規の中には、現実に違反行為をした行為者を処罰するとともに、それを指導・監督する立場にある事業主をも処罰する、という両罰規定をもつものがある（たとえば、所得税244条、外為72条）。現実の行為者については、責任主義の通例に従って故意または過失（過失犯の両罰規定としては、公害罪3条・4条参照）が必要なのは当然である。

　問題は事業主についてであり、判例はかつてそれらを必要としないとして、無過失責任主義をとっていた。しかし、それでは責任主義に反するとの厳しい批判を学者から受け、現在、事業主については、現実の行為者の選任、監督その他違反行為を防止するために必要な注意をつくさなかった過失が「推定」される、という立場に変わった（過失推定説＝最大判昭和32・11・27刑集11巻12号3113頁、最判昭和40・3・26刑集19巻2号83頁［百選3事件］参照）。原則どおり過失を要求すると（純過失説）、検察官が刑事裁判

において事業主の過失を立証するのがむずかしくなり、行政刑法における取締目的を達成できなくなるので、無過失責任説と純過失説の中間的解決を試みたといえる。

　しかし、ここで「推定」という以上は、被告人側の反証を許すことになるが（これを認めず、常に過失があるとみなすのは過失擬制説で、やはり責任主義に反する）、反証とは普通、過失という犯罪事実の重要な部分について挙証責任（＝合理的な疑いの余地がない程度に犯罪事実を証明する責任）を完全に被告人側に移す（挙証責任の転換）ことを意味する。したがって、被告人側が、過失がなかったことを、合理的疑いの余地がない程度に証明しなければならなくなる。しかし、これは、犯罪の成立を基礎づける事実については検察側が挙証責任を負うという挙証責任の原則と、「疑わしきは被告人の利益に」という刑事訴訟法の基本的原則に反する可能性が高い。また、実際にそれはきわめてむずかしく、実務上反証に成功した例はほとんどない。そこで、反証の意味は、被告人側が過失の不存在を疑わせる一応の証拠を提出した場合には、原則どおり検察側が事業主の過失について挙証責任を負う、という証拠提出の責任を被告人側に負担させたものと解すべきではなかろうか。

(3)　**客観的処罰条件および処罰阻却事由と故意・過失**　　客観的処罰条件とは、犯罪の成否に関係ないが、実際に処罰するためにはその存在が必要な事情のことである。事前収賄罪の「公務員となった」こと（197条2項）や破産犯罪の「破産手続開始の決定が確定した」こと（破産265条1項）などがそれにあたる。また、処罰阻却事由とは、やはり犯罪の成否に関係ないが、処罰を否定する事情のことである。親族相盗例の親族関係（244条1項前段）がそれにあたる。これらは、犯罪の成否自体に関係なく、特定の目的のため政策的に付加されたものであるから、一般的にはそれらの事情について故意・過失は必要ないと考えられている。

［ケース……**1**］

　　　　Xは、河川敷でマガモといわれている鳥獣を仕留めて食用にしようと考え、洋弓銃を使用して矢を何度か発射したが、命中しなかった。この場合、(旧)鳥獣保護及び狩猟に関する法律では、弓矢を使用する方法による狩猟鳥獣の「捕獲」が禁止されているが、Xは本罪によって処罰されるのかどうか。

［論点整理］

1. 刑法の解釈
　　—文理解釈、条文の目的ないし制度趣旨を考慮した目的論的解釈、体系的解釈、社会学的解釈など
　　—類推解釈と拡張解釈との相違点
2. 罪刑法定主義——被告人に不利益な類推解釈禁止の原則
3. 「捕獲」について、文理解釈をすると矢が離れ目的物を射止められなかった場合には、「捕獲（とらえること）」にならないのではないか。
　　—「捕獲」の多義性——実力支配内に置いたことを当然予定している規定（捕獲した鳥獣の譲渡禁止規定など）、捕獲する行為そのものを対象としている規定（狩猟者登録をせずに銃器等を使用した捕獲禁止規定など）。
　　—矢が離れた場合に「とらえること」に該当するとする解釈は、禁止された類推解釈なのか拡張解釈なのか。
　　—立法目的（鳥獣の保護繁殖）ないし趣旨に基づく目的論的解釈。

［関連判例］

(1) 矢が外れたため鳥獣を自己の実力支配内に入れられずかつ殺傷するに至らなかった事例につき、弓矢を使用する方法による「捕獲」に当たるとした判断を正当としたケース（最判平成8・2・8刑集50巻2号221頁［百選1事件］）

(2)電気窃盗事件につき電気を「物」として肯定したケース（大判明治36・5・21刑録 9 輯874頁）

(3)過失による転覆破棄の罪について、ガソリン・カーは汽車に含まれるとしたケース（大判昭和15・8・22刑集19巻540頁）

(4)青少年保護育成条例について「淫行」を性行為一般ではなく、青少年の未成熟に乗じるなど不当なものに限るとしたケース（最大判昭和60・10・23刑集39巻 6 号413頁［百選 2 事件］）

［本ケースから学ぶ刑法の基本原理・原則の重要ポイント］
(1)罪刑法定主義
(2)拡張解釈と類推解釈

［『たのしい刑法Ⅱ各論』のケース・スタディで基本原理・原則を学ぶ］
　　刑法Ⅱケース 3 （構成要件該当性——未成年略取罪の「拐取」（略取・誘拐）の解釈）

［ホームワーク］
　　以下のケースと比較・対照せよ。
　　　(a)偽医者が治療行為によって知り得た患者の秘密を漏らす行為は、医師資格の医者がなす場合と同様に秘密漏洩罪に問われるのか。
　　　(b)「馬に乗りこの橋を渡るべからず」という禁止規定がありそれにつき処罰規定がある場合に、牛に乗って渡ることはこの禁止規定に抵触して処罰されることになるのか。

★「（旧）鳥獣保護及び狩猟に関する法律」は、平成14年 7 月12日法律第88号で「鳥獣の保護及び狩猟の適正化に関する法律」に全面改正されて、平成26年法律第46号により法律名が「鳥獣の保護及び管理並びに狩猟の適正化に関する法律」に変更されている。

（問題提起）　一．　Xは主観的にはマガモという鳥獣に洋弓銃で命中させて食用にしようという意図の下で矢を発射した。しかし、客観的には矢は命中しなかったので結果は発生せず、意図した目的を遂げることができなかったのである。実際にねらった鳥獣を捕らえて自己の支配下においていない場合について、（旧）鳥獣保護及び狩猟に関する法律で禁止されている「捕獲」した場合といえるのかどうか問題となる。

（規範定立）　二．　そもそも、法典が制定当時から明確な法規準を示していな
法の解釈方法　　　かったり、また社会経済的事情の変化により、文理解釈のみではその規制内容ないし規制範囲が不十分・不明瞭となる場合が多い。また、文理の形式的解釈のみでは、かえってその法規定の目的ないし趣旨に適合しない場合もある。そこで、法規定の解釈をどのようにしたらよいのかが問われることになる。基本的には、文理の形式的文言解釈のみではなく、制度趣旨、立法目的といった実質的体系的な配慮も必要であり、さらには立法事実や社会的経済的事実など背景的・社会的諸事情も総合的に考慮して法の規制内容を画することが必要である。

刑罰法規の解釈　　　刑罰法規においても、何が犯罪であるかについて必ずしも法文上一義的明確な犯罪の定型を規定しているわけではない。そのため実際になされた行為が構成要件に該当して犯罪になるかどうかについては解釈を要する場合が多く、合理的な解釈、制

・目的論的解釈　　度趣旨ないし目的に基づく目的論的解釈が是認されるべきで
・罪刑法定主義　　ある。さらに刑罰法規については罪刑法定主義の要請に基づき、
　刑法の謙抑　　刑法の謙抑性、犯罪者の人権保障（行為者の予測可能性の保
　性／人権保　　護）の観点から、私法の解釈の仕方とは違った厳格な解釈がな
　障　　　　　　されることが必要となる。罪刑法定主義の派生原理として、被
　　　　　　　　告人の不利益な類推解釈は許されないという原則が適用される。
　類推解釈の　　すなわち裁判所に類推解釈を認めると、法律が定めていないこ
　禁止　　　　　とについても裁判所による判断が下されることになり、行為者
　　　　　　　　の予測可能性、法的安定性を害することになると解されるので
・予測可能性　　ある。そこで刑罰法規については、行為者の予測可能性を考慮
・法的安定性　　した合目的的な合理的解釈が必要となる。

（あてはめ）　三．　確かに、（旧）鳥獣保護及び狩猟に関する法律の「捕獲を
為すことを得ず」という規定を文言に忠実に形式的に解釈する
と、この禁止規定に抵触しないことになり、その結果矢を命中
させて射止めようとしているＸは罪責に問われず、人権保障を
重視する見地からは妥当とも思われる。しかし、その禁止規定
を合目的的に解釈すると、当該捕獲禁止規定は鳥獣保護繁殖が
その制度趣旨であり、捕獲を意図した鳥獣の存続について危険
性のある行為は、法の趣旨に反するといえる。さらに（旧）鳥
獣保護及び狩猟に関する法律自体この「捕獲」という用語を多
義的に使用しており、人畜に対する危険の防止または公道の平
穏静謐の保護のために捕獲行為そのものにつき「捕獲」として
規制している規定等が指摘される。そのため、鳥獣を射止めよ
うとする行為についても、合目的・合理的に解釈すると、「弓
矢を使用する方法による狩猟鳥獣の捕獲」に当たり、その禁止
規定に違反するとして処罰できると考えられる。以上のような
合目的な合理的解釈は、捕獲を意図し矢を発射した行為者の予
測可能性を不当に害しているとは言い難い。そのため、Ｘの矢
を命中させて射止めようとしている行為は、捕獲を意図してお
り鳥獣の存続について危険性のある行為と解され、「弓矢を使
用する方法による狩猟鳥獣捕獲禁止規定」に違反するとして処
罰できると考えられる。

（結論）　四．　以上から、本問のＸは（旧）鳥獣保護及び狩猟に関する法
律に違反しその罪責を問われることになる。

4. 日本の刑法はどこまで及ぶか

● ―――― 属地主義

　日本国刑法は、どのような範囲に及ぶのであろうか。刑法の適用には、事後法の禁止で触れたように（本章第3節●―罪刑法定主義(2)参照）、時間的な限界があるとともに、場所的な限界もある。これは刑法の場所的適用範囲と呼ばれている。

刑法の場所的適用範囲

刑法の場所的適用範囲	属地主義（1条） 積極的・消極的属人主義（3条・3条の2・4条） 保護主義（2条・3条の2・4条） 世界主義（4条の2）

　刑法は、原則的に日本の領域内で行われたすべての犯罪行為に適用になる（属地主義）。刑罰権は国家の支配権に基づくから、国籍に関係なく、その及ぶ範囲、すなわち領土、領海、領空にいるすべての人に対して刑法は当然及んでいる（1条）［ケース・スタディ2］。この立場は、日本の船舶や航空機が国外にある場合にまで拡張されている（1条2項）。

　ところで、ここにいう「犯罪行為」とは何を指すのか。一般的には犯罪構成事実の一部で足りると解されており、共謀、教唆、幇助、実行行為、因果関係、結果のいずれかが日本国内で実現していればよいとされている（最決平成6・12・9刑集48巻8号576頁。また、東京地判昭和56・3・30判タ441号156頁―遍在説）。たとえば、アメリカにいるXが日本にいるフランス人Aに毒入りチョコを贈り、それをAが食べて傷害を負い、その後韓国に渡り、そこで死亡したという場合、傷害の結果が日本で発生しているので、Xの行為に日本刑法の適用が認められる。

国内犯について、行為者自身の属性から特別に刑法の適用が排除されるような人はいない。ただし、一定の事由が刑事手続を進められないような訴訟障害あるいは犯罪阻却事由になる場合がある。たとえば、摂政は在任中訴追されず（皇室典範21条本文）、これとのバランス上、天皇も訴追されないと解釈されている。これらについては、刑法は適用になっているが、法律によりその地位にある間は訴追ができないだけであり、訴訟障害にあたる。したがって、それらの地位を失えば、訴追は可能となる。

●───── 属人主義

刑法は、一定の条件の下で、日本国が正当な利益や関心をもちうる領域外の犯罪行為についても適用になる。しかし、このときは国際法上の制約に従う必要がある。かつてのように、いつでもどこでも力があれば、自国の利益を追求できるという時代ではないからである（平和主義・国際協調主義：憲法前文・98条2項参照）。なお、犯罪が国外で行われたときに（国外犯）、実際に犯人を日本国刑法で処罰するためには、犯人を日本に連れてきて裁判を受けさせなければならない。このためには犯人がいる国と日本国との間で犯人引き渡しについて、何らかの取り決めが必要である（国際司法共助：逃亡犯罪人引渡法、国際捜査共助法など）。しかし、このことと、刑法の適用範囲の問題は別であり、もし、それがなく、犯人が日本で処罰される可能性がまったくない場合でも、観念的・抽象的には日本国刑法は犯人に適用になっているのである（本章第1節●─刑法に関する法規(2)参照）。

日本国刑法は、日本の領域外で行われた犯罪行為についても、これを実行した人が日本人であることを理由にして、適用になる場合がある（属人主義）。この立場から刑法3条は、日本国民の国外犯について列挙し、さらに同法4条では、公務員の国外犯を規定している。属人主義の根拠は、外国にいても日本人である以上は日本法を守るべきであるという、国家に対する忠誠義務にあるといわれている。しかし、外国にいるときには、その国の法律に従うのが国際社会のルールであり、マナーでもある。しかもそれ以上のことを要求すべきではないから、国外にいる一般国民にまで刑

法の適用を認めるのはいきすぎであろう。

● ─── 保護主義・世界主義

　日本国刑法は、内乱・外患（スパイ行為）・通貨偽造（各論第3編第1章第1節●─内乱罪とは、同第2節●─外患誘致罪とは、同第2編第2章第1節●─通貨偽造罪（148条））など日本国の基本的政治・経済体制を破壊するような重要犯罪については、現在の国家秩序を守るために、行為者が国外にいる場合でも、その者の国籍を問わず適用になる（2条＝保護主義）。

　さらに、2003年には3条の2が新設され、自国民保護の見地から、国民以外の者の国外犯処罰について規定された（（自国民）保護主義あるいは消極的属人主義）。これは、公海上を航行中のパナマ船籍の船内でフィリピン人船員により行われた日本人航海士殺人事件を契機に立法されたもので、殺人罪や強制性交等罪などの重大犯罪から日本人を保護しようとするものである。日本人の加害者を基準（積極的属人主義）にするのではなく、被害者を基準に日本国刑法を適用することに特徴がある。

　犯罪行為が日本国の利益に直接かかわらないような場合であっても、国際社会全体の利益に関係するときには、国際協同の見地から、日本国刑法を適用することがある（世界主義）。この場合には、2条が準用される。たとえば、ハイジャックなどの国際的テロ活動を防止するためのいわゆるハイジャック処罰法5条である。

　さらに、国際協同の立場を推進するため、1987年、刑法典に4条の2が新設された。これにより、日本国外で犯された犯罪であっても、条約で処罰すべきであるとされたものについては、刑法が適用になることになった。この例としては核物質防護条約などがある。

［ケース……**2**］

　中国に居住し同国籍を有するXは、日本人Aから依頼されて中国に居住するYと共に中国国内で覚醒剤を購入してそれをAに引き渡したところ、Aはその覚醒剤を日本に密輸入した。この場合XはAの密輸入を幇助したとして、日本の刑罰法規（覚せい剤取締法違反、関税法違反）が適用されるのか。

［論点整理］

1. 刑法の場所的適用の問題──（日本）刑法の適用が認められる場所の範囲、国際的協調主義 vs 自国保護主義
2. 刑法の場所的適用の諸原則ないし諸原理

　　属地主義──犯罪が自国領域内で行われたかぎり、犯人の国籍を問わず自国の刑法を適用する原則。

　　属人主義──犯人が自国民であれば犯罪地を問わず自国の刑法を適用する原則。

　　保護主義──自国または自国民の法益を侵害する犯罪に対しては犯人の国籍や犯罪地を問わず自国の刑法を適用する原則。

　　世界主義──犯人の国籍や犯罪地を問わず世界各国に共通する一定の法益を侵害する犯罪に対して、各国がそれぞれ自国の刑法を適用する原則。

　　日本刑法は属地主義（1条）を原則として、補充的に属人主義（3条）・保護主義（2条・3条の2・4条）・世界主義（4条の2）を併用している。なお、刑法3条の2については、消極的属人主義として捉える考え方もある。

3. 裁判権の行使の範囲（主権ないし統治権の及ぶ範囲）

　　刑法の適用が肯定されても国外にいる犯罪者に対して自国の裁判権を行使するためには、その所在国から犯罪人の引き渡しを受けなければならない。

4. 属地主義（「日本国内で罪を犯した」場合）の共犯に対する適用問題

　　「犯罪地」：構成要件的行為が行われた場所または構成要件的結果が発生した地か、さらに因果関係の経過をなす中間的事実が発

生する中間影響地を含むのか。

「共犯者の犯罪行為地」：共犯すべてにつき少なくてもその一部に当たる場所（正犯または共犯の1人の行為、結果発生地、中間影響の場所）が日本国内であればよいのか、教唆・幇助犯の場合、教唆・幇助者については教唆・幇助の行為地および正犯の犯罪地すべてをその犯罪地（正犯者については正犯の犯罪地のみ）と解するのか。

[関連判例]

(1)幇助犯は正犯の実行があって初めて成立するため、幇助行為が日本国内で行われていなくても正犯の実行が日本国内において行われた場合に、幇助犯は日本国内で罪を犯したことになるとしたケース（名古屋高判昭和63・2・19高刑集41巻1号75頁）

(2)共犯は自己の行為に基づき、正犯の行為を通じて発生した結果についてその罪責を問われるのであるから、正犯の行為のなされた場所も共犯行為のなされた場所と並んで共犯の犯罪地と解するとしたケース（那覇地判昭和57・10・12刑月14巻10号755頁）

(3)日本国外で幇助行為をした者であっても正犯が日本国内で実行行為をした場合には刑法1条1項の「日本国内において罪を犯した者」に当たると解すべきであるとしたケース（最決平成6・12・9刑集48巻8号576頁）

[本ケースから学ぶ刑法の基本原理・原則の重要ポイント]

刑法の場所的適用の諸原則ないし諸原理、共犯についての諸原理の適用

[ホームワーク]

次のケースについてどう考えるか。

アメリカで製造された化粧品に誤って少量の毒物が混入されていたため、それが日本に輸入されこれを使用した人にアレルギー症状が生じた場合、過失のあるアメリカの製造会社に日本の刑法が適用されるのか。

（問題提起）

一．　Aは確かに、中国から日本国内に覚せい剤を密輸入しており、関税法ないし覚せい剤取締法違反の法益侵害行為をしている。他方XはAに覚せい剤を引き渡すことで正犯者Aの法益侵害行為を容易にしているため、幇助犯と解される。しかし、Xは日本国籍を有しないものでさらにその引渡行為は日本国外である。そのため、このような日本国民でない者による日本国外での幇助行為について、日本刑法を適用することができるのか。日本刑法はどのような場所的範囲まで適用することができるのか（日本の領海・領空・領土に限られるのか、公海上でも日本国籍の船舶とか航空機内であれば及ぶのか、さらに一定の場合に限定して日本国外まで及ぼすことができるのか等）が問われる。

（規範定立）
刑法の場所的適用
　属地主義

　属人主義

　保護主義

「日本国内で罪を犯した」（刑法1条1項）

二．　刑法の場所的適用については諸原則ないし諸原理がある。

　日本刑法は原則として「日本国内で罪を犯した」場合に刑法が適用とされる立場、すなわち属地主義を採用している（刑法1条1項）。そして補充的に一定の社会的法益ないし重要な個人的法益については日本国民であれば犯罪地がどこであろうと刑法が適用されるとする属人主義（刑法3条）、さらに国家的法益ないし重要な社会的法益について何人を問わず日本刑法が適用されるとする保護主義（刑法2条・3条の2・4条）、国際的法益の保護・国際的協調の観点から犯罪地・国籍を問わず刑法を適用する世界主義（刑法4条の2）を併用している。

　そこで、属地主義が適用される原則的場合、すなわち「日本国内で罪を犯した」とは具体的にどのような場合なのかが問われる。思うに、日本で犯罪行為のみが行われる場合のみに限定せずに、日本国外での行為により日本で結果が発生した場合や、さらに因果関係が経過するなど日本が行為と結果発生との間の中間的影響地にとどまる場合にも、日本国内で法益侵害ないしその危険が発生していると解されるため、日本刑法が適用されるべきと解する。

（規範定立）
属地主義の共犯

三．　次に共犯者の場合はどのように解すべきなのか。共犯者の

への適用問題 共同正犯	場合、共同関与によって一定の犯罪を犯しているため、共犯形態（共同正犯、幇助、教唆に分類）に応じて共犯を全体として考察することが大事である。共同正犯の場合は共同利用・補充関係にあるため、共犯者の1人の行為、結果発生、中間影響の場所のいずれかが日本国内にあれば関係者全員の行為につき刑法が適用され国内犯として処罰し得ると考えられる。
幇助・教唆犯	これに対して、幇助ないし教唆犯の場合には、正犯に随伴して成立するという従属性および自己の実行行為およびこれによって生じた結果について罪責を問われるという個人責任の原則に基づき、正犯の犯罪地（行為地、結果発生地、中間影響地）と幇助ないし教唆の場所のいずれかが日本国内であれば（なお正犯者については、正犯の犯罪地が日本国内にある場合に限定して）日本刑法が適用されるべきである。
（あてはめ）	四. 本問において正犯者Aの関税法ないし覚せい剤取締法違反行為は日本国内でなされ、その正犯行為を容易にする幇助行為がXにより中国で行われている。ところで、Xが日本国内で罪を犯したかどうかは、その幇助行為のなされた犯罪地（中国）のみならず、正犯者の犯罪地（日本）をも基準にできると解される。そのためXの幇助犯については、正犯者Aによる実行行為が日本でなされているため、特に国外犯の処罰規定がなくても日本の刑罰法規が適用されると解される。ただし、刑法が適用されるかどうかと、日本の裁判権が行使できるのかということは別個の問題であるため、刑法が適用されるとしても裁判権を行使するためには、所在地国から犯罪者の引き渡しを受けなければならない。
（結論）	五. 以上から、本問Xには日本の刑罰法規が適用され、Aに成立した各犯罪の幇助犯として罪責が問われることになる。

第2章　構成要件該当性

〔キー・ポイント・チャート〕

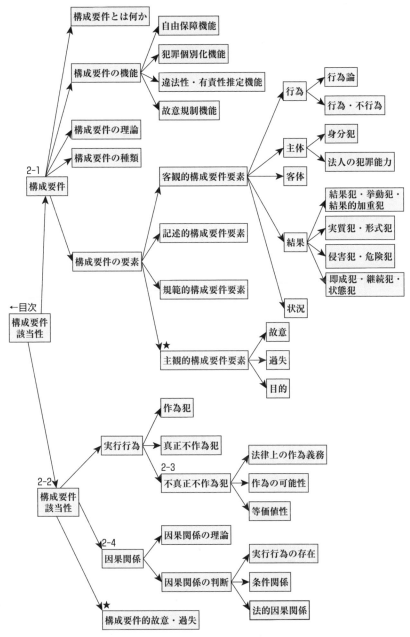

★については、認めるかどうかについて争いがある。

1. 構成要件

●──── 構成要件とは何か

　構成要件とは、刑罰法規（罰条）に規定された犯罪行為の類型（モデル）である。私たちの社会には、反道徳的、反社会的行為が数多く存在するが、立法者は、そのなかで処罰せざるをえない行為のみを犯罪として定めている。そしてそれらの行為を窃盗罪（235条）、殺人罪（199条）というように個別の犯罪ごとに類型化して規定している。たとえば、殺人罪についていえば、銃殺、毒殺、刺殺、絞殺など形態は多様であるが、これらを抽象的に「人を殺した」と類型化して規定しているのであり、このような類型を構成要件と呼ぶ。

●──── 構成要件の機能

　構成要件は、次のような機能を有する。

　(1)　**自由保障機能**（人権保障機能、罪刑法定主義機能）　　刑法は、刑罰法規に構成要件を定めて、処罰されるべき行為を明示している。構成要件に該当しない限り、いかにその行為が反社会的であって処罰の必要性が高くとも、処罰されることはない。これを、構成要件の自由保障機能という。

　(2)　**犯罪個別化機能**　　構成要件には、ある犯罪を他の犯罪から区別する機能がある。たとえば、同じく「他人の死」を発生させたとしても、それが過失致死罪（210条）にあたるのか、傷害致死罪（204条）なのか、それとも殺人罪（199条）なのか、構成要件によって区別される。これを、構成要件の犯罪個別化機能という。

　(3)　**違法性・有責性推定機能**　　構成要件を違法・責任類型とする立場からは（違法類型であるとする立場からは、違法性の限りで）、ある行為が構

成要件に該当すれば、その行為は、原則として、違法および有責であることが推定されることになる。これを、構成要件の違法性・有責性推定機能（徴表機能）という。

(4) **故意規制機能**　　故意とは、構成要件に該当する客観的事実の認識をいい、構成要件は、故意を認定するのに必要な認識の対象となる客観的事実を示す。したがって、この事実を認識しなければ故意は肯定されないという意味で、構成要件は、故意の内容を規制している。これを、構成要件の故意規制機能という。

●───── 構成要件の理論

構成要件（Tatbestand：タートベシュタント）に関する理論は、20世紀初頭にドイツの刑法学において発展したものである。

　ベーリングは、裁判官の恣意を排除し罪刑法定主義を徹底するために、犯罪類型の没価値的（「法に違反するか」など価値判断を加えないという意味）・記述的（後述53頁参照）・外的・客観的なアウトライン（枠）を設定し、これに該当する行為のみが犯罪であるとした。彼によれば、規範的要素（「わいせつ」概念などのように、言葉の意味の確定に裁判官の評価を必要とする要素）や主観的要素（故意や過失）は構成要件の領域から排除され、それぞれ違法性、有責性の領域へと移されて、その結果、構成要件は違法性と責任から完全に峻別されることになった。また、彼は、構成要件論の犯罪個別化機能と自由保障機能を重視したが、規範的要素と主観的要素を構成要件要素としなかったため、傷害致死と殺人とを区別できないなど、構成要件の個別化機能については不徹底な結果に終わった。

　次に、M・E・マイヤーは、ある行為が構成要件に該当すれば、その行為は違法性の存在を徴表し、行為の違法性は推定されるとした。この関係を彼は「煙と火」にたとえ、「違法性（火）のないところに構成要件該当性（煙）はありえない」として、構成要件該当性は違法性の「認識根拠」であると説いた。したがって、構成要件該当性があれば、違法性阻却事由がないかぎり違法であることになる。また、彼は、構成要件には規範的な要素のほか、主観的な要素も含まれることを示唆している。

　さらに、メッガーの理論では、構成要件と違法性の関係はいっそう密接なものとなる。構成要件は違法類型とされ、構成要件に該当すれば原則として違法性が基礎づけられることになった。構成要件該当性は、それまでの違法

性の「認識根拠」であるとする理解から「実在根拠」（違法性が存在する根拠）であるとする理解に変容したのである。そして、彼の説によっても、違法性阻却事由があることで例外的に違法性が阻却されないかぎり、構成要件に該当する行為は違法ということになる。また、彼は、規範的な要素も主観的な要素も、ともに構成要件要素であると主張した。

　ドイツで発展をとげた構成要件論は、わが国の学説にも影響を与え、構成要件論は、やがて判例・学説において、犯罪論の中核的存在として承認されることになった。しかし、その理解については、見解の相違があり、とりわけ構成要件と違法・責任との関係をどのように理解するかについては、次のような見解の対立がある。

　第1は、構成要件は違法性・有責性とは無関係な犯罪成立要件であるとする説であり、第2は、構成要件は違法類型であるとする説であり、第3は、構成要件は違法類型であると同時に責任類型であるとする説である。第1説は、ベーリングの主張するように、構成要件は没価値的・価値中立的でなければならないことをその根拠とする。これに対して、第2説、第3説は、構成要件の犯罪個別化機能を重視し、犯罪を個別化するためには主観的構成要件要素（主観的違法要素）や規範的構成要件要素（本節●―構成要件の要素(2)参照）も構成要件要素として承認しなければならないという。たとえば、殺人未遂罪と傷害罪を区別するためには、殺人の故意という主観的違法要素が必要となるというのである。また、第2説、第3説は、たとえば目的犯（本節●―構成要件の要素(4)(a)参照）において行為者に目的がない場合のように、類型的に犯罪にあたらない行為については、構成要件に該当しないとしなければならないということを根拠とする。

　そして、第2説は、主観的な要素を認めるについては必要最小限にとどめ、可能な限り主観的要素は構成要件要素とすべきではないとし、構成要件該当性と責任の問題を分離する結果無価値論（第3章第1節●―行為無価値論と結果無価値論参照）からの帰結である。これに対して、第3説は、刑罰法規に規定されている個々の犯罪類型は、当罰的行為、すなわち違法・有責な行為を類型化したものであること、期待可能性のような責任要素も犯罪類型に影響することを根拠とする、行為無価値論（第3章第1節

●──行為無価値論と結果無価値論参照）からの結論である。

●─────構成要件の種類

(1) **基本的構成要件と修正された構成要件**　基本的構成要件とは、1人の行為者（単独犯）が1つの犯罪を完全に実現する（既遂）形式で規定されている構成要件をいう。これに対して、修正された構成要件とは、特に既遂犯に対する未遂犯や単独犯に対する共犯のように、基本構成要件を修正して得られた犯罪類型をいう。

(2) **閉ざされた構成要件と開かれた構成要件**　閉ざされた構成要件とは、刑罰法規の構成要件において、犯罪要素のすべてが規定されているものをいい、一方、開かれた構成要件とは、刑罰法規の構成要件において、犯罪要素の一部分だけが規定されており、他の部分については、その適用にあたって裁判官の判断による補充が必要であるものをいう。後者の例として、過失犯（第4章第2節●──過失参照）や不真正不作為犯（本章第3節●──不真正不作為犯参照）の構成要件があげられる。過失犯では、たとえば「過失により人を死亡させた」という構成要件には結果のみが記述されているにすぎず、法律上要求される注意義務の内容は、具体的事案に即して裁判官によって確定されなければならない。不真正不作為犯の作為義務の存否、範囲についても同様である。

このような開かれた構成要件という概念を認めることについては、裁判官の恣意を招きやすく構成要件の自由保障機能を害するとか、罪刑法定主義の明確性の原則に反するという批判もある。しかし、過失犯や不真正不作為犯の場合、犯罪要素（義務違反など）のすべてを法律に定めることは不可能であるという理由から、また、構成要件は違法行為類型（ないし違法有責類型）であるとすると、すべての違法行為の類型を定めることは不可能であるという理由から、一般にはこの概念は肯定されている。

(3) **積極的構成要件と消極的構成要件**　積極的構成要件とは、それが充足されれば犯罪が成立するというように、犯罪の成立を肯定するための構成要件をいう。構成要件は本来犯罪の成立要件を定めるものであるから、ほとんどの構成要件は、積極的構成要件である。ところが、たとえば、非

現住建造物放火につき罰しない場合を規定している109条2項ただし書のように、その要件が充足されれば犯罪成立を否定するための構成要件も、例外的に存在する。これを消極的構成要件という。なお、消極的構成要件は、消極的構成要件要素と区別されなければならない。消極的構成要件要素とは、その要素（たとえば、違法性阻却事由。第3章第2節違法性阻却事由参照）が存在しないことが構成要件該当性を基礎づける前提となるものをいう。そして、消極的構成要件要素の理論とは、違法性阻却の判断の基礎になる要素も消極的要素として構成要件に属するという考え方である。

●——— 構成要件の要素

(1) **構成要件要素の分類**　構成要件の要素は、さまざまな観点から分類される。

まず、構成要件の要素が裁判官の評価を必要とするものか否かに応じて、これを必要としない記述的構成要件要素と必要とする規範的構成要件要素に区別され、客観的であるか主観的であるかに従って、客観的構成要件要素と主観的構成要件要素に分類される。

(2) **記述的構成要件要素と規範的構成要件要素**　記述的構成要件要素とは、たとえば、殺人罪（199条）にいう「人」とか、窃盗罪（235条）にいう「財物」などのように、その要素の存否の認定に際して、裁判官の価値判断を必要とせず、その事実認識、解釈によって確定できるものをいう。これに対して、規範的構成要件要素とは、窃盗罪にいう財物の「他人」性、わいせつ罪にいう「わいせつ」などのように、その要素の存否の認定にあたり、裁判官の規範的・評価的な価値判断を必要とするものをいう。この規範的構成要件要素については、裁判官の恣意を招きやすく、罪刑法定主義との関係上好ましくないので、厳格に解釈されなければならない。

(3) **客観的構成要件要素**　客観的構成要件要素とは、その存在が外見的・客観的に認識しうる要素をいう。主な客観的要素として、行為、行為の主体、行為の客体、行為の状況、結果などがあげられる。

　(a) **行為**

　　(i) **行為を問題にする意義**　犯罪は、「構成要件に該当する違法、

有責な行為」であるといわれるように、犯罪概念の基本的要素は行為である（35条・39条参照）。それゆえ、たとえ心の中で犯罪を行おうと思ったとしても、それは倫理的、道徳的に批判されこそすれ、行為となって外的に現れない限り、刑法上は処罰されない。「何人も思想のゆえに罰せられることはない」というのは、このことを指す。

　　(ii)　行為論　　行為の意味（行為論）に関しては、従来から学説が分かれている。

　まず、①刑法上の行為を自然的・物理的な活動と考える自然的行為論（因果的行為論）があり、その中に②有意的行為論と⑤身体の動静説がある。

　①②の有意的行為論は、「意思活動に基づく身体の動静」を行為と解し、絶対強制下の動作や、たとえば反射運動や睡眠中の動作などの無意識の動作は、有意性が欠けるとして、刑法上の行為としない点に特徴がある。

　①⑤身体の動静説は、意思活動に基づくという要件を不要とし、行為は「人の身体の動静」と定義すれば足りるとする。この立場では、反射運動などは、行為がないからという理由ではなく、責任がないなどの理由で処罰されないことになる。

　また、②人格的行為論は、「人格の主体的現実化と認められる身体の動静」を行為とし、反射運動などは、やはり刑法上の行為にあたらないとする。

　さらに、③社会的行為論は、過失犯、不作為犯、そして忘却犯（過失による不作為犯。踏切警手が遮断機を降ろし忘れたことから事故を引き起こしたような場合）を包含する行為概念としては、「社会的に意味ある人の態度」を行為とすべきであると主張する。

　最後に、④目的的行為論は、行為の存在構造を重視する立場（存在論的立場）から、行為は、行為者が一定の目的を設定し、その目的を達成するために必要な手段を選択し、これを支配・操縦する点にその本質があるとする見解で、この立場では、「目的によって支配された身体の運動」が行為であるとされる。

　しかし、いずれの立場にも次のような批判があり、学説は統一されていない。①②有意的行為論では、不作為犯、過失犯そして忘却犯の説明が困

難であり、①ⓑ身体の動静説では、反射運動や睡眠中の身体の動きも行為となってしまい、②人格的行為論では、「人格」や「主体的」という概念が明瞭でなく、また、この見解は、犯罪論の体系上では行為論と責任論の混同であり、③社会的行為論は、やはり忘却犯の説明が困難で、行為の主観面を看過しており、また、その社会的意味というのは法的評価の先取りであるという難点が存し、④目的的行為論については、過失犯や不作為犯の合理的な説明がなしえない、という批判が加えられている。

　　(iii)　作為犯・不作為犯　　行為とは、行為者の一定の身体的動静であるとされているが、これについては、刑法の禁止規範（禁令：たとえば、199条の殺人罪では「人を殺すな」という禁令）に違反する積極的な動作、すなわち作為（たとえば、拳銃で撃って人を殺すということ）と、刑法の命令規範（命令；たとえば、130条後段の不退去罪では「要求を受けたら退去せよ」という命令）に違反する消極的な動作、すなわち不作為（たとえば、要求を受けても他人の家から出ていかないということ）に分けることができる（本章第3節参照）。

　　(iv)　表示犯　　表示犯とは、一定の思想の表示を内容とする犯罪をいい、脅迫罪（222条）、侮辱罪（231条）が、その例である。

コーヒー・ブレイク　夢遊病者は人を殺せるか？　

　ケルトン博士は、ベッドに近よって、毛布をめくって見下ろした。血みどろのシーツの上に、灰色に変わった顔面を硬直させ、うつろな目をかっと見開いた死体があった。博士は指で、死体の頚部を押してみてから、メイスンをふり返っていった。「ペリイ、これは検屍官の仕事だ……それから警察の」　ペリイ・メイスンは大声で命令した。「全員、この部屋を出ること。殺人が行われた。」
　これは、弁護士ペリイ・メイスンシリーズ（ハヤカワ文庫）のうちの「夢遊病者の姪」（E・S・ガードナー著　宇野利泰訳）の一節です。ペリー・メイスンはカリフォルニア州ロサンゼルスの刑事弁護士で、彼の手にかかるとどんな難事件もあざやかに解決されてしまいます。法廷の傍聴席にいる真犯人を名指しする彼の迫力は、いかなる証拠よりも強力です。夢遊病者の姪事件では、1人の夢遊病者がいるだけだと思われているが、実は2人の夢遊病者がいるのを知った犯人が、彼らをたくみに利用して犯罪を実行したことを法廷であばきます。その事件では、夢遊病者である伯父は、食器棚の引き出しから肉切ナイフをもちだして夢中遊行する習癖があり、またやはり夢遊病者である姪は、伯父のその習癖に対するおそ

れから、夢中遊行中にその引き出しの鍵をあけてナイフを取り出し、中庭のコーヒー・テーブルに隠す習癖があります。これらの習癖をたくみに利用して犯人（夢遊病ではない）が、ナイフで犯行を実行したわけです。被害者は、眠っているところを2枚の薄い毛布越しに刺し殺されていました。

　はたして、夢遊病者がそのような行動をとれるでしょうか。

　夢遊病は、「夢遊症」、すなわち俗に「ねぼけ」といわれる現象に近く、夢中遊行とも呼ばれています。子供によくみられ、突然起き上がって部屋の中を歩き回り、普通、障害物は避けてとおります。目をひらき、一見目的をもっているかのように歩き回りますが、持続時間はせいぜい数分から10分くらいで、翌朝は記憶していません（南山堂『医学大辞典』より）。しかし、精神医学上の診断分類では、「夢遊病（夢遊症）」と診断される精神病はありません。これに近いものとしては、「睡眠遊行障害」（sleepwalking disorder）があたると思われます。「睡眠遊行障害」とは、次のようなものだとされています（高橋等「精神障害の分類と診断の手引」より）。①睡眠中にベットから起きあがり、歩き回るというような行動の反復で、通常、主要睡眠時間帯の最初の1／3の間に起こる。②睡眠遊行中、患者はうつろな表情で視線を動かさず、睡眠遊行に影響を及ぼそうとしたり、話しかけても比較的反応しない。目をさまさせるのは極めて困難である。③目をさましたときには記憶を失っている。④睡眠遊行からさめて数分以内でも精神活動または行動の障害は何も見られない（はじめに短時間の困惑または見当を失うことはある）。

　日本では、「夢遊病」状態での異常行動についてまだ事例報告はないようなので、ふらつきながら障害物を避けてとおる以上の行動が可能かは明らかでありません。しかし、精神医学の専門家によれば、どうも殺人や傷害を行うのは次の理由から無理のようです。夢中遊行中、平衡感覚や運動能力は維持されますが、その能力は通常よりもかなり劣った状態になります。人をナイフで傷害したり、殺害したりするためには、通常でもかなりの物理的な力が必要ですから、夢中遊行中そこまでの力は入らないと思われます。そもそも凶器をにぎるだけの握力があるかさえ疑問のようです。また、その持続時間はせいぜい10分以内といわれていますから、この点でも計画的な行動は無理のようです。したがって、もし夢遊病者の犯罪といわれるものがあったとしても、実際には本来の人格が眠っている最中に他の人格が出現して犯罪を行うという、いわゆる人格解離あるいは多重人格者による犯罪にあたるケースではないかと思われます。

　このように考えてきますと、夢遊病者が夢中遊行中に人を殺すのはほとんど無理であるとの結論になります。もっとも、ペリイ・メイスンの夢遊病者の姪事件

では、犯人は夢遊病者でないので、問題はありません。しかし、引き出しの鍵をあけてナイフを取り出したり、それを中庭までもっていってテーブルに隠すなどという、複雑で筋力を必要とする夢遊病者の行動は、現在の医学の常識ではとうてい考えられないでしょう。しかもその事件では、2人もそのような人がいるのですから。日本では、ほとんど症例報告がないというのに。だからこそ、そんな不可解な事件をみごとに解決したペリイ・メイスンの刑事弁護士としての才能が光るわけですね。

(b) 行為の主体

（ⅰ）**身分犯**　　行為の主体は、犯罪を行う行為者であり、自然人である限り制限はない。しかし、構成要件によっては、例外的に、行為者に一定の身分のあることが要件とされている犯罪がある。これを身分犯という。身分とは、男女の性別、内外国人の別、親族の関係、公務員としての資格などをいうが、身分犯には、このような一定の身分があることによって初めて犯罪が成立する真正身分犯（公務員という身分があることによって成立する収賄罪（197条。各論第3編第3章第7節●─賄賂の罪参照）など）と、その身分があることによって法定刑が加重または減軽される不真正身分犯（業務者という身分があることによって刑が加重される業務上過失致死罪（211条。各論第1編第1章第2節●─身体に対する罪参照）など）とがある。

（ⅱ）**法人の犯罪能力**　　法人が犯罪行為の主体になりうるかについては、議論が分かれる。刑法では、「犯罪主体（犯罪を行う者）＝受刑主体（処罰を受ける者）」が原則であるが、現在では、法人処罰規定が数多く存在しており、そこでは、法人が受刑主体とされている。そこで、その前提としてそもそも法人には犯罪能力（犯罪を行う能力）があるのか否かが問題となるのである。

法人の犯罪能力を否定する見解（否定説）の論拠は、①法人には意思および肉体がないので身体の動静としての行為能力がない、②主体的・倫理的に自己決定ができない以上、法人に対して倫理的な責任非難はできない、③自由刑を中核とする現行の刑罰体系は法人の処罰に適合しない、④法人の事務担当者たる自然人を処罰すれば足りる、ことなどである。

これに対して、法人の犯罪能力を肯定する見解（肯定説）は、①法人も

機関の意思に基づいて機関として行動するから行為能力を肯定できる、②法人にも意思に基づく行為が認められる以上、それに対して刑法的・社会的非難は可能である、③法人処罰に適した財産刑をはじめ、法人の解散、営業停止などが考えられる、④法人自体を処罰の対象とすることは、法人犯罪抑止の観点からも必要である、ことなどをその論拠とする。

「犯罪主体＝受刑主体」という近代刑法の基本原則をまっとうする意味からも、また、今日の企業活動の社会的実態や企業犯罪の現状からしても、法人の犯罪能力は肯定すべきであろう。なお、刑法上は法人の犯罪能力を否定し行政刑法に限ってこれを認める見解もあるが、刑法と行政刑法の区別は相対的であることに注意しなければならない。

法人の犯罪能力

法人の犯罪能力 ｛ Ⓐ否定説　法人処罰：「犯罪主体＝受刑主体」原則の例外
　　　　　　　　 Ⓑ肯定説　法人処罰：「犯罪主体＝受刑主体」原則の範囲内

法人の犯罪能力について、かつては、否定説が通説とされていたが、今日では、むしろ肯定説が有力となっている。判例も、以前は否定説によっていたが、最判昭和40年３月26日（刑集19巻２号83頁［百選３事件］参照）は、事業主が法人（株式会社）で行為者が従業者である場合でも、法人は、代表者以外の従業者の選任・監督上の過失を理由として処罰されるとして、肯定説に一歩接近した。また、古くから法人の犯罪能力を認めてきた英米刑法に加え、従来否定説が有力であるとされていた大陸法系に属するフランスでも、新刑法では、法人の犯罪能力が肯定されるに至り、このような動向はわが国でも注目されている。

法人処罰の形式については、①従業者の違反行為につきその業務主である法人のみを処罰する代罰規定（転嫁罰規定―未成年者飲酒法４条２項など）と、②従業者の違反行為につき、従業者とともに業務主をも処罰する両罰規定（売春防止法14条など）、そして、③従業者とともに、業務主およびその法人の代表者を処罰する三罰規定（独禁法95条の２など）、とがある。

法人処罰の根拠としては、①行政的取締目的から、事実行為を行った従業者の責任が無過失的に法人に転嫁されると解する無過失責任説と、②業

務主の従業者に対する選任・監督上の義務の懈怠を推定するものであるとする過失推定説がある。①説は、無過失責任を認めることになり、責任主義に反するとして、現在では、判例（最大判昭和32・11・27刑集11巻12号3113頁参照）・学説上、②説が有力である（過失推定説の問題点について、第1章第3節●—責任主義(2)参照）。

　なお、近時、企業組織体責任論が主張されている。これは、企業組織体の個人による可罰的行為を具体的に特定できなくとも法人処罰を可能とする理論である。この理論のメリットは、従来の理解によれば、法人の犯罪能力を肯定しても、個人の可罰的行為を具体的に特定できなければ企業犯罪を犯した法人を処罰できないという不合理を救済できる点にある。ただ、無過失であるにもかかわらず法人を処罰することは、結果責任を認めることであり、責任主義に反するので、立法論として今後合理的な処罰の根拠と範囲・要件が検討されるべきである。

　(c)　**行為の客体**　　構成要件の多くは、行為の客体、すなわち行為の向けられる対象を規定している。たとえば、殺人罪（199条）および窃盗罪（235条）における行為の客体は、それぞれ「人」、「他人の財物」である。

　すべての構成要件は、保護の客体（保護法益・法益）を有しており、法益のない構成要件は存在しない。しかし、構成要件によっては、保護の客体は存するが、行為の客体がない犯罪がある。たとえば、単純逃走罪では、保護の客体は国の拘禁作用であるが、行為の客体は存在しない。

　「**法益**」または「**保護法益**」とは、法によって保護される利益をいう。たとえば、殺人罪は、「人を殺すな」という禁令を内容としており、それによって人の「生命」を保護している。法益は、「生命」、「身体」、「自由」、「財産」などの個人的法益のほか、「公共の平穏（放火罪など）」、「公共の信用（文書・通貨偽造罪など）」などの社会的法益、「国家の存立（内乱罪など）」、「国家の作用（公務執行妨害罪など）」などの国家的法益に三分される。なお、個人的法益には、生命・身体のように一身に専属する法益（「一身専属的法益」）

と財産のような一身に専属しない法益（「非一身専属的法益」）とがある。

　行為の客体と、保護の客体は区別されなければならない。公務執行妨害罪（95条1項）では、行為の客体は「公務員」であるが、保護の客体は「公務」自体である。

　行為の客体と、その犯罪の被害者とは同一ではない。殺人罪では、被殺者ばかりかその親族も被害者であり、窃盗罪では、財物の占有者だけでなくその所有者も被害者となる。被害者は、法律上、告訴権を有するので（刑訴230条）、被害者の範囲を論じることは重要となる（なお、犯罪被害者等給付金支給法1条参照）。

　(d)　**結果**　　ほとんどの構成要件は、行為者の身体的動静から一定の結果（法益侵害）が発生することをその要件として規定している。これを構成要件的結果という。

　　(ⅰ)　結果犯・挙動犯（単純行為犯）・結果的加重犯　　結果犯(a)とは、構成要件が一定の結果の発生を必要としている犯罪をいう。たとえば、殺人罪では人の死が結果であり、窃盗罪では財物に対する占有の移転が結果である。これに対して、挙動犯(b)とは、構成要件が充足されるためには、結果の発生を必要とせず、構成要件に予定されているような一定の身体的動静のみで足りるとしている犯罪をいう。たとえば、偽証罪（169条）では、宣誓して虚偽の陳述をすれば直ちに構成要件は充足され、それによって裁判の適切な運用が害されたなどというような結果の発生は構成要件の要素となっていないのである。

　なお、結果犯に属するものとして、結果的加重犯がある。結果的加重犯とは、基本となる犯罪から重大な結果が発生した場合に、もとの犯罪よりも処罰を重くすることを定めた犯罪をいう（第4章第1節●―結果的加重犯と客観的処罰条件(1)参照）。通常、法文に、「よって……した者は」という形式で構成要件が規定されている。傷害致死罪（205条）がその典型である。結果的加重犯が認められるための要件として、通説は、行為と結果との間に相当因果関係があり、重い結果の発生の予見可能性（重い結果を発生させたことに過失）がなければならないとしているが、判例は、因果関

係があれば足りると解している（本章第4節●─因果関係参照）。

構成要件の分類

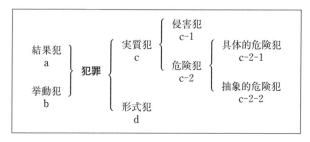

(ii)　実質犯・形式犯　　実質犯(c)とは、法益の侵害または侵害の危険を構成要件要素としている犯罪をいう。これに対して、形式犯(d)とは、免許証不携帯の罪（「免許を受けた者は、自動車を運転するときは、……免許証を携帯していなければならない」）のように、命令に違反する単純な行為があれば、それだけで犯罪が成立し、法益侵害の抽象的な危険の発生すら必要としない犯罪をいう。

(iii)　侵害犯・危険犯　　実質犯は、法益の侵害を要件とする侵害犯（実害犯）（c-1）と法益侵害の危険の発生を要件としている危険犯（c-2）とに分かれる。さらに危険犯には、110条1項の建造物等以外放火罪が「……よって公共の危険を生じさせ……」と規定しているように、法益侵害の具体的な危険（現に生じている危険）の発生を要件としている具体的危険犯（c-2-1）と、108条の現住建造物放火罪のように、一般的な法益侵害の危険の存在で足りるとする抽象的危険犯（一定の行為が行われれば発生したものとされる危険）（c-2-2）とがある。すなわち、放火の場合、具体的危険犯である110条1項では、周囲の人や家や物といった法益に対する現実の危険がなければ放火罪は成立しない。しかし抽象的危険犯である108条では、他人の家などに放火すれば、その家が野原の中の一軒家であったため周囲に何ら危険が及ばないような状況でも、放火罪が成立することになる。今日では、抽象的危険犯の中でも、遺棄罪（217条）のように、ある程度具体的な危険の発生は必要であり、およそそのような危険の発生すらない場合には、犯罪が成立しないという準抽象的危険犯という概念を認め

る見解が有力である。

　抽象的危険犯は形式犯と区別されなければならない。免許証不携帯の罪のように、命令に単に違反すれば、法益に対する危険がなくとも犯罪が成立するのが形式犯であり、抽象的であれ危険の発生が必要とされる、あるいは、直接的に危険にする行為を犯罪としたものが、抽象的危険犯である。

　(iv)　即成犯・継続犯・状態犯　　構成要件的結果の発生および法益侵害の態様から、即成犯、継続犯、状態犯が区別される。この区別は、正当防衛や共犯の成立、罪数や刑の変更にとって重要である。即成犯とは、一定の法益侵害または危険の発生により、犯罪はただちに既遂に達し、かつ、終了する犯罪をいい、殺人罪や放火罪がその例である。この場合には、犯罪の終了後には、共犯の可能性も正当防衛の可能性もないことになる。継続犯とは、一定の法益侵害により犯罪は既遂に達するが、その法益侵害の継続する間は、犯罪もまた継続するものをいい、逮捕監禁罪がその例である。継続犯にあっては、犯罪の継続するかぎり、これに関する共犯の成立も、これに対する正当防衛の成立も可能となる。また、その間に刑の変更があった場合には、新法が適用されることになり、その犯罪の継続中には、公訴時効の進行は開始しないことになる（近時の例として、大阪高判平成16・4・11判タ1169号316頁、最決平成18・12・13刑集60巻10号857頁参照）。状態犯とは、一定の法益侵害の発生によって犯罪は終了し、その後の法益が侵害されているという違法状態の継続は、犯罪事実とはみられない犯罪をいい、窃盗罪がこれにあたる。状態犯の完成後、違法状態の継続中になされた行為は、当初の犯罪によってその犯罪を評価し尽くされているかぎり別罪を構成しない。たとえば、窃盗犯人が窃取した財物を損壊しても、窃盗罪はそもそも「窃盗犯人が盗んだ物を自ら壊す」ということも予定しているので、器物損壊罪（261条）は成立しないのである。このような行為を

犯罪類型の区別

犯罪	即成犯	犯罪の既遂＝終了 ………▶ （それ以降は法的な問題が生じない）
	継続犯	犯罪の既遂 ────▶ 犯罪の継続 ────▶ 犯罪の終了
	状態犯	犯罪の既遂＝終了 ────▶ 違法状態の継続 ────▶

共罰的（不可罰的）事後行為（第7章第4節●─評価上一罪(2)参照）という。ただ、その窃盗犯人が窃取した預金通帳を使用して預金を引き出すような場合など、当初の構成要件が予定する行為の範囲を超えて新たな法益侵害行為がなされる場合には、別罪（この場合には詐欺罪）が成立するとされている。

(e) **行為の状況**　構成要件によっては、一定の状況のもとで行為が行われていることを要件としているものがある。たとえば、消火妨害罪（114条）では、「火災の際」という状況のもとで行為が行われなければならない。

(4)　**主観的構成要件要素──故意・過失**　主観的構成要件要素とは、行為者の内心的要素をいう。その存在が外見的に認識できない点で、客観的要素と異なる。これには、犯罪事実の認識である故意、不注意による犯罪事実の認識の欠如（欠けていること）である過失という一般的な主観的要素と、目的犯に固有な目的があげられる（第4章第2節●─責任要素参照）。

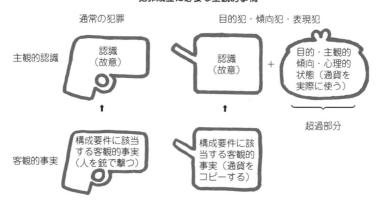

犯罪成立に必要な主観的事情

多数説は、構成要件を違法・有責類型ととらえて、故意・過失は責任要素であると同時に、構成要件要素であると解し、また、故意の犯罪個別化機能（構成要件段階での故意・過失が、殺人罪と過失致死罪とを区別し、弾丸が相手方と飼い犬の間を通過した場合に、殺人未遂か器物（動物）損壊未遂かを区別するという考え）を重視して、主観的構成要件要素を広く認めている。これに対し

(a) **目的犯**　目的犯とは、一定の目的を主観的構成要件要素とする犯罪をいう。たとえば、通貨偽造罪（148条）では、「行使の目的で、通用する貨幣、紙幣、銀行券を偽造し、または変造した者」と規定し、行為者には通貨を偽造するという構成要件に該当する客観的事実の認識（故意）に加えて、「行使の目的」、すなわち偽造通貨を流通において使用するという内心

の要素が必要であるとしている。その意味で、目的犯における「目的」を、以下に述べる表現犯や傾向犯における内心の要素とともに、超過的内心傾向という。

　目的犯には、通貨偽造罪の「行使の目的」のように、その存在が犯罪成立の要件となっている真正目的犯、目的の存在が刑の加重（136条など）、減免（105条）事由となるにすぎない不真正目的犯がある。また、目的犯は、内乱罪（77条）における目的（国の統治の基本秩序を破壊する目的）のように、その目的が当該構成要件的行為を行うことで達成される「直接目的犯（断絶された結果犯）」と、通貨偽造罪の目的（行使の目的）のように、その目的達成のためには当該構成要件行為とは別の行為、すなわち偽造するという行為を必要とする「間接目的犯（短縮された二行為犯）」とに区別できる。なお、財産罪における「不法領得の意思」のように、構成要件に明記されていないが、解釈上認められる目的もある。

(b) **傾向犯**　傾向犯とは、行為者の主観的傾向（意図）が構成要件要素となっている犯罪をいい、行為が行為者の内心の傾向の表れとみられる場合にのみ構成要件該当性が肯定される犯罪をいう。たとえば、公然わいせつ罪（174条）、強制わいせつ罪（176条）における行為者の性的意図がこれにあたる。判例は、このような理解から、もっぱら復讐目的で婦女を裸にして写真を撮った場合には本罪は成立しないとしたが（「全裸写真事件」最判昭和45・1・29刑集24巻1号1頁）、強制わいせつ罪の保護法益は性的羞恥心であって、そもそも、行為者に主観的傾向があるから違法であるというわけではないと批判されてきた。その後、最大判平成29・11・29刑集71巻9号467頁［百選Ⅱ14事件］も、「行為者の性的意図を同罪の成立要件とする昭和45年判例の解釈は、……もはや維持し難い。」として、判例変更を行った。もっとも、「わいせつな行為」か否かの判断において、行為者の目的等の主観的事情が考慮されることはあるとしており、多数説も同様の理解にあるといえよう。

(c) **表現犯**　表現犯とは、行為が行為者の心理的経過・状態の現れであることを必要とする犯罪であり、偽証罪がこれにあたる。すなわち、証人が自己の体験したことの記憶に反して虚偽の陳述をした場合にのみその証言は偽証罪に該当する。ただ、表現犯についても、行為者の心理的状態が国家の審判作用という保護法益に影響を与えているわけではないとして、否定する見解も有力である。

2. 構成要件該当性

犯罪の成立要件

> 犯罪：①構成要件該当性→②違法性→③有責性（責任）
>
> 構成要件該当性：①実行行為→②因果関係（③構成要件的故意・過失）

●───── 構成要件該当性とは何か

　刑法は、1人が一個の犯罪を既遂まで実現することを犯罪の基本型として定めている。このように刑法の各刑罰法規において基本型として定められている構成要件を基本的構成要件といい、既遂犯の修正である未遂犯および単独犯の修正である共犯の構成要件を、修正された構成要件（本章第1節●─構成要件参照）という。

　行為者の行った行為が構成要件にあてはまることを**構成要件該当性**があるといい、犯罪成立の第1の要件である（第2の要件は違法、第3の要件は責任である。第3章、第4章参照）。

　構成要件該当性が認められるためには、次の3つの要件が必要である。すなわち①構成要件に該当する行為（実行行為）があること。実行行為は、たとえば偽証罪のような挙動犯においては、狭義の行為、すなわち身体的動静のみがあれば足りるが、結果犯においては、狭義の行為のほかにそこから生じる結果が必要である。このような結果を含む行為を広義の行為という。②身体的動静と結果との間に、原因と結果の関係（因果関係。本章第4節参照）が存すること。この関係が欠ける場合には、犯罪はせいぜい未遂となるにすぎない。③挙動犯、結果犯いずれにおいても、それぞれの主観面の要素として、構成要件的故意ないし構成要件的過失があること、である。ただ、故意、過失は責任要素であるとする見解も有力である。

●———— 実行行為

```
直接正犯 ┐               ┌ 作為犯
       ├ 実行行為  ┤
間接正犯 ┘               └ 不作為犯

                   ┌ 犯罪の個別化機能
                   │ 因果関係の起点となる機能
実行行為の機能 ┤
                   │ 不能犯、未遂犯、予備の区別機能
                   └ 正犯となるための機能
```

　構成要件に該当する行為を実行行為という。厳密にいうと、構成要件を実現する（実際に要件を充たすこと）現実的危険性を有する行為を指す。43条（未遂）、60条（共同正犯）などの規定中にある「実行」という言葉は、この意味で用いられている。

　実行行為は、通常の場合、行為者自身によって直接行われる直接正犯であり、また積極的な身体活動として行われる作為犯でもある。そして、直接正犯に対しては、第三者を通して間接的に犯罪を実行する間接正犯が対となる概念であり、作為犯に対しては、何かをしないという消極的な身体活動によって犯罪を実現する不作為犯が対となる概念である。

　実行行為という概念には、いくつかの機能が認められている。①犯罪を個別化する機能、②因果関係の起点となる機能、③不可罰である不能犯と可罰的な未遂犯とを分け、予備と未遂を区別する機能（実行行為があれば未遂罪が成立する）、④正犯となるための基本的要素としての機能（実行行為を行えば正犯が成立する）などである。

3. 不作為犯論

●――― 不作為犯とは何か

　199条の殺人罪は、「人を殺すこと」につき、刑罰という制裁を手段としてこれを禁止している。199条の構成要件は、したがって、「人を殺すな」という禁令（～するな）を内容としている。これに対して、130条後段の不退去罪は、「退去しないこと」を処罰している。ここでは、「要求を受けたら退去せよ」という命令（～せよ）が構成要件の内容となっている。

　作為犯とは、上の殺人罪でいえば、「撃つ」、「毒を入れる」など、積極的な身体の動作、すなわち「作為」によって「人を殺すな」という禁令に違反する犯罪をいう。これに対して、「～しない」という消極的な身体の動作、すなわち「不作為」によって「～せよ」という命令に違反する犯罪を不作為犯と呼ぶ。

　不作為犯には、はじめから不作為が構成要件において規定されており、この規定に不作為で違反する場合（真正不作為犯）と、作為が構成要件に規定されているが、この規定に不作為で違反する場合（不真正不作為犯）とがある。不作為犯論の問題の中心は後者の不真正不作為犯にある。というのは、構成要件が作為の形になっているので、不作為がその実行行為になりうるか否かが問われるからである。

●――― 真正不作為犯

　一定の不作為が内容として規定されている構成要件を不作為によって実現する

場合を真正不作為犯という。107条「解散しない」罪、130条後段「退去しない」罪、218条「生存に必要な保護をしない」罪などの犯罪類型が、真正不作為犯である。このように、真正不作為犯は、不作為によって命令規範に違反する場合である。130条後段の場合、「退去せよ」という命令に「退去しない」という不作為によって違反することで同罪は成立するのである。

● ─── 不真正不作為犯

通常作為によって実現される構成要件を不作為によって実現する場合を不真正不作為犯という。たとえば、母親が殺意をもって嬰児に授乳することを怠り、これを餓死させたときは、不作為による殺人罪が成立する。

(1) **罪刑法定主義との関係** 不真正不作為犯には、直接的な処罰規定がないので、これを処罰することは類推解釈の禁止に反するとの考えがある。しかし、その不作為が作為と同視できるようなものであり、社会通念上当然に処罰に値するような不作為は、形式の上では作為犯と見られる処罰規定中に含まれており、法律自体がその処罰を予定していると解すべきであるから、罪刑法定主義に違反しないと考えてよいであろう。このような理解から、不真正不作為犯を「作為により実現することが規定されている構成要件を不作為で実現する場合」として定義することは誤りであるとする見解もある。すなわち、たとえば、殺人罪は、「人を殺す」ことを規定し、それが作為によるか不作為によるかは問わないというのである。むしろこのような理解が、罪刑法定主義に合致した正当な解釈であると思われる。なお、また、不真正不作為犯は、明確性の原則に反するという批判もあるところ、不真正不作為犯の要件を厳格に解して、拡張処罰にならないように注意する必要がある。

(2) **不真正不作為犯と実行行為** 不作為犯は、かつては因果関係（本章第4節参照）の問題として論じられていた。不作為はなにもしないこと、つまり「無」であるから、「無から有は生じないのではないか」というのである。そこで、不作為の間に行われた他の作為や、不作為の直前の作為との因果関係が論じられた。しかし、不作為はなにもしないことではなく、

法的に期待された一定の行為をしないことであり、このような「期待された行為がなされていれば、当該結果は生じていなかったであろう」という関係があれば、かかる意味ある不作為と結果との間には因果関係は認められるとするのが通説的理解である。嬰児を故意に餓死させる母親は、「なにもしない」ことから「死」を発生させたのではなく、期待された「授乳」を「しない」ことから発生させたとみるのである。

　不真正不作為犯の問題は、今日では、実行行為性の問題とされ、作為犯における実行行為と同等に評価できる（等価値である）不作為のみに実行行為性が認められるとされている。すなわち、不作為によってもたらされる法益侵害の現実的危険性は、作為犯の構成要件において予定されている法益侵害の危険性と同程度のものでなければならない。

　具体的には、不真正不作為犯の実行行為が認められるためには、不作為が当該構成要件の予定する作為義務に違反すること、すなわち、ある犯罪的結果の発生する危険のある状態において、その発生を防止すべき特別の義務を有する保障人（保証者。例：上の嬰児殺の例では母親）が、保障人的義務（例：授乳すること）を尽くしえたのに、それを怠って不作為に出る（期待された行為をしない）ことが必要とされるのである。

　なお、作為義務（保障人的義務）は構成要件要素であり、不真正不作為犯は真正身分犯（第6章第5節●──共犯のいろいろな問題参照）である。

(3) 不真正不作為犯の成立要件

```
成立要件：①作為義務（保障人的地位）→ ②作為可能性 → ③等価値性
                     ┌ 法令
作為義務の発生根拠 ┤ 契約・事務管理
                     └ 条理（先行行為）
```

　(a) **法律上の作為義務（結果発生防止義務）──保障人的地位**　　不真正不作為犯が成立するためには、結果発生の現実的危険のあるなかで作為義務に違反することが必要である。しかし、上述のごとく、子供が川でおぼれかけているのを救助しない者すべてが不作為による殺人罪にあたるわけではなく、その子供を救助する義務のある者（保障人）、たとえばその子の親についてだけ、不真正不作為犯の成立が問題となるのである。たしかに、

救助しない傍観者は、道徳上の義務に違反し、道徳上の批判は受けることであろう。しかし、不真正不作為犯で問題となる作為義務は法的な義務に限られ、道徳上の義務はここでは問題とはならないのである（ケース・スタディ3参照）。このように、不真正不作為犯を基礎づける作為義務は、一定の強さをもつものでなければならない。火事の際に公務員から援助を求められた場合にこれに応じなかった者は、軽犯罪法1条8号の火事の際の不援助罪が真正不作為犯として成立することはあっても、放火罪の不真正不作為犯を基礎づける作為義務に違反したことにはならない。

　作為義務の発生の法的根拠には以下のものがある。第1に、法令の規定に基づく場合で、民法に規定する夫婦の扶助義務（752条）、親権者の子に対する監護義務（820条）などである。第2に、契約・事務管理、たとえば、病人の看護や子供の世話を内容とした契約や、病人を自宅に引き取る、事務管理などの法律行為に基づく場合である。第3に、慣習または条理に基づく場合であり、これには種々の形態が考えられる。まず、①先行行為に基づく作為義務であり、たとえば、自動車運転中に誤って人をひいてしまったなど、自分の行為によって結果発生（この場合、被害者の死）の危険を生じさせた者は、結果の発生を防止する義務を負う。次に、②管理者の地位に基づく作為義務であり、たとえば、自己の所有する建物から出火した場合には、管理者にはその火を消し止める義務が生じる（違反すれば、放火罪になりうる）。さらに、③信義誠実の原則上認められる作為義務があり、財産上の取引の場合には、一定の事実、たとえば相手が余分の釣り銭を渡したことを告知する義務がある（違反すれば、詐欺罪になりうる）。最後に、④慣習上認められる作為義務で、たとえば、登山パーティのメンバーは他の者が負傷した場合にはその者を保護しなければならないという義務を負うなどが、その例である。

　もっとも、このように法令・契約・事務管理に作為義務の根拠を認める考え方（形式的三分説）には、刑法とは異なる規範から作為義務を認めるべきではないとする批判があり、刑法上の作為義務を刑法の観点から統一的に導くための実質的根拠が議論されている。たとえば、作為義務を導く根拠に応じて、①先行行為説、②事実上の引き受け説、③排他的支配領域

性説などである。しかし、①説には、過失の作為犯が故意の不作為犯に転化してしまう、②説には、作為義務の成立範囲が狭すぎる、③説には、複数の救助可能な者がいる中でおぼれてしまった子供の保護責任者には、不作為犯を問えないという批判があり、今後に課題を残している。

　(b)　**作為の可能性**　　また、不真正不作為犯が成立するためには、以上のような法的作為義務が抽象的・一般的にあるというだけでは足りず、具体的に存在しなければならない。そのためには、結果発生を防止するための作為の可能性がなければならない。自分の子供がおぼれかけていても、その子の親が遠くにいるとか、泳げない場合などは、**作為の可能性**がない。作為の可能性がない以上、法は不可能を強いることはないから、法的な作為義務まで否定されるのである（泳げない場合には、義務はあるが責任が欠ける、あるいは、この場合には、結果回避可能性がなく因果関係が欠けるとする見解もある）。

　(c)　**作為と不作為との等価値性**　　そして、不真正不作為犯が成立するためには、以上の要件に加えて、上述の作為義務に違反する不作為が、当該構成要件に該当する作為と法的に等（同）価値であると評価されなければならない。すなわち、作為義務違反は、作為による犯罪の場合と価値的に同じといいうるような強度のものでなければならない。たとえば、過失で通行人をひいたにもかかわらず、被害者を救助することなくこれを死亡させた運転手に、不作為による殺人罪が成立するためには、「救助しなかった」ことが、その運転手が故意をもって作為で被害者を殺すといった場合と価値的に同等でなければならないのである。そして、その判断に際しては、不作為の具体的状況、すなわち、①法益侵害に向かう因果の流れを自ら設定したか（例；上の例では通行人をひいたのは自分であるか否か）、②法益保護を引き受けたか（事実上の引き受け。例；手当のために被害者を車内等に移動したか否か）、③法益保護が行為者にのみゆだねられていたか（支配領域性、ないし排他的支配。例；被害者を自分の車に運び入れたことで他人が救助できない状況となったか否か）などを考慮したうえで、作為による殺人に等しい、結果発生の具体的危険性が肯定されなければならない。

　なお、不真正不作為犯が認められるための要件として、特に行為者の主

観面を強調する立場がある。「既発の火力を利用する意思」ないし「其の危険を利用する意思」を要件として放火罪（108条、109条）の不真正不作為犯を認めた判例と、これを支持する学説（「積極的人格態度」がみられる場合や「意図的」な場合に限る）、および改正刑法12条（不真正不作為犯の要件に「ことさら」という文言を付加した）の立場である。だが、多数説は、不真正不作為犯の主観的要件は、作為犯と同様、通常の故意をもって足り、不真正不作犯の成立を主観的要件のみによって限定するのは不当であるとしている（なお、不作為の因果関係については、本章第 4 節 ●—不作為の因果関係参照）。

(4) **具体例**　作為義務は、当該構成要件において必要とされるものでなければならない。そこで、作為の内容が同じでも、作為義務違反の程度の差異により、異なる構成要件に該当することになる。

家が燃えかけているのを発見したにもかかわらず、消火措置をとらずそれをそのまま放置したため、その家が全焼したという場合、その家の所有者でなければ、放火罪（108条、109条）の責任を負うことはない。警察官・消防士であっても消火についての法的義務がない以上、消火妨害罪（114条）の成立の可能性があるだけであって、放火罪は成立しない。さらに、それ以外の者であれば、せいぜい軽犯罪法 1 条 8 号の火事の際の不援助罪が真正不作為犯として成立するにとどまるであろう。

交通事故で通行人を傷害した自動車運転者が、それに気づきながら負傷者を放置して逃走したというひき逃げの場合には、道路交通法72条 1 項の前段の救護義務違反の罪（真正不作為犯）が成立する。その結果、負傷者が死亡しても、ただちに不作為による保護責任者遺棄罪や不作為による殺人罪の作為義務が発生するわけではない（作為犯である自動車運転過失致死傷罪が問題となる）。運転者が負傷者をいったんは自車（自分の自動車）に乗せたが、犯罪の覚を恐れて途中で降ろして逃走した場合はどうか。この場合、保護責任者遺棄罪の作為義務は発生しても、死に至るという具体的危険性がないかぎり、不作為による殺人罪を成立させるまではいかないであろう。重傷の者を自車に乗せつつ、死亡するのを待ったとか、発見・救助されることのないような場所に捨てたとか、死に至る危険が具体的と

なり、作為義務違反が死を惹起する程度になって初めて不作為による殺人罪の実行行為が認められることになるからである。

保護責任者遺棄罪と殺人罪の区別に関しては、①殺意の有無によるとする説、②殺意に加えて、客観的な危険性の有無を重視する説、③作為義務の内容・程度によって区別する説、に分かれる。①説は、犯罪の成立が主観的要件のみにかかってくることになり妥当でなく、③説は、同説も危険の程度を考慮しており、また、作為義務の相違を明らかにしているとはいえないことから、②説が基本的には支持されるべきであろう。故意の存否と死に向かって直線的に因果の流れが向かっているかを基礎にして殺人罪の成立が論じられることになる。具体的には、単純なひき逃げではなく、移置を伴うひき逃げの事例である場合には、支配領域性（排他的支配）と作為との等価値性が認められて、不作為の殺人罪の成立が肯定されることになろう（東京地判昭和40・9・30下刑集7巻9号1828頁）。

(5) **不真正不作為犯の判例**　　不作為による放火罪が認められた判例には、次のものがある。①養父を殺害後に、その直前に、養父が争っている際に投げた燃えさしの火がわらに燃え移っているのを認めながら、犯跡をかくす目的で立ち去ったという事案につき、大審院は、「既発の火力を利用する意思」があるとして不作為による放火罪を認めた（「養父殺害事件」大判大正7・12・18刑録24輯1558頁参照）。②神棚のろうそくが神符の方に傾いているのに気がつきつつ、火災になれば火災保険金がとれるだろうと思って、そのまま外出した事案につき、同じく、「既発の危険を利用する意思」があり、作為による放火と同一であるとした（「神棚事件」大判昭和13・3・11刑集17巻237頁参照）。③残業していた従業員が火鉢の炭火のあと始末をせず、居眠りしている間にその火が木机等に燃え移ったのに気づき、「その既発の火力によって当該建物が焼燬されるべきことを認容」しながら「あえて」必要かつ容易な消火措置をとらないで、その場を立ち

去った事案につき、最高裁は不作為による放火を認めた（「火鉢事件」最判昭和33・9・9刑集12巻13号2882頁［百選5事件］参照）。

　不作為による殺人罪の成立を認めた事例には、大審院判例として、親あるいは養育義務者が嬰児あるいは幼児に食物を与えないで死亡させたという事案に殺人罪の成立を認めたものがある（大判大正4・2・10刑録21輯90頁、大判大正15・10・25判例拾遺刑法87頁）。最高裁判例も近時、民間治療法である「シャクティ治療」を施すと称して、重篤患者のAをその息子Bをして病院から搬出させたうえ、生命維持に必要な医療措置を受けさせないまま死亡させた事例において、「被告人は，自己の責めに帰すべき事由により患者の生命に具体的な危険を生じさせた上，患者が運び込まれたホテルにおいて，被告人を信奉する患者の親族から，重篤な患者に対する手当てを全面的にゆだねられた立場にあったものと認められる」として、不作為による殺人罪の成立を肯定している（「シャクティ事件」最決平成17・7・4刑集59巻6号403頁［百選6事件］）。下級審では、すでに、交通事件に関連して、不作為による殺人ないし殺人未遂を認める判例が増えている。たとえば、過失により人をひいた自動車運転者が、この重傷者を自車に乗せて捨て場所を捜索中に死亡させた事例について、殺人罪の成立が認められている（前出79頁東京地判昭和40・9・30）。その根拠は、事実上の引き受けと支配領域性にあると解されている。なお、同様の事例で保護責任者遺棄罪を認めるにすぎない判例との整合性が問題となる。いずれにせよ、単純なひき逃げの事実だけでは、殺人を認めるには足りないと解する点に争いはない。さらに、女子従業員に暴行を加え、同女がかなり重篤な症状を呈していたにもかかわらず、犯行の発覚を恐れてことさらこれを放置して死亡させた事例に殺人罪を適用した例がある（東京地八王子支判昭和57・12・22判タ494号142頁）。

［ケース……**3**］

　Xは自分の子供Aと散歩にでかけた際、友人Yに川縁で偶然に会ったため立ち話をしていたが、そのすきにAが川に落ちてしまった。XはAが溺れかかっていることに気がつくやこのままだと死んでしまうかもしれないと思ったが、泳げなかったので、飛び込んで自ら助けることを断念した。その結果Aは溺死した。Xはいかなる罪責を負うのか。

［論点整理］
1．構成要件該当性（保障人説との整合性）
　　(1)殺人罪（199条）
　　(2)保護責任者遺棄致死罪（219条）
2．不真正不作為犯は、構成要件該当性の問題か違法性の問題か。
　　―作為義務の体系的位置づけをどう考えるのか。
　　―類型的・定型的判断か非類型的・非定型的判断か。
　　―保障人的地位と保障人的義務との区別論。
　　―作為義務の根拠（法令、契約、事務管理、慣習、条理等）。
3．不真正不作為犯の成立要件ないし処罰範囲・限界
　　　客観的要件：作為義務ないし作為の容易性ないし可能性、作為との同
　　　　　　　　　価値性。
　　　主観的要件：故意ないし過失以外に積極的に利用する意思等の特別な
　　　　　　　　　内容を要するのかどうか。

［関連判例］
　(1)養育義務者が貰い受けて養育した幼児に食べ物を与えずに死亡させたケース
　　（大判大正4・2・10刑録21輯90頁）
　(2)被告人が自動車を運転中過失により被害者をひいて重傷を負わせ病院に送ろうとして助手席に乗せたが、途中で病院にとどけるのをやめどこかに遺棄するなどして逃走しようと企て、被害者が死亡するかもしれないことを十分予見しながら車を走らせているうちに車中で死亡した場合につき、不作為の殺人を肯定したケース（東京地判昭和40・9・30下刑集7巻9号1828頁）

(3)会社の社員が自分の不注意による出火に驚き、自分の失策の発覚を恐れて会社事務室から立ち去ったため建物が全焼した場合につき、不作為の放火罪を認めたケース（最判昭和33・9・9刑集12巻13号2882頁［百選5事件］）

(4)3歳の実子を同棲中の男性が暴行によりせっかん死させた事案において、子供の母親につき、暴行を制止する措置を採るべきであり、かつ、それにより容易に子供を保護できたのに、その措置を採ることなく、ことさら放置したとして、不作為による傷害致死幇助罪に該当するとして、無罪とした原判決を破棄したケース（札幌高判平成12・3・16判時1711号170頁［百選85事件］）

［本ケースから学ぶ刑法の基本原理・原則の重要ポイント］
(1)不真正不作為犯の意義とその可罰性
(2)罪刑法定主義の意義と機能、刑罰法規の明確性の原則
(3)構成要件の機能論（犯罪・非犯罪を区別する機能、非犯罪を排除する機能すなわち保障機能、犯罪を個別化する機能）

［『たのしい刑法II各論』のケース・スタディで基本原理・原則を学ぶ］
　　刑法IIケース6　（不作為犯の作為義務）

［ホームワーク］
　　次のケースについてどう考えるか。
　　　(a)本問の場合Aが自分の子であっても救助する義務はないと思って救助しなかった場合はどうか（不真正不作為犯の作為義務の錯誤について）。
　　　(b)Xが乗用車を運転中誤ってBに衝突させBを転倒させたが死んでもよいと思い、そのまま逃走した。Bは放置されたため手当が遅れ死亡した（ひき逃げ事犯）。その場合のXの罪責はどうか。
　　　(c)友人同士のXYが登山をし、Xが疲労のため動けなくなった。もう片方のYは自分だけ助かりたいと思って救助をせずに立ち去り、Xが死亡した場合のYの罪はどうか。

（問題提起）　　一．　　Xは、自分の子供が溺れていて死ぬかもしれないと思いな
がらそのまま放置して溺死させている。Xには殺人罪ないし遺
棄罪が予定する禁止規範に違反する行為ないし積極的動作（作
為）はない。しかし、XがAを救助しないという不作為により
溺死という法益侵害の危険性が発生している。そこでXは不作
為による犯罪結果実現につき殺人罪（199条）ないし保護責任
者遺棄致死罪（219条）の罪責を負うのか、作為犯の形式で規
定されている構成要件を不作為の形式で実現する犯罪、いわゆ
る不真正不作為犯の成否が問われる。

（規範定立）　　二．　　㈠不真正不作為犯は、その法益侵害の現実的危険性が、作
作為と同価値性　　　為犯の構成要件の予定する法益侵害の現実的危険性ないし可罰
的違法性と同価値であると判断される場合に処罰されると解す
る。

罪刑法定主義　　　　確かに、罪刑法定主義の大原則からすれば、構成要件で明確
・構成要件の　　　に規定されていない形態での犯罪行為は、構成要件の保障機能
　保障機能　　　（非犯罪排除機能）ないし刑罰法規の明確性の原則に反し処罰
・明確性の原則　　できないものとも解される。しかし、刑法は法益保護をその重
要な任務としている。さらに作為犯の規定は「〜してはならな
い」という禁止規範ばかりか「特定の場合には一定の作為をせ
よ」という命令規範も予定しているものと解される。そのため、
作為と同価値性が認められる一定の場合に限定して不作為犯を
処罰することは罪刑法定主義に反しないものと解する。

処罰範囲及び　　　　㈡そこで、その処罰範囲ないしその限界が問題となる。
その限界　　　　　思うに、不真正不作為犯が処罰されるかどうかについては、
そもそもその行為者と被害者との間には法令、契約、事務管理、
作為義務、原　　　条理等に基づく一定の結果発生を防止するための法律的義務
因性、危険の　　（作為義務）を有する関係にあるのかどうか、結果発生の危険
コントロール、　に重大な原因を与えたのかどうか、すでに発生している危険性
作為の容易　　　をコントロールし得る地位にあるのかどうか、結果防止が可能
性・可能性、　　ないしどの程度容易であったのか、他に結果を防止し得る手段
結果発生防止　　が存在したのかどうか等の諸事情を考慮し、作為と同価値と評
のための代替　　価し得るだけの現実的危険性を有する場合かどうかが判断され
措置

るべきである。

（あてはめ）

三．　本問において、Ｘは親であるため、法令（民法820条）上子供Ａの監護義務がありＡを保護すべき立場にある。しかし、Ｘは溺死という結果発生の危険に重要な原因を与えたといえない。また、確かにＸは近くに居合わせたため溺死の危険性をコントロールできる立場にあったとはいえるが、かなづちで泳げないため自ら助けることができず作為の可能性ないし容易性は否定される状況にあった。そのような状況下では、Ｘが近くにいた者に代わりに救助することを頼むなどの代替措置で対処することはやむを得なかったと考えられる。そのため、以上のような事情においては、ＸにＡが溺れるかもしれないという認識があったとしても、作為犯と同価値の法益侵害の現実的危険性が認められないものと考える。それゆえ、Ｘには殺人罪（199条）の不真正不作為犯は成立しない。

　　　また、保護責任者遺棄致死罪（219条）は、保護責任者の立場にある者の置き去りによる不作為犯についても、同様に、構成要件の予定する作為と同価値の法益侵害危険性が認められる場合に処罰されると考える。そのため、要扶助者の生命身体の安全を具体的事実的に支配し、危険を回避できる立場にいることが必要である。Ｘは親であり保護責任者と解されるが、溺れるという事態の原因を付与したものではない。さらに自ら助けようとしてもそれが不可能ないし困難であって、また救助のための他の代替手段によらざるを得なかった状況であったことなどから、置き去りによりその生命身体に対する危険状態を発生させたとは解されない。そのため、保護責任者遺棄致死罪にも問われないものと解される。

（結論）

四．　以上から、本問Ｘは、子供の監護について不注意があったという事情がないかぎり、無罪となる。

4. 因果関係

●——— 因果関係とは何か

因果関係：実行行為（原因）⟸━一定の原因・結果の関係━⟹構成要件的結果（結果）

　因果関係とは、結果犯において、実行行為と構成要件的結果との間に存在しなければならない一定の原因・結果の関係をいう。挙動犯の場合には、実行行為があれば犯罪は成立するので、因果関係を問題にする必要はない。これに対して、結果の発生が要件とされている結果犯においては、「その結果は行為者の行為が原因である」（これを「発生結果を行為者の実行行為に帰属させる」という）ことをあらかじめ確定しておかなければならない。そうでなければ、実行行為のほかにその結果も違法評価・責任評価の対象とすることができないからである。このような因果関係を確定する理論が因果関係論である。

　因果関係は、結果を行為に客観的に帰属させるもので、結果を行為者に帰属させる、すなわち主観的な帰属を問う責任論と区別される。

　因果関係の起点は実行行為である（本章第2節●—実行行為参照）。実行行為のないところでは、因果関係は問題にならない。したがって、落雷によって人を殺そうとして外出させたところ、思惑どおり落雷によって死亡したとしても（落雷事例）、あるいは、飛行機事故で死亡させようとして外国旅行を勧めたところ、予想どおりの結果に至ったとしても、因果関係の問題は生じない。外出させる行為、飛行機に搭乗させる行為には、殺人罪の現実的危険がなく、実行行為とは認められないからである。この場合、死という結果は行為者の行為に帰属されないばかりか、実行行為も存在しないので、行為者には未遂も含め何らの罪も成立しないことになる。

結果犯において、実行行為と結果との間に因果関係がないときは、犯罪は未遂となる。また、結果的加重犯、たとえば傷害致死罪では、基本行為（傷害）と重い結果（死）との間の因果関係が否定されると、基本犯罪（傷害罪）についてのみ構成要件該当性が肯定されることになる。

●――― 因果関係の理論

（1）**条件説**　条件説とは、実行行為と結果との間に、「その行為が存在しなければその結果は発生しなかったであろう」（条件公式）という条件関係が存在するかぎり、刑法上の因果関係を認めるとする説をいう。なお、この条件関係は、自然科学的方法および経験則に従って確定される、行為と結果との間の事実的なつながりであり、そのことから事実的因果関係とよばれる。事実的因果関係は、以下で述べるところの相当因果関係説や危険の現実化説によって導かれる法的因果関係と対をなしており、法的因果関係の前提となるものとして、因果関係の判断にとって必要不可欠な要件である。

条件説は、1つの発生結果に複数の条件が存在する場合、その複数の条件を価値的に等しいと理解するところから、等価説とも呼ばれている。条

件説は、「AなければBなし」という条件公式があれば因果関係があるとするので、判断が明確であるという長所があり、また、その判断は客観的になされるので、客観的な帰属を問題にする因果関係論の趣旨にも合致する。

しかし、この説に対しては、因果関係論の基礎としての妥当性を認めつつ

も、因果関係の認められる範囲が広がりすぎ、処罰範囲の適切な確定が困難となるとの批判がある。たとえば、XがAに暴行を加え傷害を負わせたところ、Aは救急車で病院に運ばれる途中、酒に酔ったY運転のトラックとの交通事故で死亡した（救急車の事例）、あるいは入院中の病院の火事で死亡した（火事の事例）ような場合、Xの暴行がなければAの死亡という結果もなかったということで、傷害行為と死亡との因果関係が認められて、Xは傷害致死罪の責めを負うことになってしまうというのである（なお、Yに過失があれば、Yには自動車運転過失致「死」罪が成立する）。

このような批判に対しては、条件説からは、結果的加重犯の場合、その成立には重い結果の発生につき予見可能性を要求すべきであるとの反論がある。しかし、予見可能性の有無の判断は責任の問題であり、条件説は、因果関係が責任判断に先行する客観的な帰属の問題であることを見過ごしているという根本的批判はまぬがれないといえよう。また、かりに結果的加重犯（例：傷害致死罪）の例において、因果関係を認めつつも、重い結果（死）につき予見可能性がないとして妥当な結論（傷害罪）が導かれたとしても、故意犯の場合、すなわちXが殺人の故意で行為したような場合には、因果関係が認められるとただちに既遂（殺人罪）が成立することになる点からすると、やはり、条件説には疑問が残るとされている。

このような条件説の不都合を回避しようとして、かつて因果関係の中断論が唱えられた。これは、因果関係の進行中に被害者もしくは第三者の故意行為または自然力が介在した場合には、因果関係は中断し、行為と結果との間の因果関係は存在しないというものである。しかし、中断論に対しては、因果関係は、本来、存在するかしないかのいずれかであって、いったん存在した条件関係（因果関係）がその進行中に中断し、結果的に存在しないことになるということはあり得ないという批判が加えられ、この理論は今日では支持されていない。条件説の不当な結論を回避する方策としては、次に述べる原因説が中断論にとってかわることとなった。

(2) **原因説**　　原因説とは、結果に対するすべての条件の中から一定の基準によって主たるものを選び出し、これを「原因」として他の条件から区別し、この原因と結果との間にだけ、刑法上の因果関係を認めようとす

る理論である。諸条件を個別化して考察するところから、個別化説とも呼ばれる。諸条件から原因を選定する基準に従って、最終条件説（結果に対して時間的に最終の条件をもって原因とする）、最有力条件説（結果に対してもっとも有力な条件をもって原因とする）、優越条件説（結果について決定的に方向づけた条件をもって原因とする）などが主張された。しかし、なにが最後の条件か、なにが有力か、なにが方向づけたかを確定することは非常に困難であり、また、複数の条件の中から1つの条件のみを原因とすることも不可能であるとして、原因説も今日では支持されていない。

　ただ、条件説が諸条件を均等に評価し、客観的な帰属の範囲を制限できなかったのに対して、不十分ながらも原因説は刑法上の因果関係の範囲を限定した点で、相当因果関係説を生み出す契機となったといえよう。

[客観的帰属の理論]
　現在、**客観的帰属の理論**（客観的帰責論）が有力に唱えられている。ドイツでは、条件説が現在でも判例・通説であるため、条件説によって認められる因果関係の範囲をさらに限定する理論として主張されているものであるが、わが国でも支持を得つつある。この理論は、因果関係の問題と帰責の問題とを区別し、刑法上重要なのは客観的に帰責可能な結果であるとして、客観的帰属の理論によって、とりわけ過失犯の帰責の範囲を限定しようとする理論である。すなわち、①行為者がたとえ注意義務を守っていたとしても結果が確実に生じたとみられる場合には帰責を認めず、行為が結果発生の危険を増加させたときにのみ帰責を認める危険増加の理論。②注意義務違反行為から結果が生じていても、その結果が違反した規範の保護目的の範囲内にある場合にだけ帰責を認めようとする規範の保護目的の理論。さらには、③行為が法的に許されない危険をつくりだし、その危険が具体的な結果を実現した場合に帰責を認めようとする理論などがある。そして、客観的帰属の理論によって、たとえば先の救急車の事例や落雷事例において妥当な帰責範囲が導かれるという。しかし、これらの事例は、そもそも実行行為がないということで解決でき、また、現在のわが国の通説である相当因果関係説はその枠内の処理で、因果関係の妥当な範囲を画することができるとされている。そのようなことから、その理論のもつ基準の不明確性をあわせ考えて、あえて客観的帰属を論じる実益はないとの批判がある。しかし、近時の最高裁判例の中には、客観的帰属の理論に近い考え方を示して個々の事案を解決していると思われる判例が多数みられることは、以下に示すとおりである。

(3) **相当因果関係説**　　相当因果関係説とは、刑法上の因果関係を肯定するためには、行為と結果との間の条件関係があることに加えて、一般人の社会生活上の経験に照らして、通常、その行為からその結果が発生することが一般的である、すなわち、「相当」であるとみられることが必要であるとする説をいう。「相当」とは、そのような行為からそのような結果が生じることは、経験上「異常ではない」、「ありうることである」ということであり、結果の発生の可能性が相当程度高い（蓋然性がある）必要はない。

　さて、相当因果関係説は、その「相当性」の存否を判断するための基礎となる事実（いわゆる判断基底）としてどのような事情を考慮するかにおいて、次の3説に分かれる。①行為者が行為時に認識していた事情、および「認識しえた」事情を基礎にする主観的相当因果関係説（主観説）、②行為時に一般人が認識し、認識できた事情、および一般人には認識できなくても行為者が「特に認識していた」事情を基礎とする折衷的相当因果関係説（折衷説）、③行為時の事情については、行為時に客観的に存在していたすべての事情、および、行為後の事情については、一般人の予見可能な行為後の事情を判断の基礎に据える客観的相当因果関係説（客観説）である。

　たとえば、XがAに対してナイフで軽傷を負わせたところ、Aは血友病であったために、出血多量で死亡したという事例を考えてみよう（客観説のいう行為時の事情の事例）。主観説では、行為者XがAの血友病を知っていれば、相当性判断は「血友病の人にナイフで軽傷を負わせたら死亡するのは相当か」という定式になり、この場合相当性はあるので、因果関係が認められることになる。しかし、Xがその事情を知らなければ、相当性判断は「一般人にナイフで軽傷を負わせたら死亡するのは相当か」ということになり、相当性は否定されるので、因果関係もないことになる。同様に、折衷説では、行為者、あるいは一般人が血友病の存在を知っているかぎり、その存在を考慮して相当性が判断されることになり、上の事例では因果関係は認められ、知らなければ因果関係は否定されることになる。これに対して客観的相当因果関係説によれば、存在していたすべての事情を基礎にするので、行為者や一般人が知っていても、知らなくても血友病であった

という事情が考慮される結果、この事例では相当性はあることになる。また、たとえば、先の救急車の事例（客観説のいう行為後の事情が問題となる事例）では、主観説、折衷説、客観説のいずれの説からも、救急車の事故で患者が死亡するとは予見不可能であることから、相当性は否定されることになる。これに対して、暴行によって意識を失わせて放置した場所が浜辺であったため満ち潮によって溺死したとか、急激な温度の低下で凍死したような場合、行為者がそのような状況の変化を予期できなければ主観説からは相当性が否定され、折衷説、客観説からは肯定されることになろう。

主観説に対しては、客観的な帰属を問題にする因果関係論において、行為者の認識内容のみを基礎にすることは因果関係論の前提に反するとの批判がなされ、今日ではほとんど主張者は見出せない。折衷説に対しては、やはり客観的であるべき因果関係の判断に際して、行為者の認識内容のみを基礎にするのは妥当ではなく、この説は客観的な帰属を問題にする因果関係論と行為者の主観を問題にする責任論との混同であるとか、客観的に存在する事情（上の例でいえば血友病）を行為者や一般人が知らないからといって存在しないとするわけにはいかないなどの批判がある。客観説に対しては、反対に、（行為時の事情については）一般人も知ることができず行為者も知らなかった事情を判断の基礎にすえることによって、あまりにも広く因果関係が肯定され、条件説の結論と異なるところがなく、相当因果関係説のもっていた限定的機能が失われてしまうとの批判がある。折衷説と客観説の対立は、構成要件を違法・有責類型と考え、行為無価値論をとる立場（折衷説）と、構成要件を違法類型と解し、結果無価値論を強調する立場（客観説）との相違に由来するといえよう（結果無価値、行為無価値については、第3章第1節●—行為無価値論と結果無価値論参照）。

(4) **近時の判例理論**　　かつて、因果関係の判断については、判例は条件説に立っているとか、米兵ひき逃げ事例（本節●—因果関係の判例(2)参照）を引き合いに相当因果関係説に立脚していると評されたが、現時点での判例の立場は、「行為の危険性が結果へと現実化したか」どうかを基準としている（危険の現実化説）といわれている。とりわけ、他人の行為の介在事例では、行為の危険性の程度が大きく、介在事情の結果に対する影

響力がわずかな場合には、行為と介在事情との間の結びつきを問うまでもなく因果関係が肯定され（「大阪南港事件」最決平成2・11・20刑集44巻8号837頁［百選10事件］、「治療拒否事件」最決平成16・2・17刑集58巻2号169頁）、介在事情の結果に対する影響力も無視できない場合には、実行行為が介在事情を「誘発」した、ないし、介在事情は実行行為に「起因」したといった行為と介在事情の結びつきを示す事情があれば（「夜間潜水訓練事件」最決平成4・12・17刑集46巻9号683頁、「高速道路停車事件」最決平成16・10・19刑集58巻7号645頁、「高速道路侵入事件」最決平成15・7・16刑集57巻7号950頁［百選13事件］）、因果関係が肯定されている（なお、いずれも過失犯の事案であるが、明示的に「危険の現実化」という文言を用いるのは、最決平成22・10・26刑集64巻7号1019頁、最決平成24・2・8刑集66巻4号200頁である）。

　このような判例理論は、①予見可能な事情であれば、行為の危険性の大小、寄与度の大小を問わずこれを相当性の判断に組み込み、②予見不可能であれば、これを相当性判断に入れず、行為の危険性の程度と介在事情の結果への寄与度を勘案し、前者が大きく後者が小さければ相当性あり、その逆であれば相当性なし、というように両者の相関関係に判断を依存させているともいえよう。

●───── 因果関係の判断

> 相当説による因果関係の判断：①実行行為と結果の存在→②条件関係の存在→
> ③相当性の存在・危険の現実化

　(1)　**実行行為と結果の存在**　　因果関係の存否を判断するにあたっては、上述のように、その前提として実行行為と結果とが存在しなければならない。そして、次に条件関係の有無、さらに相当因果関係説によるときには、相当性の判断が加わることになる。

　(2)　**条件関係の存在**

　　(a)　**条件関係の判断**　　因果関係論のいずれの学説に立とうとも、まず、その行為と結果との間の条件関係、すなわち「その行為が存在しなければその結果は発生しなかったであろう」という関係が肯定されなければ

ならない。この条件関係はたいていの場合容易に確認されるが、以下に述べるようにいくつかの困難な問題もある。

　条件関係を確認するための前提として、「結果」は常に具体的・個別的な結果であることを確認しなければならない。10分後に死刑が執行される予定の死刑囚をその死刑囚に子どもを殺された父親が自らの手で殺害すべく射殺した場合、いずれにせよ10分後には死刑が執行されるのであるから、「その行為（射殺行為）が存在しなければその結果（死）は発生しなかったであろう」という関係にはないとして、条件関係を否定することは可能であろうか（Xは、海外旅行に旅立つはずであったAを殺害したが、実はAが乗ろうとしていた飛行機は墜落して乗客は全員死亡したという事例も同じである）。

　このように、ある行為から結果が発生したとき、かりにその行為がなかったとしても、別の事情から同じ結果が生じたであろう場合に、別の事情という仮定的条件を付け加えて判断することを、仮定的因果関係という。しかし、仮定的な条件は付け加えるべきではなく、あくまでも具体的結果（死刑執行よりも10分早い「死」、飛行機事故による「死」ではなく、Xによって殺害された場所・時刻における、行為者によって採られた手段によって特定された「死」）を問題にすべきであって、仮定的な条件を付け加えて判断すべきでない。現にその行為からその結果が発生した以上、条件関係はあると解すべきである。そうでなければ、人はいつかは死亡するものであるから、あらゆる殺害行為について、死とは因果関係がなくなってしまうということになり、既遂犯としての刑事責任が問われないという不当な結果となる。

なお、判例は、行為者が被害者を熊と誤認して猟銃2発を発射し、せいぜい15分程度しか生きられない瀕死の重傷を負わせたところ、被害者が苦しむのを見かねて故意でこれを射殺した事件につき、業務上過失傷害罪と殺人罪を認めている（「熊うち事件」最決昭和53・3・22刑集32巻2号381頁［百選14事件］参照）。

ただ、あまりに結果を具体化すると、たとえば、XがAにピストルを発射し瀕死の重傷を負わせ、その場を通りかかったBが病院に運ぼうとしてAを自車に乗せようとしたところ、動かしたことが原因で、わずかに死期が早まったというような場合、Bの行為とAの死という結果との間の条件関係が肯定されることになってしまう。したがって、ある程度の結果の抽象化は必要となるのである。

　仮定的因果関係の一種として、**合義務的な択一的挙動**がある。これは、違法行為からある犯罪的結果が生じたが、かりに法を遵守していたとしても、同一の結果が発生したであろう場合である。これについてドイツでは、トレーラー事件が有名である。トレーラーの運転手が法規上要求されている追い越し間隔をとらずに自転車運転者を追い越したところ、同人をひき殺してしまったというものである。この事例では、かりに法規に従って追い越したとしても結果を回避できなかったと判断された。わが国では、京踏切事件（大判昭和4・4・11新聞3006号15頁）が知られている。これは、列車が見通しの悪い踏切で嬰児をひき、死亡させた事案であり、かりに警笛を吹鳴し非常制動を行っても、被害者が生後1年9月の嬰児であったことから同一の結果が発生したであろうとされたものである。この2つの事例では、いずれも条件関係が否定されたが、学説では、行為が結果に対して支配力を有しない以上条件関係はないとする説、条件関係はあるものの、不可抗力ないし過失の実行行為がない、あるいは因果関係（危険の現実化）がないとして不処罰とする説もある（最判平成15・1・24判時1806号157頁［百選7事件］）。

　(b)　**因果関係の断絶**　　条件関係を限定する理論に因果関係の中断があることについてはすでに述べたが、この中断論と区別すべきものとして**因果関係の断絶**がある。中断論は、因果関係の「進行中に」第三者らの行為が介在する場合であるのに対して、因果関係の断絶は、同一の結果に向けられた先行条件が「功を奏しないうちに」、それと無関係な後行の別の条件によって結果が発生させられた場合をいう。毒薬を飲まされ身体に異常を感じた被害者が病院に行く途中に交通事故に遭遇し、死亡したというのが前者であり、毒薬を飲まされたがそれがまだ効かないうちに被害者が

別の第三者によって射殺されたというのが後者である。因果関係の断絶の事例では、行為（例；上の例では毒薬を飲ませる）と結果（人の死）との間の条件関係そのものが存在しないとされている。

(c) **択一的競合と重畳的因果関係**　条件関係の判断が困難な場合として、択一的競合の事例がある。択一的競合とは、複数の独立した行為が競合してある結果をひき起こしたが、それらの行為がそれぞれ単独でも同一の結果を発生させることができたであろう場合をいう。

たとえば、【事例1】ＸとＹが、意思の連絡なしにＡを毒殺しようとして、相前後してＡが使用するコップにそれぞれ致死量の毒を混入し、Ａを死亡させた場合である。この場合において、まず、Ｘの行為と死との条件関係を考えてみよう。この事例では、Ｘの行為がなくてもＹの毒で、いずれにせよＡは死亡していたのであるから、「Ｘの毒を入れる行為がなければＡの死という結果はなかった」との関係にはなく、Ｘの行為についてはＡの死との間の条件関係が否定される。次に、ＹとＡの死との条件関係を考えても、やはり同様の理由により、条件関係はないことになる（もっとも、先に効いた毒が分かれば、その行為と結果との間に、また、2つの毒が競合することで死期が早められた場合には、2つの行為と結果との間に条件関係があることになる）。したがって、Ｘ、Ｙの行為とも、犯罪としては殺人未遂にとどまることになる。しかし、ＸもＹも致死量の毒を入れて思いどおりにＡを殺害しているのに、未遂という結論は不当ではないかとか、ＸもＹも単独で同じ行為を行えば殺人既遂なのに、たまたま行為が重なったために、未遂とするのは権衡を失するのではないかと批判されている。

さらに、択一的競合の結論は、次に紹介する重畳的因果関係の場合の結論と比較すると、一層不合理になるように思われる。すなわち、【事例2】ＸとＹが意思の連絡なく、Ａに致死量の2分の1の毒を飲ませたが、双方の毒によって致死量に達したためにＡが死亡した場合においては、条件関係が認められることになるのである。

そこで、択一的競合【事例1】については、条件公式を修正して、ＸとＹ、両方の行為がなかったならばＡは死亡しなかったであろう場合であるから、Ｘ、Ｙとも死と条件関係があるとする修正条件説（一括消去説）の

見解が多数説である。しかし、修正条件説に対しては、両者の行為を取り去って条件公式を用いることは、共犯関係にないＸとＹとの間に共同正犯を認めることであり、不当であるという批判がある。これに対して、条件関係を厳格に解して、この場合には条件関係はないとする見解も有力である。この説は、条件関係を刑事責任限定の道具と考え、結果回避の可能性がない結果を行為者に帰責しても法益保護には役立たないというのである。しかし、この説についても、故意犯であれば未遂罪として処罰が可能であるが、過失犯であれば（ＸとＹは看護師であり誤って毒薬を混入させた場合）、２人とも不処罰になってしまうという難点がある（もっとも、この批判に対しては、刑法の謙抑性・補充性からすると不処罰とする結論はやむをえないものであるとの反論が可能であろう）。

(3) **相当性の存在**　相当因果関係説の立場では、第3の要件として、行為と結果との間の「相当性」が必要である。折衷説の立場では、行為時に一般人が認識し、認識できた事情、および一般人は認識できなくても行為者が特に認識していた事情を基礎に、客観説では、行為時に客観的に存在していたすべての事情、および一般人の予見可能な行為後の事情を基礎にして、その行為からその結果が発生することが、社会通念上相当である、すなわち社会通念上「あり得ること」であるということが導かれなければならない（過失犯における相当性判断が問題となった事例として、福岡高那覇支判昭和61・2・6判時1184号158頁参照）。

「相当性」判断が困難な場合	行為時の特殊事情（特異体質）	
	行為後の事情	第三者の行為の介在
		被害者自身の行為の介在
		行為者自身の行為の介在

相当性の判断が困難な場合としては、被害者に特異体質や病変が存在していたように、行為時における被害者の特殊事情が問題となる場合と、行為後に結果に対して影響を与える事情が生じた場合がある。前者について、判例は因果関係を広く肯定するのが一般である。後者については、その事情が第三者による場合（ケース・スタディ4参照）と、被害者自身による場合、さらに行為者自身による場合とに分類されるが、ここでも判例は基本的には条件説の見地から、あるいは、近時では「危険の現実化」の理論を介して判断するに至っている。

　なお、近時、前者については、広義の相当性の問題として、①実行行為に存する結果発生の確率の大小を考慮して、後者については、狭義の相当性の問題として、①広義の相当性に加えて、②介在事情の異常性の大小、③介在事情の結果への寄与の大小を考慮して判断するとする説が主張されている。

● ――― 不作為の因果関係

　まず、真正不作為犯については、因果関係は問題とならない。それは、真正不作為犯は結果の発生を要しない挙動犯であって、不作為自体が処罰されるからである。

　不真正不作為犯については、前述のごとく（本章第3節●―不真正不作為犯(2)参照）、古くは、因果関係が否定されていた。しかし、今日の通説は、不作為とは法的に期待された一定の行為をしないことと理解して、この社会的に意味のある不作為と結果との間との因果関係を認める。ただ、不真正不作為犯の条件公式は、その特殊性から、作為犯における条件公式とは異なり、「一定の期待された作為がなされたならば、結果の発生は防止できたであろう」というものになる。

　さらに、「防止できたであろう」については、どの程度の可能性が必要かが問題となる。判例では、「十中八、九」の可能性、より適切にいえば「合理的な疑いを入れない程度の確実性」が要求されている。たとえば、覚せい剤注射事件（最決平成元・12・15刑集43巻13号879頁［百選4事件］参照）では、覚せい剤を注射し、13歳の少女を錯乱状態に陥らせたにもかかわら

ず、何らの措置もとらずにその場から立ち去ったため、同女を急性心不全により死亡せしめたという事案につき、最高裁はこのような基準により、不作為と被害者の死亡との間の因果関係を認めて保護責任者遺棄致死罪（219条）の成立を肯定している。

●──── 因果関係の判例

(1) **条件説および「危険の現実化」説に立つ判例**　判例は、とりわけ結果的加重犯については、かつては条件説に近い立場を堅持していた。

行為時に特殊事情があった事案に関する判例としては、被害者の左眼部分を蹴りつけ傷害を与えたところ、被害者が高度の脳梅毒にかかっていたため脳組織の破壊により死亡したという事案につき傷害致死罪を適用した判例（「脳梅毒事件」最判昭和25・3・31刑集4巻3号469頁参照）があるほか、心臓に高度重篤な病変があり心筋梗塞のため死亡したという事案（最決昭和36・11・21刑集15巻10号1731頁参照）、傷害行為が重篤な心臓疾患とあいまって被害者に致死の結果を生ぜしめた事案（「心臓疾患事件」最判昭和46・6・17刑集25巻4号567頁［百選8事件］参照）、結核性の病巣があった被害者が、傷害の結果、心機能不全のため死亡した事案（「結核病巣事件」最決昭和49・7・5刑集28巻5号194頁参照）などがあり、これらの判例では、「ある行為が他の事実とあいまって結果を生ぜしめたときでも、その行為と結果との間に因果関係を認めることは妨げない」として傷害致死罪の成立が肯定された。

行為後に第三者の行為が介在した事案に関する判例としては、被告人が傷害を加えた後に、傷の手当をした医師の医療過誤によって被害者が死亡した事案（「医師の過失行為の介在事件」大判大正12・5・26刑集2巻458頁参照）、被告人が傷害を与えた後、第三者が被害者を川に投げ込み溺死させた事案（大判昭和5・10・25刑集9巻761頁参照）につきそれぞれ傷害致死罪を認めたものがあり、近時の例では、被告人から暴行を受け意識喪失状態に陥った被害者が、被告人によって運搬・放置された港の資材置き場において、第三者から暴行を受け死亡した事案につき、被告人の暴行により死因となった傷害が形成された以上、「第三者により加えられた暴行によっ

て死期が早められたとしても」因果関係は肯定できるとして、傷害致死罪を認めた判例（前出91頁「大阪南港事件」最決平成2・11・20参照）などがある。さらに、Aが高速道路上でB運転の自動車を停止させたという過失行為の後に、C運転の自動車がB車に衝突したためBが死亡したという事案に、たとえその事故にはBの不適切な行為が介在していたとしても、それは前記Aの過失行為に「誘発」されたものであるとして、過失行為と被害者の死との間の因果関係を肯定した判例（前出91頁「高速道路停車事件事例」最決平成16・10・19。なお、下記「夜間潜水訓練事件」最決平成4・12・17の説明参照）、トランク内に監禁された被害者を乗せた自動車が事故を起こして被害者が死亡したという事案に、当該監禁行為自体の危険性は高いとして監禁行為と死亡との因果関係を認めた事例がある（「トランク監禁事件」最決平成18・3・27刑集60巻3号382頁［百選11事件］）。

　行為後に被害者の行為が介在した事案については、被告人の負わせたのは軽傷であったが、被害者がある宗教の信者で、「神水」と称される液体を自ら塗布したため丹毒症をおこした事案（「神水塗布事件」大判大正12・7・14刑集2巻658頁参照）、火傷を負った被害者が水中に飛び込み心臓麻痺で死亡した事案（「火傷による水中飛び込み事件」大判昭和2・9・9刑集6巻343頁参照）、被害者が逃走中に池に落ち、その結果くも膜下出血で死亡した事案（「逃走中の転倒事件」最決昭和59・7・6刑集38巻8号2793頁参照）につき、判例は因果関係を肯定して傷害致死罪を認め、また、医師の診断を受けることなく柔道整復師である被告人の誤った治療の指示だけにしたがった点に被害者側の落ち度があったとしても、被告人の行為と被害者の死亡との間には因果関係があるとして（「柔道整復師事件」最決昭和63・5・11刑集42巻5号807頁参照）、潜水講習において潜水受講生に不適切な行動があったとしても（前出91頁「夜間潜水訓練事件」最決平成4・12・17参照）、それは被告人の不適切な行為から誘発されたものであり、被告人の行為と被害者の死亡との間に因果関係があるとして、それぞれ業務上過失致死罪が成立するとした。さらに、近時では、暴行による傷害がそれ自体死亡の結果をもたらし得るものであった場合には、その治療中に被害者が医師の指示に従わず安静に努めなかったという事情が介在しても、暴行と被害者の

死亡との間に因果関係があるとした判例がある（前出91頁「治療拒否事例」最決平成16・2・17）。

最後に、行為者自身の行為が介在した事例については、最決昭和53年3月22日（前出92頁）、大判大正12年4月30日（刑集2巻378頁［百選15事件］（後出181頁））参照。

このような判例の流れをみてくると、判例はかつては条件説に近い立場を堅持していたが、近時は、「行為の危険性が結果へと現実化したか」を基準とする説に立脚しているようである（本節●—因果関係の理論⑷参照）。この説は、理論的には客観的帰属の理論に親和性があるが、その具体的帰結は条件説と同様のものである。これに対して、相当因果関係説とは一線を画しているように思われる。

(2) **相当因果関係説に立つ判例**　相当因果関係説を採ったと思われる判例もある。浜口首相暗殺事件の控訴院判決（東京控判昭和8・2・28新聞3545号5頁参照）は、被害者は銃撃により加えられた銃創から放線状菌に感染し死亡したという事案において、このような放線状菌による感染例は、日常の経験上、きわめてまれであるとして、被告人の行為と被害者の死亡との間の因果関係が否定され、殺人未遂罪が認められた。また、被告人が自動車を運転中、誤って自車を被害者の乗っていた自転車に衝突させ、被害者を自車の屋根の上にはね上げたが、これに気づかずそのまま運転を続けたところ、これに気づいた同乗者が被害者を引きずり降ろし、路上に転落させて死亡させたという、いわゆる米兵ひき逃げ事件で、最高裁は、同乗者が進行中の自動車の屋根の上から被害者をさかさまに引きずり降ろし、アスファルト舗装道路上に転落させるということは、「経験上、普通、予想できない」として因果関係を否定し、業務上過失傷害罪の成立を認めるにとどめた（「米兵ひき逃げ事件」最決昭和42・10・24刑集21巻8号1116頁［百選9事件］参照）。下級審判例では、相当因果関係説を採用すると明言する判例もあるが、その後の最高裁の判例では、明らかに相当因果関係説を採用したといいうるものはみあたらない。もっとも、条件説と客観説とでは結論の差異がわずかであり、判例は客観説に立つと解することができるとする理解も有力である、とはいえ、近時の判例が相当説の立場から距離を

おきつつあることは、上述のとおりである。

　そのとき私は古いフォルクスワーゲンを運転し、対向2車線の真っ暗なメンミンゲン市（Memmingen，ドイツ）近郊の田舎道を雨の中、南下していました。

　しかし、リアガラスについた水滴を拭くため、車を止めて後部に回ろうとしたとき、とっさに「あ！　危ない‼」と声を上げました。なんと大型のベンツが、スピードもゆるめずにこちらに向かってくるではありませんか。次の瞬間、ドカーン。ベンツが小さなワーゲンの後部バンパーに激突しました。間一髪、私はさっ、と身をかわしたため、事なきをえたものの、車内にいた人はどうでしょうか。そこには、フランス料理の大御所、ジャン・ドラベーヌさんのレストラン、ル・カメリアで修行中の私の姉と、その友達の日本女性2人が乗っており、パリからアテネまで私が運転して観光旅行に行く途中でした。

　今なら携帯電話で110番（これはドイツも日本と同じ）通報できますが、実は、このときはまだそんな便利なものがない時代でした。そのためどうしたものかと困惑しているところに、すぐ青い点滅灯にサイレンを鳴らしながらパトカーと救急車が到着しました。そのときは誰が通報したのだろうと疑問でしたが、後に、衝突の音を聞いた付近住民が警察に通報したのだとわかりました。なるほどドイツは世界に誇るゲシュタポ（Gestapo＝秘密国家警察＝ナチ時代に市民間に巧妙な密告組織網を張りめぐらし、反対派市民やユダヤ人狩りを行った国家機関）の国だと感心すると同時に、このときばかりはありがたく感じました。

　現場に到着した数名の警察官は、私たちのことや事故の状況について簡単な質問をした後、「もう夜、遅いが、今日はどこに泊まるのだ？」と聞いてきました。そこで、「ホテルを探しているところだったのです」と答えると、1人の警察官が「そうか。じゃあ、パトカーに乗りなさい」といって、私たち全員を乗せて走り出しました。私たちはてっきり近くのホテルに案内してくれるのだろうと思っていたのですが、着いた玄関の文字を見て驚きました。そこには「POLIZEI」（警察署）と書かれています。「やだな、私は逮捕されちゃったのかな？」

　警察官は、小さな取調室のような個室に私たちを案内しました。夜も遅いので他に警察官はほとんどおらず、そこで待たされました。しばらくして再び警察官が現われ、普段、無愛想なドイツ人の警察官が、少し笑みを浮かべ、皮肉っぽい目で私たちを見ながら、次のようにいいました。「私たちのところにゲストルームはないが、泊まれる部屋はいくつかある。もっとも部屋といっても鉄格子が前面に入っているけれど。もちろん、鍵はかけないから出入りは自由だよ。それで良かったら、どうぞ」。「渡りに船」、そくさに皆で、「OK. Danke schön.」。そして連れて行かれたのは、警察署の地下にある留置場。ちょうど収容者はおらず、

独房は３畳ほどの細長い形で、中に鉄パイプ作りの簡単なベッドが１つ置かれていました。奥にある洋便器が外から丸見えという以外、特に不都合な点はありません。警察官が、毛布を１枚ずつ差し入れてくれたので、各自独房という特別室で、すぐに毛布にくるまって寝入ってしまいました。

あくる日は、朝早くから事故処理ですが、フランス語と英語のできるドイツ人の女性弁護士をつけてくれたので、大変助かりました。私たちは、警察署の個室で待機して意見を述べるだけで、警察官と彼女が手際よく迅速に手続を進めてくれました。彼女がいうには、「相手方の酒酔いが原因の事故なので、損害については100パーセント、その保険会社が負担する。そこで、同会社が、ここからアテネまで往復、レンタカーを提供する。その間にこわれたワーゲンは修理する。それでOKならば、今日中に事故処理は終わるでしょう」、とのことでした。むち打ち症などの者もいないので、私たちはそれで十分でした。しかし、「OK.」と答えたものの、本当に事故処理がそのように早く終わるのかと心配でした。

時刻は午後４時ごろになり、今日中に出発できるのだろうかと不安になってきたころ、警察官がほぼ事故処理が終わったと知らせてくれました。もっとも、代車の提供は明日になるので、今日もメミンゲン市にとどまってもらいたいとのことでした。警察署は私たちを２泊も留置場に泊めることはできないだろうし、私たちにとってもそれほど居心地の良いところではありません。そこで、警察官に「この近所で安くて良いホテルはありませんか」と聞きました。すると、「良いところがあるよ」と教えてくれましたが、このホテルが意外な大ヒットで、夕食に出されたジャガイモ料理は、私の姉をして、今でも「あんなにおいしいジャガイモ料理は食べたことがない」といっているほどです。

翌朝、予定どおり警察の玄関前に新型の代車が配車され、無事出発できました。そして２日後、私たちがドイツの警察官はまじめに良くやってくれたなどと話しながら、オーストリアのインスブルックを通過し、美しい山岳地帯を抜け、イタリア北部の市街に入ったときです。交差点の真ん中で警察官が、赤、青、黄の大きな円盤３枚にそれぞれ鉄棒の取ってのついた、フライパン状の交通信号を３本手にもち、互い違いに右に向けたり左に向けたり、上げたり下ろしたりしながら、たくみに交通整理をしていました。めずらしいので、同乗の若い日本人女性３人がよく見ようと、いっせいに窓を開けて見たところ、なんとそのイタリア人警察官は交通整理をそっちのけに、それをパタパタ振りながら停止中の私たちの車に笑顔で小走りに近づいてきました。思わず、私たちは顔を見合わせ、「事故にあったのがイタリアでなくドイツで良かったね」。

［ケース……**4**］

　XはAを痛めつけようとして頭部を何度も殴打したため、Aは脳内出血を
おこし意識を失いその場に倒れたが、XはAを放置して立ち去った。その後、
たまたま通りかかったYがAを日頃の恨みを果たそうとして角材で殴打し、
Aは即死した。Xの罪責について述べよ。

［論点整理］
1　結果発生に対する予見可能性は構成要件該当性か有責性の問題か。
　⑴傷害致死罪（205条）の構成要件該当性
　⑵因果関係論——構成要件該当行為と結果発生についての因果関係
　　⒜因果関係は条件関係の存在のみで判断するのかそれに加えて行為と結
　　　果発生との間に相当性を要するのか——条件説か相当因果関係説か。
　　⒝相当性の判断の基礎事情はどのようなものか。
　　　　主観的相当因果関係説：行為当時に行為者が認識・予見していた事
　　　　　　　　　　　　　　　　情および認識・予見し得た事情。
　　　　客観的相当因果関係説：行為当時に客観的に存在したすべての事情
　　　　　　　　　　　　　　　　および行為後に生じた経験則上予見可能な
　　　　　　　　　　　　　　　　事情。
　　　　折衷的相当因果関係説：行為時において一般人が認識しまたは予見
　　　　　　　　　　　　　　　　し得た事情および行為者が特に認識しまた
　　　　　　　　　　　　　　　　は予見していた事情。
　　　　客観的帰属論：客観的に制御可能な結果についてのみその行為に帰
　　　　　　　　　　　　責されるという立場から、危険創出関連（行為が抽
　　　　　　　　　　　　象的法益侵害結果発生の危険を創出したか）とその
　　　　　　　　　　　　危険実現関連（行為の危険性が具体的結果にどのよ
　　　　　　　　　　　　うに実現したか）により、客観的結果が当該行為に
　　　　　　　　　　　　帰属できるかどうかを問題とする考え方。

[関連判例]

(1)被害者に傷害を負わせたところ医者の診察上の過失行為が介在して被害者を死亡させた事案につき、因果関係を肯定したケース（大判大正12・5・26刑集2巻458頁）

(2)行為者の業務上過失傷害行為の後に被害者を第三者が引きずりおろしたという故意行為が介入した事例につき、因果関係を否定したケース（最決昭和42・10・24刑集21巻8号1116頁［百選9事件]）

(3)被告ら数名は被害者に対し頭部をビール瓶で殴打したり足蹴りにしたりするなどの暴行を加え、頸部血管損傷等の傷害を負わせたが、被害者が医師の指示に従わず安静に努めなかったために治療の効果があがらなかったという事情が介在しても、被告人らの暴行による傷害と被害者の死亡との因果関係を肯定したケース（最決平成16・2・17刑集58巻2号169頁）

(4)被害者に暴行を加え意識喪失状態にし放置したところ被害者は死亡したが、被害者は死亡前に他の者に角材で頭部を殴打されて死期が早められたとしても、因果関係を肯定したケース（最決平成2・11・20刑集44巻8号837頁［百選10事件]）

[本ケースから学ぶ刑法の基本原理・原則の重要ポイント]

(1)因果関係論

(2)構成要件該当性の判断と責任論

[『たのしい刑法Ⅱ各論』のケース・スタディで基本原理・原則を学ぶ]

刑法Ⅱケース2（因果関係論）

[ホームワーク]

以下のケースと比較・対照せよ。

(a)被害者の頸部を締め死んだものと思い海岸に放置したところ、実際は砂を吸引して死んだ場合。

(b)傷害の故意で被害者を傷害させたところ、被害者には外形上誰も知ることができない血友病があったため死亡した場合。

(c)XYは意思の連絡なく共に殺意をもって致死量の毒薬を注射してAを死に至らしめた場合、またはそれぞれが致死量の2分の1を注射し、それが合わさって致死量に達して死に至らしめた場合。

（問題提起） 構成要件該当性 因果関係	一．　XがAの頭部を数回にわたって強度に殴打した行為は、人の生理的機能を害する「傷害」行為であり、XにはAを痛めつけようとしていることから傷害の故意があるといえる。他方AはXとYの一連の行為により死亡しているため、Xの傷害行為と死亡という結果との間に因果関係が認められ、Xが傷害致死罪の罪責を負うのかどうかが問題となる。
（規範定立） 因果関係論 条件説（条件関係） 自由保障機能 相当因果関係説 相当性の判断 第三者の介在行為がある場合の相当性判断	二．　そもそも、発生結果につき既遂の構成要件該当性が認められるためには、行為と結果との間に因果関係が認められることが必要である。因果関係が認められるためには、まずその行為がなければその結果が生じなかったであろうという条件関係が必要である。しかし条件関係のみで因果関係を肯定すると（条件説）、因果関係の認められる行為は広範囲に広がり既遂として処罰に値する犯罪行為を選別できなくなり、構成要件の自由保障機能を害することにもなる。 　　そこで、条件関係だけでなく、それに加えて、経験則上一般的にそのような結果が生じることが相当かどうかで因果関係の有無を判断すべきである（相当因果関係説）。 　　では、その相当性の判断につき具体的にいかなる事情を基礎として判断すべきなのか。因果関係論は発生結果を行為者に客観的に帰責できるのかという構成要件該当性の問題である。そのため行為者の認識または認識し得た事情を基礎とする（主観的相当因果関係説）のは妥当でない。さらに、一般人が認識し得た事情ばかりか行為者が特に認識していた事情を判断の基礎とするのは（折衷的相当因果関係説）、客観的帰責の問題である因果関係を行為者の認識によって左右することになってしまう。責任の問題と客観的な因果関係の問題とは別個に取り扱うべきである。そのため、相当性の判断は、裁判時にたって、行為当時に存在した全事情および行為後に生じた経験則上予見可能な事情を基礎にしてその有無を判断すべきであると考える。 　　本問のような、行為後に第三者の介在行為がある場合についての結果との因果関係の相当性については、当該実行行為が有する結果発生の危険性が高いのかどうか、当該危険性が当該結

果を実現したと評価できるのかどうか（結果発生の確率の大小）、当該実行行為から介在事情が発生する可能性（介在事情の異常性の程度）や介在事情が結果に与えた影響力（結果への寄与度の度合）の事情をも考慮して、実行行為の危険性が実現したと解されるかどうかで判断すべきである。

（あてはめ）　三.　　本問にあてはめると、Ｘの殴打行為により脳内出血が生じ意識を喪失させており、遅かれ早かれＡを死亡させたものと考えられるので、Ｘの行為が死の結果を発生させる危険性は高いと解されるところ、そのＸの行為の危険性が当該死という結果を実現化したものかどうかについて、その行為後の介在事情の異常性の程度と結果への寄与度の度合等の事情をも考慮される。本件事情として、Ｘの放置行為がたまたま通りかかったＹが殴打することを可能にしたといえなくはないとしても、Ｙの殴打行為は死期を早めたにすぎず結果発生への寄与度は大きいとはいえないことをも斟酌するに、Ｘの傷害行為の危険性により死という結果が実現したことを妨げるものではなく、Ｘの行為とＡの死亡という結果発生との間には相当性があり因果関係が認められる。

四.　　さらに、傷害致死罪は結果的加重犯（一定の基本犯の行為から一定の重い結果が発生した場合を一個の犯罪として構成して基本犯より重く処罰される犯罪類型）であることから、その罪責を負うためには基本行為と重い結果との間に条件関係・相当因果関係があることで十分なのか、それ以外に加重結果についての過失（予見可能性）を要しないのかが問われる。この点、責任主義の見地からは発生した重い結果について行為者を非難できるためには過失（予見可能性）が必要と解する。

五.　　本問にあてはめると、Ｘは、Ａに意識がなくなっていることを知りながら放置しているのであるから、死についての予見可能性（過失）があったと考えられるため、傷害罪という基本犯の行為から生じた加重結果（死）について結果的加重犯の責任を負うことになる。

（結論）　六.　　以上から、本問のＸは傷害致死罪(刑法205条)の罪責を負う。

第3章　違法性

〔キー・ポイント・チャート〕

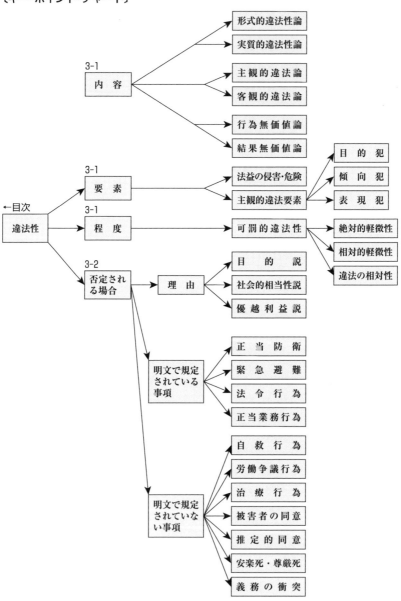

1. 違法性の基礎

●──── 違法性とは何か

　構成要件該当性の次に犯罪の成立に必要な要件は、行為が「違法」であることである。「違法」とは、行為が刑法に違反することである。構成要件は、刑法が処罰に値する一定の法益侵害またはその危険を生じさせる行為を類型的に定めている。したがって、それにあたる行為は違法であることが多い。しかし、たとえば、殺人罪の構成要件にあたる行為であっても、それが正当防衛（36条1項）のために行われたのであれば、違法ではない。構成要件にあたる行為がさらに具体的事情の下で刑法に違反するか否かを検討するのが、違法性の問題である。そして、それが違法とはいえない場合には、有責性の判断に入るまでもなく、犯罪の対象から除かれる。

　刑法は、違法とは何かを積極的に規定してはいない。しかし、それが否定される場合として、法令行為・正当業務行為（35条）、正当防衛（36条1項）、緊急避難（37条1項）を規定している。これらを「違法性阻却事由」あるいは「正当化事由」という。

　違法性とは何かをめぐる学説の対立を図にまとめると以下のようになる。では、それぞれの対立について説明していこう。

違法性をめぐる対立図式

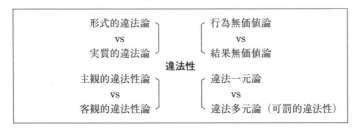

●──── 形式的違法性論と実質的違法性論

　違法性とは何かについて、「形式的違法性論」と「実質的違法性論」という考え方がある。前者は、行為が形式的に刑法に違反することが「違法」であるとする見解である。これに対し、後者は、行為が刑法に実質的に違反することが「違法」であるとする見解である。両者は、必ずしも対立するものではないが、前者だけでは、行為がなぜ違法なのかという、その「実質」が明らかではない。それを補うものとして、後者の見解が登場したのである。この見解は、後述するように、刑法に直接規定されている違法性阻却事由のほかに、実質的な観点から違法性が阻却される場合（超法規的違法性阻却事由）があることを認めることができる点で意味を持っている。

　違法の「実質」を何に求めるかについて、現在、①社会倫理規範に違反することとする見解（規範違反説）と、②刑法が保護しようとしている生活利益（これを刑法の専門用語では、「法益」という）を侵害すること、あるいはそれを侵害する危険性を生じさせることとする見解（法益侵害説）とが対立している。このような2つの見解が対立するのは、その背後に、刑法の任務・役割についての考え方の違いがあるからである。前者は、それを「社会倫理秩序・道徳秩序の保護」にあると考えているのに対し、後者は、「法益の保護」にあると考えている。

　社会倫理、道徳は、本来法律よりも高次元のものであるから、それらを保護するのは刑法の役割ではない。しかも、個々人の価値観がいろいろと異なっている現代社会において、国家が刑罰によって一定の倫理、道徳という価値観を唯一絶対のものとして国民に押しつけることも妥当ではないように思われる。現代社会においては、刑法は、個々人が共に生活していくうえでどうしても必要な重要な利益を保護する役割を果たすべきである。このような理由から、後者の見解が有力となっている。

●──── 主観的違法論と客観的違法論

　前述したように、「違法」とは、刑法に違反することである。この意味をめぐって、従来、「主観的違法論」と「客観的違法論」との対立があった。

前者は、人の意思に対して、「何々をせよ」と命令したり、あるいは「何々をするな」と禁止するのが刑法の本質であると理解し、そのような命令・禁止に違反することが違法の内容であるとする立場である。このような命令・禁止に違反するには、その内容を理解し、それに従って自分の意思を決定することができる能力があることが前提になる。したがって、この立場によれば、責任能力のある者の行為についてのみ、違法が考えられることになる。しかし、そうすると、違法と責任との区別がなしえなくなる。

　これに対し、後者は、発生した一定の結果（法益の侵害あるいはその危険性）に対して刑法が悪いと評価を下すことが違法であるとする考え方である。このような評価は、行為者の内心、あるいは責任能力とは関係なく、客観的に行われるものである。したがって、この見解によれば、違法は客観的に発生した結果を判断の対象にするのに対し、責任は行為者の内面にあるものを対象とするという区別がなされることになる。

　もっとも、刑法によって悪いと評価される結果（たとえば、人の死）は、人間の行為だけではなく、暴風雨などの自然現象、あるいは動物の行動などによっても発生する。したがって、後者の見解を徹底すると、それらも違法の判断対象の中に入ることになる。そこで、学説には、刑法は人だけを対象としているのであるから、違法の判断対象は、人間の意思に基づく行為に限られるべきであるとする有力な見解がある。しかし、そうすると、人間の内心も違法の判断対象になるから、違法と責任の判断は、それほど変わらないものになってしまう。この点については、現在でも論争が続いている。

●─── 行為無価値論と結果無価値論

　違法の判断は、何に対して悪いという否定的な評価（これを刑法の専門用語で、「無価値」という）を下すことなのかについて、「行為無価値論」と「結果無価値論」という考え方がある。前者は、行為が悪いから違法という評価が下されるとする考え方である。これに対し、後者は、悪い結果（法益の侵害あるいはその危険）を生じさせたから、違法と評価されるとする考

え方である。このような対立を言い出したのは、ヴェルツェル（1904-1977）というドイツの学者であった。彼は、結果無価値論を批判し、内心を含めた人間の行為に対する否定的な評価こそが、違法性を決定する、と主張した。この主張を徹底すれば、結果に対する否定的評価は、違法の判断とは関係がないことになる。これに対し、わが国の学説では、このような徹底した行為無価値論を主張する見解はなく、行為に対する否定的評価と結果に対するそれとの両方を考慮して、違法かどうかを判断する見解が有力である。現在、その見解と結果無価値論を主張する学説との間で激しい論争が続いている。

表2　行為無価値論と結果無価値論との対立図式

結果無価値	行為無価値
結果を重視 結果発生時の判断 客観的判断 犯罪発生後を問題 構成要件＝結果と因果関係を有する 　　　　　　行為の類型 違法性＝結果という状態に対する判断 　　　　主観面は違法に影響せず 責任＝可罰的な責任	行為を重視 行為時の判断 社会的判断 犯罪発生前を問題 構成要件＝社会的にみて許されない 　　　　　　行為の類型 違法性＝行為に対する判断 　　　　主観面は違法に影響 責任＝規範的な責任
客観的相当因果関係説 主観的違法要素否定 防衛の意思不要 錯誤――具体的符合説 中止犯――違法減少・政策説 過失――伝統的過失論 因果的共犯論 不能犯――客観的危険説 正犯と共犯――実質的客観説	折衷的相当因果関係説 主観的違法要素肯定 防衛の意思必要 錯誤――法定的符合説 中止犯――責任減少説 過失――新過失論 責任（違法）共犯論 不能犯――具体的危険説 正犯と共犯――形式的客観説

●―――主観的違法要素

通説は、行為者の内心にあるもの（主観的要素）が、違法性の存否・程度に影響を与える場合があることを認めている。このようなものを「主観的違法要素」という。たとえば、①目的犯における「目的」、②傾向犯にお

ける「主観的傾向」、③表現犯における「心理的経過・状態」などである。

　①「目的犯」とは、行為者が犯罪の客観的要素の認識（故意）を超えた一定の「目的」を有していることによってはじめて、違法性が認められる犯罪をいう。たとえば、通貨偽造罪（148条）における「行使の目的」がその例である。行為者が偽造通貨を流通に置くという「行使の目的」を持っていることによって、偽造通貨をつくる行為の違法性が生じるのである。教師が、教材に使うために通貨とそっくりの偽貨を作っても、通貨偽造罪で処罰されないのは、彼にはこのような「行使の目的」がないためである。

　②「傾向犯」の典型的な例は、強制わいせつ罪（176条）である。同罪として処罰されるのは、行為者が自己の行為のわいせつ性を認識しているだけではなく、自己の性欲を満足させるという「主観的傾向」のもとにわいせつ行為を行った場合に限られるとされている。判例にも、もっぱら報復または侮辱・虐待の目的で婦女を脅迫し裸にして写真を撮ったという事案について、「強制わいせつ罪が成立するためには、その行為が犯人の性欲を刺激興奮させまたは満足させるという性的意図のもとに行なわれることを要」するとして、同罪の成立を否定したものがある（最判昭和45・1・29刑集24巻1号1頁参照。これに対し、東京地判昭和62・9・16判タ670号254頁は、脅迫して働かせるために、女性を全裸にして写真を撮る行為は、その女性に性的羞恥心を与えるという性的に意味のある行為であり、行為者はそのことを認識していれば足りるとして、強制わいせつ罪の成立を肯定している）。しかし、最大判平成29年11月29日（刑集71巻9号467頁［百選Ⅱ14事件］）は「故意以外の行為者の性的意図を一律に強制わいせつ罪の成立要件とすることは相当ではなく、［前記］昭和45年判例の解釈は変更されるべきである」としている。また、現在の学説においては、強制わいせつ罪の保護法益である性的自由の侵害の有無は、行為者の「主観的傾向」とは無関係であるから、このようなものを同罪の成立要件とすることは妥当ではないとする見解が有力である（各論第1編第2章第1節●──強姦・強制わいせつ罪(2)(a)参照）。

　③「表現犯」とは、行為が行為者の心理的経過・状態の表現と認められる場合に、犯罪の成立が肯定される犯罪である。その例として、偽証罪（169条）がある。同罪では、宣誓した証人の心理的経過・状態が行為の違

法性を決定する。すなわち、彼が自分の記憶に反するという主観的要素を有して陳述をしたときにのみ、偽証罪の成立が認められる。

　もっとも、学説では、前述した客観的違法論を徹底する立場から、以上のような主観的違法要素の存在を認めない見解も有力である。

●——— 可罰的違法性

　「可罰的違法性」とは、違法性の程度を意味し、刑罰を科するに値する高度の違法性のことである。犯罪は、すべての違法行為について成立するわけではなく、このような可罰的違法性が認められる行為についてのみ成立する。このような考え方を「可罰的違法性の理論」という。これは、違法とは刑法に実質的に違反することであり、それには程度の差異があるとする考え方を前提としている。可罰的違法性が問題となるのは、以下の3つの場合である。

　①法益の侵害はあるが、それがきわめて軽微な場合である（絶対的軽微性）。

　有名な一厘事件がその典型的な事例である。それは、煙草耕作者が旧煙草専売法48条1項に違反して、政府に納入すべき葉煙草1枚（価格にして1厘相当）を自分で吸ってしまった、という事案である。これに対し、大審院は、「零細なる反法行為は、犯人に危険性ありと認めむべき特殊の情況の下に決行せられたるものにあらざる限り、共同生活上の観念において刑罰の制裁の下に法律の保護を要求すべき法益の侵害と認めざる以上は、之に臨むに刑罰法を以てし刑罰の制裁を加ふるの必要な［し］」と判示して、被告人を無罪とした（大判明治43・10・11刑録16輯1620頁参照）。最高裁の判例にも、法益侵害が軽微なため無罪とされた判例として、長沼温泉たばこ買い置き事件（最判昭和32・3・28刑集11巻3号1275頁参照）がある。しかし、最高裁は、マジックホン事件について、被害の軽微性を理由とする可罰的違法性の阻却を認めなかった（最決昭和61・6・24刑集40巻4号292頁［百選17事件］参照）。

　②2つの法益が対立する状況で、その行為によって侵害された法益と守られた法益とを比べてみた場合、刑罰を科するに値する程度の違法性が認

められない場合である（相対的軽微性）。これは、とくに労働、公安事件などで問題となる。

　③行為が他の法律には違反しているが、刑法においては違法と認められない場合である（違法の相対性）。たとえば、姦通行為は、民法では違法であり、離婚原因となる（民770条1項1号）が、刑法においては犯罪とはならない。また、緊急避難行為は、民法に違反し、損害賠償をしなければならないが、刑法においては違法性が否定される（37条1項）。かつての最高裁の判例にも、旧公共企業体等労働関係法（公労法）には違反する争議行為であっても、刑法における違法性は認められないとした判例がある（「東京中郵事件」最大判昭和41・10・26刑集20巻8号901頁参照。もっとも、後述するように、判例は、その後、見解を変更し、旧公労法に違反する争議行為への参加を呼びかけた者の処罰を肯定した。「名古屋中郵事件」最大判昭和52・5・4刑集31巻3号182頁参照）。

　このような「違法の相対性」は、刑罰法規の間においても認められる。たとえば、医師の免許を持たずに医業を行った者は、医師法に違反し、同法により処罰される（医17条・31条1項1号）。しかし、その者が行った手術行為にただちに傷害罪（204条）の違法性が肯定されるわけではない。

第**3**章………違法性

2. 違法性が否定される場合 ──違法性阻却事由

●────── 違法性が否定される理由

　構成要件にあたる行為であっても、一定の理由によって違法性が否定される場合がある。このような理由を、「違法性阻却事由」という。刑法は、その典型的な例として、「法令行為・正当業務行為」（35条）、「正当防衛」（36条1項）、「緊急避難」（37条1項本文）を定めている。しかし、これら以外にも、「自救行為」、「被害者の同意」などのように、刑法が直接明文で定めてはいないが、実質的な観点から違法性が否定される場合がある。このような理由を、とくに「超法規的違法性阻却事由」という。

　これらの行為が違法性を否定される理由について、学説では、①正当な目的のための正当な手段であることを理由とする「目的説」、②社会的に相当な行為と認められることを根拠とする「社会的相当性説」、③保護すべき法益・利益が存在していないか、あるいはその行為によって侵害された法益・利益よりもそれによって守られた法益・利益の方が優越していることを理由とする「優越利益説」などが対立している。このような学説の対

違法性阻却事由の根拠

違法性阻却事由の根拠	目的説 社会的相当性説 優越利益説

立の背景には、前述した、行為無価値論と結果無価値論との対立が存在する。②は、違法性の判断は、社会的に不相当な行為に対する否定的な評価であるという行為無価値論を前提とする見解である。また、①も行為の目的・手段の悪さという行為に対する否定的評価を違法性の判断において重視する見解である。これに対し、③は、違法の判断は、法益の侵害あるい

はそれに侵害の危険を生じさせるという結果に対する否定的評価であるとする結果無価値論を前提とする考え方である。

違法性阻却事由の体系

違法性阻却事由 {
  法令行為・正当業務行為（35条）
  正当防衛（36条）
  緊急避難（37条）
  超法規的違法性阻却事由 {
    自救行為
    労働争議行為
    治療行為
    被害者の（推定的）承諾
    安楽死・尊厳死
    業務の衝突
  }
}

●───── 明文で規定されている違法性阻却事由Ⅰ　正当防衛

（1）**意味**　36条1項は、「急迫不正の侵害に対して、自己又は他人の権利を防衛するため、やむを得ずにした行為は、罰しない」と規定している。たとえば、Aがナイフを持ってXに襲いかかってきたので、Xが自分の身を守るためにAを殴り倒した、という場合、Xの行為は正当防衛になる。ここで、「罰しない」というのは、Xの行為は暴行罪（208条）の構成要件にはあたるが、違法とはいえないから処罰しない、という意味である。

正当防衛と緊急避難は、急に法益が侵害される危険に遭遇した者が、その法益を守るために行う行為である点では共通している。しかし、前者は「不正の侵害」を行った悪者に対する反撃行為であり、攻撃者と防衛者が「不正対正」の関係にあるのに対し、後者は、身に降りかかった危難を避けるために、まったく悪くない人の法益を侵害する行為であり、避難者と被害者が「正対正」の関係にある点で異なっている。このような違いから、後述するように、正当防衛の要件は、緊急避難のそれよりも厳格ではない。

正当防衛行為は、なぜ違法性が否定されるのか。学説においては、防衛行為により保全される利益には、個人法益を保全する利益（「個人保全の利益」）に、攻撃者に対して法規範が妥当していることを示すという利益（「法確証の利益」）が付け加わることにより、防衛行為により侵害される攻撃者の利益と比較して優越的利益の保護が認められるからである、とする見解が有力である。

（2）**要件**　正当防衛の要件は、①急迫不正の侵害が存在すること、②

自己または他人の権利を防衛するための行為であること、③その行為がやむを得ずにした行為であることである。

　(a)　**急迫不正の侵害**　「急迫不正の侵害」が存在しなければ、正当防衛はもちろん、過剰防衛も成立しない（もっとも、後者については、後述するように学説上争いがある）。

正当防衛の要件

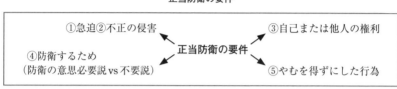

　「急迫」とは、法益の侵害が現に存在しているか、または間近に差し迫っていることをいう（最判昭和46・11・16刑集25巻8号996頁参照）。したがって、過去の侵害に対して正当防衛は認められない。たとえば、街を歩いていたら、昨日盗まれた靴をはいている窃盗犯人を発見したため、彼からそれを取り返したという場合には、過去の侵害に対する行為であり、それには、正当防衛ではなく、後述する「自救行為」の成立が問題となる。また、将来の侵害に対しても、正当防衛は認められない。判例にも、かねてより反目状態にあった者との喧嘩抗争等に備える目的で自車のダッシュボード内に入れておいた刃物を車外に持ち出した後、路上で携帯したという事案について、刃物不法携帯罪（銃砲刀剣類所持等取締法22条）の違法性が阻却される余地はない、としたものがある（最決平成17・11・8刑集59巻9号1449頁）。もっとも、将来の侵害を予想して防衛設備を設けておいた場合であっても、侵害が差し迫ったときに現実に効果を発揮した場合（たとえば、忍び返し）には、急迫な侵害に対する正当防衛行為といえる。

　(i)　**侵害の予期と「急迫性」**　かつての判例は、行為者が侵害を予期し、それに基づいて十分な準備をしていた場合には、「急迫性」が否定される、としていた（最判昭和24・11・17刑集3巻11号1801頁、最判昭和30・10・25刑集9巻11号2295頁参照）。しかし、その後の判例は、「その侵害があらかじめ予期されていたものであるとしても、そのことからただちに急迫性を失うと解すべきではない」とした（前出最判昭和46・11・16参照）。もっ

とも、この判例は、「被害者の侵害行為が被告人にとってある程度予期されたものであったとしても、そのことからただちに侵害の急迫性を失うものと解すべきではない」ともしていたため、侵害が「確実に」予期されている場合には、依然として急迫性が否定される余地を残していた。これに対し、いわゆる内ゲバ事件に関する最高裁判例は、「刑法36条が正当防衛について侵害の急迫性を要件としているのは、予期された侵害を避けるべき義務を課する趣旨ではないから、当然又はほとんど確実に侵害が予期されたとしても、そのことからただちに侵害の急迫性が失われるわけではない」と判示するに至っている（最決昭和52・7・21刑集31巻4号747頁参照）。しかし、この判例は、さらに、「単に予期された侵害を避けなかったというにとどまらず、その機会を利用し積極的に相手に対して加害行為をする意思で侵害に臨んだときは、もはや侵害の急迫性の要件を充たさない」とも判示している。

　　　(ii) 喧嘩と正当防衛　　以上のような判例は、いわゆる「喧嘩闘争」の事案に関するものである。わが国では、喧嘩の場合に正当防衛の成立を認めることができるかが古くから争われてきた。大審院時代の判例は、「喧嘩両成敗」の法理によって喧嘩闘争者にはいっさい正当防衛の成立は認められない、という態度をとっていた。しかし、学説はこれに批判的であった。そこで、最高裁判所は、喧嘩の場合にも正当防衛が成立する余地があることを認めた。そのうえで、具体的な事件の態様に応じて、個別的に正当防衛の要件の有無を検討し、それが欠けていると認められるときには、正当防衛を否定するという態度をとるようになった。その1つが、前述した「行為者が侵害を予期し、または予期に基づいて十分な準備をしていた場合には、急迫性が否定される」という理論であった。そして、内ゲバ事件に関する最高裁判例は、「喧嘩と正当防衛」の問題に関する判例理論の現在までの到達点とみることができるものである。このような最高裁の立場を支持する有力な学説もあるが、多くの学説は、批判的であった。その理由は、侵害の「急迫性」という用語から明らかなように、その要件の有無は本来物理的、客観的に判断されるべきであり、侵害の予期と攻撃者に対する積極的加害意思という、行為者の内心の事柄にかかわらせてそ

の有無を判断することは妥当ではないということにある。

　近時、侵害の予期が認められる場合の急迫性の有無について、新たな判断枠組みを提示する最高裁判例が出された。その事案は、被告人Ｘが、自宅であるマンションにいたところ、以前から仲の悪かったＡから、そのマンションの前に来ているから降りてくるように電話で呼び出されたため、包丁を携帯してマンションの前の路上に赴き、Ａのハンマーによる攻撃に対して、包丁でＡを刺殺したというものである。最決平成29年4月26日（刑集71巻4号275頁［百選23事件］）は、「侵害の急迫性の要件については、侵害を予期していたことから、直ちにこれが失われると解すべきではなく……対抗行為に先行する事情を含めた行為全般の状況に照らして検討すべきである。具体的には、事案に応じ、行為者と相手方との従前の関係、予期された侵害の内容、侵害の予期の程度、侵害回避の容易性、侵害場所に出向く必要性、侵害場所にとどまる相当性、対抗行為の準備の状況（特に、凶器の準備の有無や準備した凶器の性状等）、実際の侵害行為の内容と予期された侵害との異同、行為者が侵害に臨んだ状況及びその際の意思内容等を考慮し、行為者がその機会を利用し積極的に相手方に対して加害行為をする意思で侵害に臨んだとき……など、……刑法36条の趣旨に照らし許容されるものとはいえない場合には、侵害の急迫性の要件を充たさないというべきである。」としたうえで、「先行事情を含めた本件行為全般の状況に照らすと、被告人の本件行為は、刑法36条の趣旨に照らし許容されるものとは認められず、侵害の急迫性の要件を充たさない」と判示した。この判例は、「積極的加害意思」を、急迫性を否定する1つの類型として位置づけ、「対抗行為に先行する事情を含めた行為全般の状況」から急迫性の有無を判断することを明示したものであると解される。

　　[外国の状況]
　　ドイツでは、この問題は、古くから「自招侵害に対する正当防衛の成否」という問題として取り扱われてきた。これは、攻撃者の急迫不正の侵害を引き起こすことについて、被攻撃者にも責任がある場合に、彼の行為に正当防衛の成立を認めることができるか、という問題である。そこでは、わが国の

状況とは異なり、被攻撃者（有責者）の防衛行為も正当防衛の要件を充足することを認めたうえで、他の理由によって彼の可罰性を肯定している。しかし、その理由づけについては、次の2つの見解が対立し、激しい論争が行われている。その1つは、攻撃を引き起こした彼の行為の態様に応じて、彼に許される防衛行為の範囲を限定し、それを超える行為は正当防衛権の濫用として違法であるとする見解（「権利濫用説」）である。これに対し、いま1つの見解は、有責者の防衛行為自体は正当防衛行為として完全に適法であるが、攻撃を引き起こす原因となった彼の行為は違法であるとする考え方（「原因において違法な行為の理論」）である。このように、ドイツでも、この問題についてはいまだに完全な決着はついていない。

　また、最高裁判例には、喧嘩の事例を、「自招侵害」の問題として解決したものがある。最決平成20年5月20日（刑集62巻6号1786頁［百選26事件］）は、Xの暴行によって、Aが触発され、Xに対して攻撃を行ったため、Xが反撃し、Aに傷害を負わせたという事案について、Xが不正の行為により自らAの侵害を招いたということを理由として、Xの本件傷害行為は、Xにおいて何らかの反撃行為に出ることが正当とされる状況における行為とはいえない、として、Xの行為に正当防衛の成立を否定している。
　「不正」とは、違法という意味である。これは、法秩序によって許されないことをいい、刑法上の違法、すなわち、可罰的な違法である必要はない。客観的に違法であれば足りるから、責任能力のない者、故意・過失のない者の侵害に対しても正当防衛を行うことができる。たとえば、5歳の子供が襲ってきた場合にも、それに対して防衛行為を行うことが許される。
　「侵害」とは、法益に対する侵害またはその危険を生じさせることをいう。学説には、作為ばかりでなく、不作為一般にも「侵害性」を認めることができるとする見解もある。だが、「侵害」といえるためには、防衛行為という実力行使によって排除するのに適している積極的な侵害性を有していることが必要である。したがって、単なる民法、労働法に違反するにすぎない不作為は、「侵害」とは認められず、真正不作為犯や不真正不作為犯の成立が認められる場合に限って、侵害と認めることができる。最高裁判例にも、使用者側が労働組合による団体交渉の申し入れに応じない不

作為は、「急迫不正の侵害」にあたらない、としたものがある（最決昭和57・5・26刑集36巻5号609頁参照）。

　　　　動物による侵害も、「不正な侵害」といえるか。これがいわゆる「対物防衛」の問題である。たとえば、犬がXに襲いかかってきたので、彼が自分の身を守るため、その犬を蹴り殺した、という場合である。この事例で、その犬が野犬のような無主物である場合には、Xの行為はどの構成要件にも該当しない（261条の器物損壊罪の客体となる動物は、飼い主のいるものに限られている）から、正当防衛の成否はそもそも問題とならない。したがって、この犬が、たとえばAの飼い犬であった場合が問題となる。学説には、客観的違法論（本章第1節●─主観的違法論と客観的違法論参照）を徹底して、動物が襲いかかってきた場合にも、「不正の侵害」が認められるとして、正当防衛を全面的に肯定する見解がある。しかし、通説は、動物の侵害に対しては原則的には正当防衛は認められず、緊急避難だけが可能であるとしている。それは、法は人のみに向けられているのであるから、動物の侵害は「不正の侵害」とは認められないという理由による。ただ、通説も、Aに犬をけしかけてXを襲わせようとした故意行為、あるいは犬をつなぐのを忘れていた過失行為がある場合には、所有者の侵害行為が認められるから、これに対して正当防衛を行うことができるとしている（ケース・スタディ5は、通説の立場から答案を作成したものである）。

　(b)　**自己または他人の権利を防衛するため**　「自己又は他人の権利」とは、正当防衛によって守られる法益（このことを、刑法の専門用語で、「被救助法益」という）のことをいう。法文には、「権利」と書いてあるが、必ずしも「〜権」と名のついている必要はない。被救助法益の主体は、自然人だけでなく、法人でもよい。

　通説は、個人的法益だけではなく、国家的・社会的法益を守るための正

当防衛（たとえば、業者から賄賂を受け取ろうとしている公務員を殴り飛ばして、その受け取りを阻止した場合、あるいは陳列してある猥褻物を壊した場合など）も認めている。判例も、いわゆるゼネストを中止させるために産別会議議長に傷害を負わせた、という事案において、「国家公共の機関の有効な公的活動を期待し得ない極めて緊迫した場合においてのみ」という条件つきではあるが、国家的・国民的・公共的法益を守るために正当防衛を行うことが許される、としている（最判昭和24・8・18刑集3巻9号1465頁参照）。これに対し、学説においては、正当防衛はもともと個人の法益を守るために認められてきたこと、正当防衛の対象をそこまで拡大すると、政治的に濫用される危険があること、国家の権力機構・作用を守ることは個人の任務ではなく、国家機関の任務であることなどを理由として、国家的・社会的法益を守るための正当防衛を認めることに否定的な見解も有力である。ただ、このような学説も、たとえば、公衆の面前で、全裸になるストリーカーのように、社会的な法益に対する侵害が同時にそのような裸を見たくないという、個人の法益に対する侵害をも同時に含んでいる場合には、そのストリーカーに暴行を加えて止めさせる行為に正当防衛の成立が認められる、としている。

「防衛するための行為」とは、その行為が自己または他人の法益を守るのに役立つことである（「必要性」）。したがって、Aがナイフを持ってXに襲いかかってきたので、彼がAに石を投げたところ、狙いがはずれてAの横にいたBに石があたってしまったという場合、Xの行為は自己の法益を守るのに役立ってはいないから、「防衛するための行為」とはいえない。

また、通説・判例は、「防衛するための行為」といえるためには、行為者が主観的に「防衛の意思」をもっていることが必要であるとしている。ただ、「防衛意思」の内容についての判例の理解には、変化がみられる。古い判例は、憤激して防衛行為を行った場合には、「防衛の意思」が欠けるとして、その内容を防衛の意図・動機に近いそれと理解していた（大判昭和11・12・7刑集15巻1561頁参照）。しかし、このような判例の態度に対して、学説は、批判的であった。その理由は、急迫不正の侵害に対して、純粋に防衛の意図・動機だけで反撃するのはきわめてまれであり、憤激、逆

上、攻撃の目的などで反撃に出たら防衛意思が否定されるとすると、正当防衛の成立が認められる場合はほとんどなくなってしまうからである。

そこで、最高裁は、「憤激または逆上して反撃を加えたからといって、ただちに防衛の意思を欠くものではない」（最判昭和46・11・16刑集25巻8号996頁参照）、「防衛の意思と攻撃の意思とが併存している場合の行為は、防衛の意思を欠くものではない」（最判昭和50・11・28刑集29巻10号983頁［百選24事件］参照）として、防衛意思の内容をゆるやかに考えるようになった。もっとも、これらの判例は、「憎悪の念をもち攻撃を受けたのに乗じ積極的な加害行為に出た場合」、「防衛に名を借りて侵害者に対し積極的に攻撃を加える行為」の場合には、防衛の意思が否定される、ともしていた。また、最高裁判例には、「専ら攻撃の意思」で防衛行為を行った場合には、防衛の意思が否定されるとしたものもある（最判昭和60・9・12刑集39巻6号275頁参照）。したがって、判例は、防衛意思の内容を、「急迫不正の侵害の認識」で足りるとまでは理解してはおらず、学説で主張されている「急迫不正の侵害に対応する意識」あるいはそれ以上のものを依然として要求している。通説も、これと同様の立場である。しかし、このような必要説に対しては、違法性阻却事由である正当防衛の成否は、本来客観的な事実のみに基づいて判断されるべきであり、防衛意思という行為者の内心に関わらせるべきではない、とする批判がある。このようなことから、学説においては、不要説も有力である。

防衛の意思必要説と不要説の対立は、殺人のつもりで行った行為がたまたま結果的に正当防衛になったという、いわゆる「偶然防衛」の解決について、結論の相違となってあらわれる。それは、Ｘが恋敵のＡを森の中で見つけ、射殺したところ、実はＡはその時まさにＢを射殺しようとしていたことが判明した、という場合である。このとき、必要説は、Ｘの行為は客観的にはＡの急迫不正の侵害からＢを防衛したことになったが、彼は防衛意思を有していないため、正当防衛の成立は認められないとしている。これに対し、不要説は、Ｘの行為は客観的に正当防衛の要件を充たしているのであるから、彼の行為には正当防衛の成立が認められるとしている。ただし、不要説に立つ学説の中には、この場合、Ｘには、殺人未遂の成立

が認められるとする有力な
見解もある。これは、彼の
行為はそれを行った時点に
おいては、殺人行為として
違法であるが、後からみて
みると発生した結果は正当
防衛の結果となっていて適

法と認められるので、殺人未遂の成立が認められるとするのである。しか
し、この考え方に対しては、殺人既遂の違法性を阻却するためには防衛意
思は不要であるが、殺人未遂の違法性を阻却するためには防衛意思が必要
とするものであり、不要説の立場として一貫性を欠いている、という批判
がある。

(c) **やむをえずにした行為**　　正当防衛の場合と同じく37条1項の緊
急避難でも、「やむを得ずにした行為」という言葉が使われているが、両
者は同じ意味ではない。後者のそれは、本当にやむをえない場合、すなわ
ち法益を守るために他人の法益を侵害する以外他に方法がないことを意味
する（これを「補充性の原則」という）。これに対し、正当防衛のそれは、
必ずしも厳密に他に取りうる方法がない場合にかぎられず、「相当な」防
衛行為であればよい。その理由は、前述したように、緊急避難は、正当な
者の利益を守るためではあるが、やられるほうも正当な者であるのに対し、
正当防衛は、正当な者の利益を守るために悪者をやっつける場合であるか
らである。

　問題は、「相当な」防衛行為か否かをどのように判断するかである。通
説は、防衛行為の態様の適切さ（行為としての相当性判断）とそれによって
生じた被害（結果）の大きさ（結果としての相当性判断）の両方を考慮して
「相当」か否かを判断するとしている。これによれば、AがXに殴りかか
ってきたので、XがAを突き飛ばしたら、Aが頭を打って死んでしまった
場合、Aを突き飛ばす行為は不適切ではないが、それによって発生した被
害が重大であるため、Xの行為は「相当」な防衛行為の範囲を逸脱してい
ることになる。また、AがXに素手で殴りかかってきたので、Xが包丁を

振り回したところＡの腕にあたって
かすり傷を生じさせた場合には、発
生した結果は重大ではないが、素手
で段りかかってきた者に対して、包
丁を振り回すという行為態様が適切
ではない。したがって、この場合も
「相当な」防衛行為の範囲を逸脱し
ていることになる。このほか、学説
には、以下で述べる判例の立場を支持する見解、結果としての相当性判断
を採用すべきだとする見解もある。

　この問題について、判例は、行為としての相当性判断の立場をとってい
る。すなわち、Ａが突然Ｘの指をつかんでねじあげたので、痛さのあまり
Ａを突き飛ばしたところ、Ａがあお向けに倒れ、うしろにあった自動車の
バンパーに後頭部をぶつけ、全治約45日を要する傷害を負ったという事案
に関する最判昭和44年12月４日（刑集23巻12号1573頁）は、反撃行為が「侵
害に対する防衛手段としての相当性を有する……以上、その反撃より生じ
た結果がたまたま侵害されようとした法益より大であつても、その反撃行
為が正当防衛行為でなくなるものではない」として、もっぱら防衛行為の
態様が適切であったかどうかという観点を重視して、防衛行為の「相当性」
を判断している（同趣旨のものとして、千葉地判昭和62・９・17判時1256号３頁、
大阪高判平成16・10・５判タ1174号315頁等）。

　そして、学説は、このような判例の相当性判断の具体的基準について、
侵害行為と防衛行為の武器が対等であるか否かという「武器対等の原則」
を採用していると理解している。もっとも、判例は、用いられた武器を単
純に形式的に比較するのではなく、攻撃者と防衛行為者の年齢、性別、体
力、力量などの事情を考慮に入れた上で、実質的な観点から、武器対等で
あるかどうかを判断している。たとえば、Ｘは、年齢も若く、体格にも優
れたＡから暴行を受けそうになったので、菜切包丁を手に取ってＡを脅迫
したという事案に関する最判平成元年11月13日（刑集43巻10号823頁［百選25
事件］）は、Ｘは年齢も若く体力にも優れたＡからの危害を避けるための

防御的な行為に終始していたのであるから、防衛手段としての相当性を超えたものではない、と判示している。また、最判平成21年7月16日（刑集63巻6号711頁）も、X（74歳、身長約149cmの女性）が代表取締役を務める甲社は、A（48歳、身長約175cmの男性）が勤務する乙社との間で民事上の紛争が生じていた建物に、Aが「立入禁止」等と記載した看板をその建物に取り付けようとしたため、Xがそれを阻止しようとしてAに暴行を加えたという事案について、XとAとの間には体格差等があることをあげて、Xの行為は防衛手段としての相当性の範囲を超えたものではないとして、正当防衛の成立を認めている。

(3) 過剰防衛

(a) **意味**　「過剰防衛」とは、正当防衛がその程度を超えた場合をいう。36条2項は、「防衛の程度を超えた行為は、情状により、その刑を減軽し、又は免除することができる」と規定している。「防衛の程度を超えた」とは、防衛行為が「相当性」の範囲を超えた場合である。過剰防衛行為は、違法性が阻却されず、犯罪の成立が認められるが、通常の違法行為とは異なり、刑の減軽・免除という特典が与えられる可能性がある（刑の裁量的減免）。

(b) **刑の裁量的減免の根拠**　これをめぐって、見解の対立が存在する。

通説・判例は、急迫不正の侵害という緊急状況下において、行為者が恐怖・驚愕・狼狽という精神の動揺のために、防衛行為の「相当性」を超える行為を行ったとしても、彼を強く非難することはできない、という責任の減少にその理由を求めている（責任減少説）。しかし、これには、次のような批判がある。①特典を受ける行為を、「錯乱、恐怖または驚愕」に基づくそれに限っているドイツ刑法の過剰防衛規定（同33条）と異なり、正当防衛の規定を受けて、単に「防衛の程度を超えた」ことを要件にしているにすぎないわが国の刑法36条2項については、違法性阻却という正当防衛の原理とは異なる責任の減少に刑の減免の根拠を求める必然性がない。②この見解によると、急迫不正の侵害が存在しないのに存在すると誤信し、しかも過剰な行為に及んだという「誤想過剰防衛」の場合にも、行為者は

精神的に動揺して、過剰な行為に及んでいるのであるから、刑の減免の可能性が認められることになるが、そうすると、急迫不正の侵害が存在しないのに存在すると誤信し、相当な防衛行為を行った、単なる「誤想防衛」との間に不均衡が生ずることになる。

　このようなことから、学説においては、過剰防衛における刑の減免の根拠は、違法阻却という正当防衛の原理と連動した違法性の減少に求められるべきであるという観点から、過剰防衛行為は、「相当性」の範囲を逸脱してはいるものの、急迫不正の侵害から正当な利益を守ったという点で、通常の違法行為よりも違法性の減少が認められることにその根拠を求める見解（違法減少説）も有力である。

　(c)　**過剰防衛の成立範囲**　　このような見解の対立は、過剰防衛の成立が認められる範囲に影響する。責任減少説の立場では、たとえば、AがXを鉄棒で殴って死亡させたという「質的過剰」の場合ばかりでなく、Aがすでに攻撃を止めているのに、Xが恐怖・驚愕のあまり、反撃を続けたような「量的過剰」についても、行為者が

精神的に動揺してやりすぎた点では同じであるため、過剰防衛の成立が認められる。これに対し、違法減少説では、「質的過剰」の場合には過剰防衛の成立が認められるが、「量的過剰」については、攻撃者の急迫不正の侵害から防衛者の側の正当な利益を守ったという違法性減少の前提が存在しないため、過剰防衛の成立は認められない。

　また、責任減少説によれば、身体が不自由なため、車椅子で生活しているXが、自分の庭にある柿の実を採ろうとしていたAをピストルで撃ち殺した場合のように、防衛行為により守った利益とそれにより侵害した利益とが著しく均衡を欠いている場合にも、過剰防衛の成立が肯定される。これに対し、違法減少説によれば、過剰防衛の成立は認められない。なぜならば、Xのピストルによる防衛行為が、彼にとって柿の実を守る唯一の手段であったとしても、このように防衛行為により侵害された利益のほうが

それにより守られた利益よりもはるかに大きい場合には、相対的にみてX
は正当な利益を守ったとはいえないからである。

過剰防衛の成立範囲

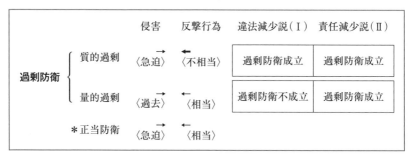

最高裁判例には、XがAの攻撃に対して時間的、場所的に連続して2回
の暴行を加え、傷害を負わせたという事案について、過剰防衛の成否が問
題となった2つのものがある。このうち、最決平成20年6月25日（刑集62
巻6号1859頁［百選27事件］）は、両暴行を全体的に考察して、1個の過剰
防衛の成立を認めるのは相当ではないとして、第1暴行については正当防
衛の成立を認め、第2暴行については傷害罪の成立を認めた。これに対し
て、最決平成21年2月24日（刑集63巻2号1頁）は、両暴行を全体的に考
察して1個の過剰防衛としての傷害罪の成立を認めるのが相当であるとし
ている。

この2つの判例が結論を異にした理由は、前者の判例では、両暴行が侵
害の継続性および防衛の意思の有無という点で明らかに性質を異にしたも
のであったのに対し、後者のそれでは、第2暴行の時点でも侵害の継続性
が認められ、第1暴行だけではなく、第2暴行についても防衛の意思の存
在が認められるということから、両暴行は質的に異なるものではない、と
判断されたことにあるものと思われる。

(4)　**誤想防衛**

(a)　**意味**　「誤想防衛」とは、行為者が正当防衛の要件にあたる事実
が存在しないのに、存在すると誤信して防衛行為を行った場合である。急
迫不正の侵害事実が存在しないのに、存在すると誤信した場合が典型的な
例である。しかし、それ以外に、防衛行為の「必要性」の要件にあたる事

実を誤信した場合にも、「誤想防衛」といえる。たとえば、Aがナイフを持ってXに襲いかかってきたので、XがAに向かって石を投げたところ、狙いがはずれてAの横にいたBに石があたってしまった場合である。

　下級審判例にも、若者グループ同士の乱闘騒ぎの中で、被告人Xが、相手方グループから危害を加えられている実兄Aを助け出して一緒に逃げるために、Aと木刀を取り合っている相手方グループのBに暴行を加えるべく自動車を急後退させたところ、誤ってAをひき死亡させた、という事案について、これを誤想防衛の一種としたものがある（大阪高判平成14・9・4判タ1114号293頁［百選28事件］）。

　(b)　**故意の阻却**　「誤想防衛」の場合、故意責任が問えるか否かが問題となる。それについて、誤想防衛を違法性の錯誤と考える見解と、事実の錯誤と考える見解との対立がある。

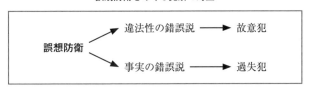

誤成防衛をめぐる見解の対立

　前者の見解は、行為者には構成要件に該当する事実の認識はあるから、故意は否定されないが、Xは自己の行為が刑法により許されていると誤信している（「**違法性の錯誤**」）、したがってXにとってその錯誤が避けえなかった場合に限り、責任が否定されるとする考え方である（**厳格責任説**）。

　しかし、誤想防衛の場合、行為者は自己の行為が刑法により許されていると誤信している以前に、そもそも正当防衛の要件にあたる事実について誤信し（「**事実の錯誤**」）、違法性を基礎づける事実の認識がない（すなわち、犯罪事実の認識がない）のであるから、故意責任が否定されるべきである（ただそれを誤信したことに過失がある場合には、過失犯の成立〔過失犯処罰規定が存在する場合〕が認められる）。判例にも、急迫不正の侵害の存在を誤信した場合について、誤想防衛として故意責任が否定されるとしたものがある（広島高判昭和35・6・9高刑集13巻5号399頁参照）。また、前出の大阪高判平成14年9月4日も、暴行罪、傷害致死罪に問われたXについて、故

意責任を否定している。

(5) 誤想過剰防衛

(a) **意味** 「誤想防衛」と「過剰防衛」とが結合した場合を、「誤想過剰防衛」という。これには2つの類型がある。第1類型は、急迫不正の侵害が存在しないのに存在すると誤信し、しかもかりにそれが現実に存在したとしても、それに対する防衛行為が過剰であった場合である。たとえば、Xに向かってAが手を挙げたので、彼は殴られると思い、Aをナイフで刺し、傷害を負わせたが、実はAはXに挨拶しようとしただけであった場合である。第2類型は、急迫不正の侵害が存在し、行為者がそれに対して相当な防衛行為を行うつもりで、現実にはそれを超える行為を行った場合である。たとえば、Aが素手で殴りかかってきたので、Xがそれに対してAの胸を素手で突いたところ、崖から転落して死亡してしまった場合である。判例にも、その2つの類型がある（前者として、最決昭41・7・7刑集20巻6号554頁、「勘違い騎士道事件」最決昭和62・3・26刑集41巻2号182頁［百選29事件］参照。後者として、最判昭和24・4・5刑集3巻4号421頁参照。ケース・スタディ6は、第1類型について答案を作成したものである）。

従来の学説は、第1類型について、それを誤想防衛とみるか、過剰防衛とみるかのいずれかであった。そして、前者とする見解は、過失犯の成立を認め、後者とする見解は、故意犯の成立を認めていた。しかし、「誤想防衛」、「過剰防衛」という概念によって問題が自動的に解決されるわけではない。過失犯の過剰防衛も認められるのである。そのような二者択一的な問題の解決は、①故意の成否と、②過剰防衛による刑の裁量的減免の有無という別次元の問題を混同している。

(b) **故意の成否** 誤想防衛を違法性の錯誤の一場合と理解する厳格責任説の立場をとる学説は、誤想過剰防衛についても故意犯の成立を認め、ただ錯誤が避けえなかった場合に限り、責任が否定されるとしている。

しかし、前述したように、誤想防衛の場合、行為者には違法性を基礎づける事実の認識がないのであるから、そもそも故意責任を問うことはできないのである。そのことを前提に考えると、誤想過剰防衛の場合には次のように解決するべきである。行為者が自己の防衛行為が過剰であると認識

している場合には、彼には違法性を基礎づける事実の認識があるから、故意犯の成立を認めることができる。これに対して、それを認識していなかったときには、故意責任は否定される。

このことを前述した2つの類型にあてはめてみると、第1類型の場合、行為者が過剰事実を認識していたときには、故意犯の成立が認められるが、第2類型の場合には、故意犯の成立は認められない。第1類型に関する判例は、すべて故意犯の成立を認めているが、それは、行為者が過剰事実を認識していた事案であったからである。

(c) **過剰防衛による刑の減免の有無**　　過剰防衛による刑の減免の根拠を、責任減少に求める通説的見解は、第2類型ばかりでなく、第1類型のように、急迫不正の侵害が現実に存在しなくても、行為者がそれを誤信し恐怖・驚愕などの異常な精神状態から過剰行為を行った場合にも、過剰防衛規定の適用を肯定している。

これに対し、違法減少説によるなら、第2類型については、急迫不正の侵害から正当な利益を守ったといえるから、過剰防衛規定の適用が肯定されるが、第1類型の場合には、そのような違法性減少の前提が欠けているため、過剰防衛規定の適用は認められない。

(6) **盗犯等防止法による正当防衛の特則**　　盗犯等ノ防止及処分ニ関スル法律1条は、正当防衛に関する特則を定めている。

(a) **1条1項**　　「盗犯を防止し又は盗贓を取還せんとするとき」(1号)、「兇器を携帯して又は門戸牆壁等を踰越損壊し若は鎖鑰を開きて人の住居又は人の看守する邸宅、建造物若は船舶に侵入する者を防止せんとするとき」(2号)、「故なく人の住居又は人の看守する邸宅、建造物若は船舶に侵入したる者又は要求を受けて此等の場所より退去せざる者を排斥せんとするとき」(3号)に、「自己又は他人の生命、身体又は貞操に対する現在の危険を排除する為犯人を殺傷したるときは刑法第36条第1項の防衛行為ありたるものとす」と規定している。

この規定は、36条1項と異なり、「やむを得ずにした」という要件を規定していないところから、正当防衛の成立範囲を拡張したものである。しかし、何を行っても許されるわけではなく、正当防衛に内在する制約とし

て、「相当性」の要件よりも緩和された制限が課されると考えるべきである。判例にもその趣旨を判示したものがある（東京高判昭和56・1・13判時1014号138頁参照）。

(b) **1条2項** 1項各号に規定された状況下で、「自己又は他人の生命、身体又は貞操に対する現在の危険あるに非ずと雖も行為者恐怖、驚愕、興奮又は狼狽に因り現場に於て犯人を殺傷するに至りたるときは之を罰せず」と規定している。これは、このような状況下では、行為者は恐怖などの異常な心理状態にあるため、彼に適法行為を行うよう期待することができないという理由から、責任が阻却されることを定めた規定である。

この規定の適用範囲については、①誤想防衛についてのみ適用されるとする見解、②過剰防衛についてのみ適用されるとする見解、③その両方に適用されるとする見解が対立している。通説は③であるが、判例（最決昭和42・5・26刑集21巻4号710頁）は、同条項は、誤想防衛の場合に限り適用されるという判断を示している。

●───── 明文で規定されている違法性阻却事由Ⅱ　緊急避難

(1) **意味** 「緊急避難」とは、現在の危難を避けるため、不正でない他人の法益を侵害する行為である。たとえば、突然通り魔AがXに包丁を持って襲いかかってきたので、Xは逃げようとしてとなりにいた友人Bを突き飛ばして彼に傷害を負わせた場合である。このように、緊急避難は、不正でない他人の法益を侵害したにもかかわらず、不可罰とされるため、その成立には正当防衛より厳格な要件が要求されている。

緊急避難が処罰されない理由について、見解の対立がある。大別すると、①行為者が避難行為によって守った法益のほうが、それにより侵害された相手方の法益よりも価値が大きいため、違法性阻却が認められるとする見解（違法阻却説）、②緊急避難行為は、不正でない者の法益を侵害するものであるから、違法ではあるが、緊急事態であるため、行為者に他の適法な行為に出ることを期待することができないという責任の阻却に求める見解（責任阻却説）、③緊急避難には、原則として違法性の阻却が認められるが、例外的に両方の法益が同価値である場合には、責任が阻却されるとする見

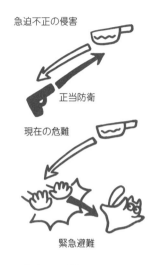

急迫不正の侵害

正当防衛

現在の危難

緊急避難

解（二分説）などがある。このような見解の対立は、緊急避難行為に対して相手方が正当防衛を行いうるかという問題について、結論の相違となってあらわれる。それを違法性阻却事由と考えれば、正当防衛を行うことができないのに対し、責任阻却事由と考えれば、それができるという結論になる。

違法阻却説を正当とすべきである（通説）。その理由は、次の点にある。①37条1項本文が、「他人」の法益を守るための緊急避難を認め、また「法益の均衡」を要件としていることを、期待可能性がないことで説明することはできない。②同価値の法益が衝突する場合には、積極的に違法性を確認することができないのであるから、この場合にも違法性の阻却を認めるべきである。

(2) **要件**　緊急避難の要件は、①自己または他人の生命、身体、自由または財産に対する現在の危難が存在すること、②その危難を避けるため、やむをえずにした行為であること、③その行為より生じた害が、避けようとした害の程度を超えないことである。

(a) **現在の危難**　法の規定は、「自己または他人の生命、身体、自由、財産」のみを法益としているが、これは例示である。したがって、貞操、名誉など列挙されている以外の法益を守るための緊急避難も考えられる。通説・判例は、正当防衛と同じく、国家的・社会的法益のための緊急避難も認められるとしている（判例として、最判昭和24・8・18刑集3巻9号1465頁参照）。しかし、緊急避難も正当防衛と同じく個人の法益を守るために認められてきたものであり、国家、社会の権力機構・作用を守ることは国家機関の任務であるから、原則として、国家的・社会的法益を守るための緊急避難は認められない。また、緊急避難を規定している37条1項が、「生命、身体、自由、財産」という個人的法益を列挙している点からも、

緊急避難の性質		緊急避難の要件
違法性阻却一元説 責任阻却一元説 二分説	緊急避難	（自己または他人の法益に対する）ⓐ現在ⓑ危難 ⓒ避難の意思（★）ⓓ「補充の原則」 ⓔ「法益均衡の原則」

★「避難の意思」については、「防衛の意思」参照

そのように考えるべきであろう。

「現在」の危難とは、正当防衛における「急迫」と同じく、法益の侵害が現実に存在しているか、あるいは間近に差し迫っていることをいう。

「危難」とは、法益の侵害またはその危険の発生を意味する。正当防衛と異なり、不正のものである必要はない。また、その原因が人の行為によるか動物、自然現象などによるかを問わない。

判例で、「現在の危難」が認められた事案としては、①田植え後10日ないし12日であるのに、田んぼが豪雨により水浸しになってしまい、それが2、3日にわたれば稲苗が枯れてしまうおそれがあるため、排水の妨げとなっていた水利組合の板堰（いたぜき）を破壊した場合（大判昭和8・11・30刑集12巻2160頁参照）、②列車乗務員がトンネルを通過する際、熱気の上昇、有毒ガスの発生により窒息、呼吸困難、火傷などを生じ、生命、身体に被害を受けるおそれがあったため、全面的に職場を離脱して国鉄の業務運営を阻害した場合（最判昭和28・12・25刑集7巻13号2671頁参照）などがある。これに対し、村が所有している吊り橋が古くなり、そこを通行するのが危険となったため、雪害で落下したように装えば災害補償金による橋の架けかえも容易であると考えて、ダイナマイトで吊り橋を爆破した事案について、最高裁は「現在の危難」の存在を否定した（「関根橋事件」最判昭和35・2・4刑集14巻1号61頁〔百選30事件〕参照）。

(b) **危難を避けるため、やむをえずにした行為**　「危難を避けるための行為」とは、自己または他人の法益を守るために役立つ行為のことである。通説は、「避難意思」が必要であるとしているが、防衛意思と同じ理由により不要とすべきである（本節●―正当防衛(2)(b)参照）。

「やむを得ずにした行為」とは、避難行為が法益を守るための唯一の方法であり、他にとるべき手段がないことを意味する（「補充性の原則」）。前述したように、緊急避難は、不正でない他人の法益を侵害しても不可罰とされるため、正当防衛より厳格な要件が課されているのである。したがって、後者では、たとえ逃げられる状況であっても攻撃者に反撃することが許されるのに対し、前者では許されない。もっとも、「他にとるべき手段がない」ということの意味は、絶対に他の方法がないことではなく、具体的状況において他に可能な方法が現実に存在しないということである。

　下級審判例には、Xが覚せい剤密売人から拳銃を頭部に突き付けられて、覚せい剤の使用を強要され、それを自己の身体に注射して使用したことが、「やむを得ずにした行為」といえるかが問題となった事案について、「やむを得ずにした行為」とは、危難を避けるためには当該避難行為をするよりほかに方法がなく、そのような行為に出たことが条理上肯定しうる場合をいう、としたうえで、本件における危険を切迫度、時間的・場所的状況を考慮すると、Xが危害を加えられることなくその場を離れるためには、覚せい剤を使用する以外に他に取りうる現実的方法はなかったとして、緊急避難の成立を認めたものがある（東京高判平成24・12・18判時2212号123頁）。

　避難行為者が自らの責任により招いた危難、いわゆる「自招危難」を避けるために緊急避難を行うことが許されるかという問題がある。これについては、かつての学説においては、①緊急避難の成立を全面的に肯定する見解、②故意・過失で招いた危難は「危難」とはいえないとして、緊急避難の成立を否定する見解、③故意で招いた危難に対しては緊急避難の成立を否定するが、過失で招いた場合には肯定する見解などが対立していた。しかし、その後、この問題は、以上の見解のように、一律・形式的に処理するのではなく、その具体的、個別的事情を考慮して、避難行為が「やむを得ずにした行為」といえるかどうかという観点から解決すべきであるとする見解が有力となっている。判例にも、その趣旨を判示したものがある。事案は、自動車の運転手（被告人）が、貨物を満載した荷車の後ろを十分注意せずに進行したところ、少年が荷車の陰から急に飛び出してきたため、それを避けようとして急にハンドルを切り、歩行中の老女をはねて死亡さ

せたものである。大判大正13年12月12日（刑集 3 巻867頁［百選32事件］）は、その危難は、被告人が自分の責任により招いたものであるから、その避難行為は社会通念に照らしてやむをえないものとはいえない、という理由により、緊急避難の成立を否定し、業務上過失致死罪の成立を認めた。

　(c)　その行為より生じた害が避けようとした害の程度を超えないこと

これを「法益均衡の原則」という。前述したように、正当防衛とは異なり、緊急避難は、不正ではない者の法益を侵害するのであるから、その避難行為によって侵害された法益がそれにより守られた法益を上回るものでないことが要求されているのである。

　(3)　**過剰避難・誤想避難・誤想過剰避難**　　緊急避難の他の要件が存在するのに、避難行為が、①補充性の要件を逸脱した場合（もっとも、判例の主流は、この場合の過剰防衛の成立を否定している。たとえば、大阪高判平成10・6・24高刑集51巻 2 号116頁［百選33事件］参照）、あるいは、②法益均衡の原則に反した場合には、「過剰避難」となる（37条 1 項ただし書）。刑の減免の可能性の根拠については、過剰防衛と同じように考えられる。

　「誤想避難」とは、緊急避難を基礎づける事実が現実には存在しないのに、存在すると誤信して避難行為を行った場合をいう。その処理については、誤想防衛と同様に考えることができる。

　「誤想避難」と「過剰避難」とが結合した場合を、「誤想過剰避難」という（これを認めた判例として、大阪簡判昭和60・12・11判時1204号161頁がある）。その処理についても、「誤想過剰防衛」と同様に考えられる。

　(4)　**業務上特別義務者の特則**　　警察官、自衛官、消防職員、船長など、その業務の性質上、一定の危難に身をさらさなければならない法的義務のある者には、緊急避難・過剰避難の規定は適用されない（37条 2 項）。それらの者は、その義務の範囲内では、一般人と同じように緊急避難を行うことは許されないという意味である。しかし、これらの者にも第三者の法益を守るための緊急避難は当然許される（警職 7 条参照）。また、自分の法益を守る場合であっても、たとえば、火事の現場で、消防隊員が降ってきた火の粉から身を守るために、隣の家の塀を壊した場合のように、避難行為により守る法益のほうがそれにより侵害される法益よりも大きく上回る

場合には、緊急避難を行うことが許される。

●───── 明文で規定されている違法性阻却事由Ⅲ　法令行為

(1)　**意味**　　35条前段は、「法令による行為は、罰しない」と規定している。「法令行為」とは、法律・命令その他の成文法規に基づいて行われる行為をいう。法令行為について、違法性が阻却される理由は、その行為によって保護される利益のほうが、それによって侵害される利益よりも優越していると認められるからである。したがって、形式的に法令に基づく行為であっても、実質的に優越利益を守ったとは認められない場合には、違法性の阻却は否定される。

法令行為の種類

法令行為	職務行為	例：被疑者の逮捕
	権利義務行為	例：子に対する懲戒行為
	政策的理由に基づく行為	例：宝くじ
	注意的に違法性阻却が明示されている行為	例：人工妊娠中絶

(2)　**要件**　　法令行為には、次のような種類がある。

(a)　**職務行為**　　法令により、一定の公務員の職務権限に属するとされている行為である。たとえば、死刑・自由刑の執行（11条以下）、被疑者・被告人の逮捕・勾引・勾留（刑訴58条・60条・199条）、住居内の捜索（刑訴102条）、検証のための死体解剖（刑訴129条）などである。これらの行為は、それぞれ、殺人罪、逮捕監禁罪、住居侵入罪、死体損壊罪などの構成要件に該当するが、違法性が阻却される。しかし、職務行為であっても、その限界を超えた行為は違法である。また、職務行為が職権の濫用と認められる場合には、職権濫用罪（193条以下）の成立が認められる場合がある。

職務行為には、①公務員が直接法令に基づいて行う場合と、②権限を有する上司の命令に基づいて行う場合とがある。②について、部下が上司の違法な命令に基づいて行った行為は、法令に基づいた行為とはいえないから、違法性の阻却は認められない。ただこの場合、彼には他の適法行為に

でることを期待することができなかったという理由による責任の阻却が問題となる。

(b) **権利義務行為**　法令により、ある者の権利・義務に属するとされている行為である。たとえば、私人による現行犯逮捕（刑訴213条）、子に対する親権者の懲戒行為（民822条）などが典型的な例である。そのほかに、法令に基づく懲戒行為として、校長・教員の学生・生徒・児童に対する行為（学教11条）、少年院長、婦人補導院長の在院者に対する行為（少院8条、婦人補導11条）などがある。それらが、権利・義務の範囲内で行われている限り、逮捕監禁罪、暴行罪の構成要件に該当しても、違法性が阻却される。

(c) **政策的理由に基づく行為**　本来違法であるが、一定の政策的理由から違法性の阻却が認められる行為である。たとえば、競馬法による勝馬投票権、自転車競技法による勝者投票権、当せん金附証票法による当せん金附証票（宝くじ）の発売行為などである。それらは、それぞれ賭博罪、富くじ罪の構成要件に該当するが、財政上・経済政策上の理由から、違法性が阻却される。

(d) **注意的に違法性阻却が明示されている行為**　理論上違法とは認められない行為について、法令が注意的にその趣旨を明示し、それとともにその要件などを定めている場合である。たとえば、母体保護法による不妊手術（同3条）、人工妊娠中絶（同14条）などがその例である。

●───── 明文で規定されている違法性阻却事由Ⅳ　正当業務行為

(1) **意味**　35条後段は、「正当な業務による行為は、罰しない」と定めている。「業務」とは、社会生活上の地位に基づいて、反復、継続される行為をいい、必ずしも職業である必要はない。正当業務行為について違法性が阻却される理由は、正当な範囲において行われる行為である限り、それにより守られる利益のほうが侵害される利益よりも優越していると認められるからである。したがって、「業務」として行われるすべての行為が正当化されるわけではない。たとえば、プロ・ボクサーが、業務として行うボクシングであっても、ルールに反する行為によって相手に傷害を負

わせたというように、その正当な範囲を超えた場合には、違法性の阻却は認められない。

(2) **要件**　正当業務行為と認められる例としては、次のものがある。

(a) **プロ・スポーツ**　プロ・レスリング、相撲、プロ・ボクシング等は、暴行罪、傷害罪の構成要件に該当する場合があるが、それが正当な範囲内で行われているかぎり、違法性の阻却が認められる。正当な範囲内の行為かどうかは、ルールに従った行為であるかどうか、当事者の承諾の範囲を超えていないかどうか、という基準により客観的に判断されるべきである。

(b) **弁護活動、取材活動**　①弁護士の弁護活動が、秘密漏示罪（134条）、名誉毀損罪（230条）の構成要件に該当しても、それが自己の担当する被告人の利益を守るための正当な弁護活動の範囲内の行為と認められる場合には、違法性が阻却される。この点について、強盗殺人罪の犯人A、Bの弁護人X、Yが、真犯人はCであるという上告趣意書を提出し、その旨を記者会見で発表したため、名誉毀損罪に問われた、という事案に関する最高裁判例がある。この判例は、弁護人の弁護活動が正当なものとして、35条の適用が認められるかどうかは、次のような考慮に基づいて決定されるべきであるとした。すなわち、その行為が弁護活動として行われただけでは足りず、それが法令上の根拠をもつ職務活動であるかどうか、弁護目的の達成との間にどのような関連性をもつか、弁護を受ける被告人自身がこれを行った場合に刑法上の違法性の阻却が認められるべきかどうかである（「丸正事件」最決昭和51・3・23刑集30巻2号229頁参照）。そして、この判例は、このような基準を事案に適用し、X、Yの行為は正当な弁護活動とはいえないとした。

②報道機関の報道、取材活動も、国民の知る権利に奉仕するものとして、違法性の阻却が認められる。この点に関して、新聞記者Xが外務事務官A（女性）と情交を結び、数回にわたり、Aに書類を持ち出させて閲覧したり、コピーを受け取るなどしたとして、国公法111条、109条12号に定められた、公務員に国家秘密を漏らすようそそのかした罪に問われた事案がある。これについて、最高裁は、「報道機関が取材の目的で公務員に対し秘

密を漏示するようにそそのかしたからといって、そのことだけで、直ちに当該行為の違法性が推定されるものと解するのは相当ではなく、報道機関が公務員に対し根気づよく執拗に説得ないし要請を続けることは、それが真に報道の目的から出たものであり、その手段・方法が法秩序全体の精神に照らし相当なものとして社会観念上是認されるものである限りは、実質的に違法性を欠き正当な業務行為というべきである」と判示した。しかし、結論的には、Xの行為は正当な取材活動の範囲を逸脱しているとして、国公法111条の罪の成立を認めている（「外務省機密漏えい事件」最決昭和53・5・31刑集32巻3号457頁［百選18事件］参照）。

(3) **一般的正当行為**　前述したように、正当業務行為の「業務」は、必ずしも「職業」に限らず、社会生活上の地位に基づいて、反復・継続される行為であればよい。したがって、アマチュアの行う、レスリング、ボクシング、柔道なども暴行罪、傷害罪の構成要件に該当しても、それがルールに従って行われ、当事者の承諾の範囲を超えないものであれば、違法性の阻却が認められる。

●────── 明文で規定されていない違法性阻却事由Ⅰ　自救行為

(1) **意味**　「自救行為」とは、権利を違法に侵害され、法律に定められた国家機関による救済手続によっていたのではその回復が事実上不可能または著しく困難になる場合に、自らの実力によりその権利の回復を図ることをいう。たとえば、有名ブランドのカバンを盗まれた者が、2日後にそれを持っている者を発見したが、警察に届け出ていたのでは間に合わないので、自力でその者からカバンを取り返したような場合である。自救行為は、国家機関による救済手続をとっている余裕がない状況のもとでの緊急行為である点で、正当防衛、緊急避難と共通している。また、相手方の違法な権利侵害があり、「不正対正」の関係において行われる行為である点で、正当防衛と共通している。しかし、その違法な権利侵害が過去のものである点でそれとは異なっている。

自救行為は刑法に明文で定められてはいないが、正当防衛、緊急避難と共通する緊急行為として、違法性が阻却される場合がある。最高裁判例も、

傍論ではあるが、そのことを肯定している（最決昭和46・7・30刑集25巻5号756頁参照）。しかし、具体的事案において、自救行為としての違法性の阻却を認めてはいない（最判昭和30・11・11刑集9巻12号2438頁［百選19事件］）。これに対し、下級審判例には、実際に自救行為による違法性阻却を認め、無罪としたものがある（福岡高判昭和45・2・14高刑集23巻1号156頁参照）。

　自救行為の違法性阻却の根拠についても、正当防衛と同じ優越利益の原理が妥当する。すなわち、刑法の目から見た場合、自救行為者の利益を保護する必要性のほうが、権利侵害者のそれよりも高いと評価されるのである。ただ、正当防衛と異なり、自救行為においては、その両者の利益を比べる場合、自救行為者側のマイナス面を考慮する必要がある。それは、過去の侵害に対しては、本来国家機関による救済を求めるべきなのに、私人による実力行使によって権利を回復したということである。そのため、自救行為には、正当防衛より厳格な要件が要求されるのである。

(2) 要件

　(a) **権利に対する違法な侵害**　「権利」とは、自救行為によって守られる法益のことである。財産権に限らず、名誉、自由なども含まれるが、個人的法益に限られる。

自救行為の要件

　「侵害」は、過去に行われたものでなければならない。この点について、窃盗犯人を追跡して盗品を取り返した場合、自救行為が問題になるのか、それとも正当防衛の成立が問題になるのかが争われている。学説には、窃盗はすでに既遂に達しているため、「急迫の侵害」はもはや存在せず、自救行為と考えるべきであるとする有力な見解がある。しかし、窃盗罪の既遂時期と急迫の侵害の終了時期とは必ずしも同じではない。窃盗が既遂に達した後でも、窃盗犯人がまだ盗品の占有を事実上確保したとはいえず、取

り返しが可能である場合には、「急迫の侵害」が継続していると考えられる。したがって、正当防衛の成立が問題とされるべきである。

(b) **緊急性**　　国家機関による救済手続をとるいとまがなく、ただちに自力によって救済をはからなければ、事実上権利の回復が不可能になるか、または著しく困難になる状態であることが必要である。

(c) **権利回復のための行為**　　その行為が、権利の回復に役立つものであることが必要である。通説は、「自救行為意思」が必要であるとしているが、不要説も有力である。

また、学説には、自救行為は、自己の法益を守る場合にのみ認められるとする見解もあるが、正当防衛と同じく、他人のための自救行為も認めるべきであるとする見解もある。

(d) **行為の相当性**　　自救行為は過去の侵害に対するものであるから、正当防衛における防衛行為の「相当性」よりも限定された範囲内のものでなければならない。しかし、違法な権利侵害に対する行為であるから、緊急避難のように、それ以外に他にとりうる手段がないものである必要はない。

●────── **明文で規定されていない違法性阻却事由Ⅱ　労働争議行為**

(1) **意味**　　憲法28条は、「勤労者の団結する権利及び団体交渉その他の団体行動をする権利は、これを保障する」と定めている。また、労働組合法1条2項本文は、「刑法第35条の規定は、労働組合の団体交渉その他の行為であって前項に掲げる目的〔労働者の地位の向上および労働条件の交渉のための代表者を選出し、自主的に労働組合を組織することなど──筆者注〕を達成するためにした正当なものについて適用があるものとする」と定めている。したがって、正当な範囲内で行われる労働争議行為であるかぎり、業務妨害罪、暴行罪、脅迫罪、強要罪、住居侵入罪、器物損壊罪などの構成要件に該当しても、違法性の阻却が認められる。その理由は、正当な労働争議行為によって守られる労働基本権という利益のほうが、それにより侵害される利益よりも優越していると認められるからである。

(2) **要件**

労働争議行為の要件

目的の正当性 ← **労働争議行為の要件** → 手段の相当性

(a) **目的の正当性**　この目的とは、主観的な目的でなく、客観的な目的、すなわちその争議行為によって要求する事項のことを意味する。したがって、その労働争議行為が、客観的に労働者の地位向上という正当な要求を達成するために必要な行為でなければならない。

　問題となるのは、「政治スト」の正当性である。学説には、労働争議行為が、労働者の経済的地位の向上を目的としている場合にかぎり、正当化され、政治ストは違法であるとする有力な見解がある。しかし、政治ストであっても、その政治的要求が労働者の経済的地位の向上と直接結びついている場合には、違法性の阻却が認められるべきであるとする見解も有力である。

(b) **手段の正当性**　現在一般に行われている労働争議の手段としては、同盟罷業、怠業、生産管理、ピケッティングなどがある。労働組合法1条2項ただし書は、「いかなる場合においても、暴力の行使は、労働組合の正当な行為と解釈されてはならない」と規定している。しかし、これは、いっさいの有形力の行使が許されないことを定めたものではなく、争議行為の手段として許される範囲を超えた強度の有形力の行使を禁止したものである。

(c) **公務員・国営企業の職員の争議行為**　①公務員（非現業公務員）は、同盟罷業、怠業、その他の争議行為を行うことを禁止されている（国公98条2項、地公37条1項）。もっとも、争議行為を行うこと自体には罰則はないが、争議行為の遂行を共謀し、そそのかし、あおりまたは企てた者に対しては、刑罰を科すことが規定されている（国公110条1項17号、地公61条4号）。いわゆる「都教組事件」において、最高裁判例（最大判昭和44・4・2刑集23巻5号305頁参照）は、地方公務員法61条4号の「あおり行為」について、あおりなどの対象となる争議行為自体が違法性の強いものであり、かつ争議行為に通常伴う範囲を超える「あおり行為等」でなければ、処罰

の対象とはならないと判示して、いわゆる「二重の絞り論」を展開した。これは、労働基本権を保障している憲法28条の趣旨を尊重して、公務員の争議行為に対する刑事罰の適用について慎重な態度を示したものである（国公法に関して、同趣旨の判示をした判例として、仙台全司法事件に関する最大判昭和44・4・2刑集23巻5号685頁がある）。しかし、その後の全農林事件で、最高裁（最大判昭和48・4・25刑集27巻4号547頁参照）は、国家公務員法110条1項17号の「あおり行為等」について、国家公務員の争議行為には、勤労者を含めた国民全体の共同利益の見地からする制約が課されること、国家公務員という地位は特殊であり、その職務には公共性があることを理由として、「二重の絞り論」を放棄し、争議行為をあおる行為等を一律に処罰すべきである、とする判断を示した（地公法に関して、同趣旨の判示をした判例として、岩手教組事件に関する最大判昭和51・5・21刑集30巻5号1178頁がある）。

　②国営企業労働関係法（旧公共企業体等労働関係法（公労法））は、国営企業の職員の同盟罷業、怠業その他の争議行為を行うことを禁止している（17条）。しかし、それに違反した者に対する罰則は設けられておらず、解雇される旨が定められているだけである（18条）。もっとも、他の法律には、そのような行為者に対する罰則を特別に定めている場合がある。たとえば、郵便法は、郵便物の取扱いをしなかった者を処罰する旨の規定を置いている（同79条1項）。そこで、労働組合の役員らが、組合員に職場を離脱させ、郵便物の取扱いをさせなかった場合（同79条1項の罪の教唆）に、労働組合法1条2項の適用による違法阻却が認められるかが問題となる。

　この点が争われた、いわゆる「東京中郵事件」について、最高裁は、旧公労法17条違反の争議行為にも労働組合法1条2項の適用があるとしたうえで、「争議行為が労組法1条1項の目的を達成するためのものであり、かつ、単なる罷業または怠業等の不作為が存在するにとどまり、暴力の行使その他の不当性を伴わない場合には、刑事制裁の対象とはならない」と判示し、刑事罰を科すことに慎重な態度を示した（最大判昭和41・10・26刑集20巻8号901頁参照）。しかし、その後、最高裁は、同様の事案である「名古屋中郵事件」において、東京中郵事件判決を否定し、旧公労法17条

に違反する争議行為には、労組法1条2項の適用はなく、そのような争議行為に参加を呼びかけた被告人の行為は、郵便法79条1項の罪の共犯として処罰を免れないとした（最大判昭和52・5・4刑集31巻3号182頁参照）。

　このように、①、②について最高裁判例には大きな変更がみられるが、むしろ変更前の判例の見解のほうが妥当である。

●───明文で規定されていない違法性阻却事由Ⅲ　治療行為

　(1)　**意味**　「治療行為」とは、患者の治療のために医学上一般に承認されている方法によって人の身体に加える医的侵襲（いてきしんしゅう）をいう。たとえば、医師が正当な治療行為として手術を行う場合、それが傷害罪の構成要件に該当しても、違法性が阻却される。その理由は、治療行為により維持・増進される患者の生命・健康という利益のほうが、それにより侵害される彼の身体的利益よりも優越していると認められるからである。

　(2)　**要件**

　(a)　**治療目的**　学説には、行為者が主観的に治療目的を有していることが必要であるとする見解がある。しかし、それによると、たとえば、新しい手術法を試みる目的で行った手術のように、治療以外の目的の場合には、それがたとえ治療効果をあげたときでも、違法となり、妥当ではないように思われる。したがって、治療目的とは、その行為が客観的に治療目的に向けられていること、すなわち客観的に治療傾向を有しているという意味に理解するべきである。

　(b)　**医学的適応性・医術的正当性**　前者は、治療行為が患者の生命・健康の維持・増進のために必要であることであり、後者は、治療行為が医学上一般に承認された方法によって行われることである。その両者が認められ、かつ患者の意思にも合致した治療行為であれば、たとえ失敗した場合であっても、違法性の阻却が認められる。

　(c)　**患者の同意**　治療行為として違法性阻却が認められるためには、それが患者の自己決定に反していないことが必要である。したがって、医師が、それに反する治療行為を行った場合には、たとえそれが成功したとしても、違法性阻却は認められない。この「患者の自己決定」は、後述す

る「被害者の同意」と必ずしも同じではなく、それよりもゆるやかなものでよい。なぜならば、実際上、患者は、手術の内容や、それに伴う危険を具体的に認識して同意しているわけではないからである。したがって治療行為が患者の選択に明らかに反して行われた場合に限って、違法となる。また、治療行為に対する患者の現実の同意が存在しなくても、患者がその治療行為を知ったならば拒絶しないであろう「推定的同意」が認められる場合にも、違法性の阻却が考えられる。

　(d)　**医師の免許を有しない者が行う治療行為**　　以上の要件を充たすものであれば、無免許医業の罪（医師17条、31条1項1号）の成立は認められるが、傷害罪については違法性の阻却が考えられる。

●─── 明文で規定されていない違法性阻却事由Ⅳ　被害者の同意

　(1)　**意味**　　「被害者の同意」とは、法益を有している者が、それに対する侵害に同意を与えている場合をいう。たとえば、Aから約束を破った償いとして、自分の指を切るよう頼まれたXが、そのとおり実行した場合である。このように、被害者の同意がある場合には、原則として違法性の阻却が認められる。その理由は、法益を有している者が、それを同意によって放棄したため、刑法が保護する法益が存在しなくなるからである。したがって、被害者の同意により違法性の阻却が肯定される犯罪は、被害者が放棄することのできる個人的法益に対する罪に限られる。ただし、国家的・社会的法益に対する罪であっても、それらが個人的法益と重なり合っていて、後者のほうがむしろ重要と認められる場合（たとえば、虚偽告訴の罪（172条））には、被害者の同意による違法性の阻却が考えられる。

　(2)　**要件**

　(a)　**有効性**　　被害者の同意は、その内容と意味を理解しうる者により、任意でなされることが必要である。任意とは、その同意が自由な意思決定に基づくということである。したがって、幼児や重度の精神障害者の同意、絶対的強制の下でなされた同意は無効である。

　同意する事項の内容と意味について錯誤がある場合、それに基づいてなされた同意は無効である。これに対し、判例は、その性質に関係なく、錯

誤に基づいた同意は一律に無効であるとしている。たとえば、被告人が自分も一緒に死ぬと相手をだまし、同意させて自殺させた、いわゆる偽装心中の事案について、動機に錯誤がある同意は、真意にそわない重大な瑕疵ある意思に基づくものであるから、無効であるという理由により、被告人に殺人罪の成立を認めている（最判昭和33・11・21刑集12巻15号3519頁［百選II 1事件］参照）。しかし、これに対しては、このように動機に錯誤があるにすぎない場合には、その同意は有効と考えるべきである、とする見解も有力である。その理由は、生命という法益を放棄する（死ぬこと）という同意する事項の内容と意味自体について被害者には錯誤はないからである。この見解によれば、被告人には自殺関与罪（202条）の成立を考えるべきであるということになる。

　(b)　**時期**　　被害者の同意は、行為のときに存在していなければならない。事後に行われた同意では、違法性の阻却は認められない（大判昭和11・1・31刑集15巻63頁参照）。また、事前になされた同意の場合には、それが行為時まで継続していることが必要である。

　(c)　**代理**　　同意は、法益主体である被害者が自ら行うことが必要であり、代理人によって与えられた同意は無効である。もっとも、建物に入ることについて、その建物の管理者から看守を委任された者が与えた同意は、有効である。なぜならば、この場合、同意を与えた者は単なる代理人ではなく、有効な同意権限を有しているからである。

　(d)　**表示、認識の要否**　　学説には、同意意思をいつ認めうるかについて、それが外部に表示される必要があるとする見解がある。しかし、これに対しては、被害者が同意していれば、それだけで法益の放棄が認められるのであるから、同意は、被害者の内心に存在すれば足り、必ずしも外部に表示されることは必要ではなく、したがって、被害者が同意していることを行為者が認識していることも必要ではない、とする見解も有力である。

　(3)　**同意傷害**　　同意の有効性は、傷害罪との関係で問題となる。これは、被害者の同意が傷害罪の違法性を阻却するかという問題である。学説には、①同意は一律に有効であり、同意傷害はすべて不可罰であるとする

見解、②同意が公序良俗に反する場合には、それは無効であり、傷害罪の成立が認められるとする見解、③手足の切断など重大な傷害の場合には同意は無効であり、傷害罪の成立が認められるとする見解、④生命に危険のある重大な傷害の場合には同意は無効であり、傷害罪の成立が認められる見解などがあるが、④の見解が有力である。その理由は、刑法が同意殺人（202条）ばかりでなく、同意殺人未遂罪（203条）をも処罰していることからするなら、生命に危険のある傷害については、たとえ被害者の同意があっても違法性は阻却されないと考えるべきである、ということにある。

　これに対し、判例は、②の立場をとっている。すなわち、最決昭和55年11月13日（刑集34巻6号396頁［百選22事件］）は、Xが、A、B、Cと共謀し、保険金をだまし取るため、Dの車の後部に自分の車を追突させ、Dの車の前に停車していた、A、B、C乗車の車に追突させ、彼らに軽い傷害を負わせたという事案について、A、B、Cに対する傷害が軽いものであっても、彼らの同意が保険金をだまし取るという違法な目的に利用するために与えられたものであるから、違法性阻却は認められないと判示している。しかし、これに対しては、このように、保険金をだまし取るという、同意を得た動機・目的の不当性を理由として、その傷害行為の違法性阻却を否定することは、悪い動機・目的という内心を理由とした処罰を認めることになり、妥当ではないとする批判がある（ケース・スタディ7は、判例の立場から答案を作成したものである）。

●─────明文で規定されていない違法性阻却事由Ⅴ　推定的同意

　〔1〕　**意味**　「推定的同意」とは、被害者が現実に同意を与えてはいないが、もし彼が事態を正確に認識していたならば、それを与えたであろうと推定されることをいう。たとえば、①隣人が不在中に発生した火災を消火するため、彼の家に無断で立ち入る行為、②意識不明の重傷者を医師が手術する行為、③自分の急用のため、友人の車を無断で借りる行為、④お手伝いの女性が主人が捨てるつもりでいた古い傘を彼女の貧乏な親戚の者に与える行為などである。被害者自身の利益のために行う場合（①、②）と、行為者または第三者の利益のために行う場合（③、④）とがある。推定的

同意により違法性が阻却される理由は、被害者の現実の同意は存在しないが、行為が客観的に被害者の意思に合致しているという被害者の同意の延長線上に求められる。

(2) 要件

(a) **適用可能な犯罪** 推定的同意による違法阻却が認められる犯罪の範囲は、被害者の同意の場合と同じく、その法益を被害者が処分できる個人的法益に対する罪に限られる。

(b) **補充性** 被害者の現実の同意を得ることが実際上不可能であるという「補充性」が認められることが必要である。たとえば、前述の例①のように、隣人の家が火災のため、そこに立ち入る場合には、隣人の現実の同意を得ることが不可能なときに限り、違法性の阻却が肯定される。

もっとも、この補充性は、被害者の現実の同意を得ることが絶対にできないという意味ではなく、具体的状況下において不可能という意味である。したがって、たとえば、医師が患者から治療についての同意を得るため、患者に病状を説明することがかえってそれを悪化させる場合には、たとえ患者から現実の同意を得ることが不可能ではないとしても、推定的同意による違法性の阻却が認められうる。

(c) **適用範囲** 前述の例①、②のように、被害者の利益のために行う場合には、被害者が自己の法益侵害に対し同意を与える可能性が高いと推定される。したがって、被害者が反対の意思決定をするであろう明確な根拠がその行為当時存在しないかぎり、違法性阻却が肯定される。これに対し、③、④の例のように、行為者あるいは第三者の利益のために行う場合には、通常、被害者が自己の法益侵害に対し同意を与える可能性は低い。したがって、推定的同意による違法性の阻却が考えられるのは、①侵害される法益がきわめて軽微である場合、②緊急性が認められる場合、あるいは③行為者と被害者との間に特別な事情（たとえば、友人の車を無断で使用

した場合、それまでにもしばしばその車を使わせてもらっていたというような事情）が存在する場合に限られる。

●───明文で規定されていない違法性阻却事由Ⅵ　安楽死・尊厳死

(1)　**意味**　「安楽死」とは、死期が差し迫っている患者の耐えがたい肉体的苦痛を緩和・除去して、安らかな死を迎えさせることをいう。その態様には、①純粋安楽死、②消極的安楽死、③間接的安楽死、④積極的安楽死がある。①「純粋安楽死」とは、死期を早めることなく、麻酔薬の使用などにより、死に至るまでの苦痛を緩和・除去することである。②「消極的安楽死（不作為による安楽死）」とは、苦痛を長引かせないために、生命延長のための積極的措置をとらないことがいくらか死期を早めた場合である。これは、後述する「尊厳死」の問題である。③「間接的安楽死」とは、死の苦痛を除去・緩和するため、麻酔薬などを使用し、その副作用として患者の生命をいくらか短縮した場合である。④「積極的安楽死」とは、作為により生命を短縮することにより、患者の死の苦痛を終わらせる場合である。

　①は、死期を早めていないので、そもそも殺人罪、あるいは承諾殺人の構成要件に該当しない。また、麻酔薬の使用が傷害罪の構成要件に該当するとしても、治療行為として違法性阻却が認められる。これに対し、③の場合は、死期を早めているので、殺人罪、あるいは承諾殺人罪の構成要件該当性が認められる。しかし、その行為に、ⓐ患者の耐え難い死の苦痛を除去・緩和するために必要であるという「医学的適応性」と、ⓑ医学上一般に承認されている方法によって行われるという「医術的正当性」が認められ、ⓒ苦痛を除去・緩和するために、生命の短縮を伴うことについて患者の同意がある場合には、違法性の阻却が認められる（「東海大学安楽死事件」に関する横浜地判平成7・3・28（後出151頁）も、「間接的安楽死」が適法とされる要件として、同趣旨のものをあげている）。

　問題は、④である。これまでの学説には、人間的な同情に基づく行為であるとする人道主義の立場から、違法性の阻却が認められるとする見解があった。しかし、いかに人道主義的動機に基づく行為であっても、そのよ

うな動機だけで違法性の阻却を認めることはできないであろう。また、緊急避難による違法性阻却も考えられるが、たとえ苦痛の除去・緩和という健康上の利益が大きくても、生命を維持することはそれより大きな利益であるから、それを肯定することも無理であろう。このような理由から、学説においては、積極的安楽死は違法であり、ただ行為者に他の適法行為にでることを期待することができない場合には、責任の阻却が認められる、という見解が有力である。これは、積極的安楽死が適法であることを認めると、ひいては、かつてナチスによって利用された「生存する価値が認められない生命を抹殺する」という考え方につながり、精神障害者、身体障害者などの生命を軽視することになるというおそれに基づいている。

しかし、積極的安楽死についても、安らかな死を迎える利益が、苦痛を伴った短い生命を維持する利益よりも明らかに上回っていて、しかも患者がそれを積極的に選択している場合には、違法性の阻却を認めてよいように思われる。なぜならば、患者は、死の苦痛があっても、生命の延長を望むか、それとも生命の短縮を選択するかを決定する権利（自己決定権）を有しているからである。東海大学安楽死事件に関する横浜地裁判決も、基本的にこのような立場を前提とする判断を示している。

(2) 要件

被告人が、脳溢血で倒れ激痛を訴える父親に殺虫剤入りの牛乳を飲ませて殺害したとして、嘱託殺人罪に問われた事案に関する名古屋高判昭和37年12月22日（高刑集15巻9号674頁参照）は、適法な積極的安楽死の要件として、次の6つをあげていた。①病者が現代医学の知識と技術からみて不治の病に冒され、しかもその死が目前に迫っていること、②病者の苦痛がはなはだしく、何人も真にこれをみるに忍びない程度のものであること、③もっぱら病者の死苦緩和の目的でなされたこと、④病者の意識がなお明瞭であって意思を表明できる場合には、本人の真摯な嘱託または同意があること、⑤原則として医師の手によることが必要であるが、これによりえない場合にはそのことを肯定しうる特別な事情があること、⑥その方法が倫理的にも妥当なものと認められること、である。しかし、学説からは、ⓐ倫理的に妥当なものとして認めうる殺し方がはたして存在するのか、ⓑ

医師が依頼を受けて積極的安楽死行為を行うことは実際上考えられないから、⑤の要件を充たすことは、現実には困難であるという指摘がなされていた。

そこで、いわゆる「東海大学安楽死事件」に関する横浜地判平成7年3月28日（判時1530号28頁［百選20事件］参照）は、名古屋高裁判決が示した6つの要件を意図的に放棄し、新たに「患者の自己決定権」を基本とする以下の4つの要件を示した。それは、大学付属病院に勤務している医師である被告人が、多発性骨髄腫に冒され、余命1、2日の状態にある患者に対し、家族からの強い訴えにより、心停止を引き起こす作用のある注射をし、死亡させた、として、殺人罪に問われた事案に関するものである。横浜地裁が示した4つの要件とは、①患者が耐えがたい肉体的苦痛に苦しんでいること、②彼の死が避けられず、その死期が迫っていること、③患者の肉体的苦痛を除去・緩和するために方法を尽くし、他に医療上の代替手段がないこと、④生命の短縮を承諾する患者の明示の意思表示があること、である。もっとも、これに対しても、学説からは、すでに患者の意識が明瞭でなくなっている以上、この4つの要件のうち、①と④を満足することは現実には不可能ではないかという指摘がなされている。現に、横浜地裁は、①と④の要件が充たされていないことを理由に、被告人の行った積極的安楽死行為は違法であるとして、殺人罪の成立を認めている。

(3) **尊厳死**　「尊厳死」とは、治癒不可能な病気に冒された患者が回復の見込みがなく、治療を続けても迫っている死を避けられないときに、意味のない延命治療を中止し、人間としての尊厳を保たせつつ、死を迎えさせることをいう。

積極的安楽死の要件

積極的安楽死の要件	
Ⓐ傷病者の状況 ➡	①患者が耐えがたい肉体的苦痛に苦しんでいること ②患者は死が避けられず、その死期が迫っていること
Ⓑ医療機関 ➡	③患者の肉体的苦痛を除去・緩和するために方法を尽くし 他に代替手段がないこと
Ⓒ承諾の方法 ➡	④生命の短縮を承諾する患者の明示の意思表示があること

これについて、前掲横浜地裁判決は、次の2つの根拠から、尊厳死が許される場合があることを認めた。それは、①患者は意味のない治療を打ち切り人間としての尊厳を保った自然な死を迎えることを選択する権利（自己決定権）を有していること、②医師には意味のない治療行為を行う義務はないことである。このことを前提として、判決は、尊厳死が許される要件として、次の3つをあげている。ⓐ患者が治癒不可能な病気に冒され、回復の見込みがなく、死が避けられない末期状態にあること、ⓑ治療行為の中止を行う時点で、それを求める患者の意思表示が存在すること（ただし、判決は、患者の明確な意思表示がない場合には彼の事前に表明された意思から、それもない場合には、彼のことを正確に分かっている家族の意思から、患者の意思を推定することが許されるとしている）、および、ⓒ治療措置の中止が、死期の切迫、死期への影響の程度などの観点から、医学的に適正なものであることである。

　しかし、これに対しても、1）尊厳死の許容根拠である前記①と②の関係は、どのように考えるべきなのか、すなわち、それは並立的なのかそれとも選択的なのか、並立的であるとした場合、両者に軽重はあるのか、2）患者の推定的意思によって尊厳死を認めることは妥当なのか、3）医師が患者の死期との関係で中止する治療措置を決めることは実際上できるのか、などの疑問が提起されており、それらについて未だ十分な整理がなされているとはいえない。このようなことから、近時の下級審判例には、前記①、②のいずれのアプローチにも解釈上の限界があり、いずれのアプローチが適切・妥当かということを前提とすることはできない、としたうえで、尊厳死の問題を抜本的に解決するためには、尊厳死法の制定ないしこれに代わりうるガイドラインの策定が必要である、と判示するものも出されている（これは、医師Xが、気管支喘息重積発作により心肺停止となって病院に運び込まれ、救命措置により蘇生し、自発呼吸ができるようになってはいたが、重度の低酸素性脳損傷による昏睡状態が続いており、敗血症も合併していたAに自然の死を迎えさせるためとして気管内チューブを抜管し、さらに筋弛緩剤を投与してAを死亡させたとして、Xが殺人罪に問われた「川崎協同病院事件」に関する、東京高判平成19・2・28刑集63巻11号2135頁である。もっ

とも、同判決は、結論としては、Ⅹのチューブ抜管から筋弛緩剤の投与に至る一連の行為全体について殺人罪の成立を認めた。そして、その上告審である最決平成21・12・7刑集63巻11号1899頁［百選21事件］は、Ⅹは、本件抜管時までに、Ａの回復可能性や余命について的確な判断を下せる状況になかった、また、本件抜管は、被害者の回復をあきらめた家族からの要請に基づき行われたものであるが、その要請は、Ａの病状等について適切な情報が伝えられたうえでなされたものではなく、Ａの推定的意思に基づくということもできない、とし、本件「抜管行為は、法律上許容される治療中止に当たらない」と判示して、Ⅹ側の上告を棄却している）。

　このような状況の中で、厚生労働省は、平成18年9月に「終末期医療に関するガイドライン（たたき台9）」、平成19年5月に「終末期医療の決定プロセスに関するガイドライン」を公表している。また、日本救急医療学会も、平成19年3月に「救急医療における終末期医療に関する提言（ガイドライン）（案）」を発表している。しかし、これらによっても、「尊厳死」に関するすべての問題が解決されたとはいえない。

　以上のように、「積極的安楽死」、「尊厳死」については、いまだに一致した解決には至っておらず、困難な問題が多く残されている。

●─── 明文で規定されていない違法性阻却事由Ⅶ　義務の衝突

　(1)　**意味**　「義務の衝突」とは、同時に相いれない複数の義務の履行が要求され、そのうちの一方を履行するためには、他方の履行を怠る以外に方法がない場合をいう。たとえば、①父親が同時におぼれている2人の子供のうち、1人を助けるためにもう1人を放置して死亡させた場合、②医師が、人工呼吸器が1台しかないため、同じ程度の2人の重傷者の一方にそれをつなぎ、そのため他方を死亡させてしまった場合などである。

　義務の衝突は、緊急状態における利益衝突である点で、緊急避難と類似している。しかし、後者では、危難にあった者は避難行為を行わず、危難を甘んじて受けることも許されるのに対し、前者では、行為者は必ずどちらの義務も履行しなければならない点で異なっている。また、後者では、避難行為が作為によって行われるのに対し、前者では一方の義務が不作為

によって怠られる点でも異なっている。

義務の衝突においても、優越的利益の原理による違法性の阻却が認められる。

(2) 要件

①価値が高いと認められる義務を履行するため、価値の低い義務の履行を怠った場合には違法性の阻却が肯定される。

②問題は、同じ価値と認められる義務が衝突している場合に、一方を履行し、他方を怠った場合である。学説には、この場合、行為者はより高い価値の義務を履行したとはいえないから、違法性阻却は認められないとする見解もあるが、この場合にも、マイナスを生じさせたという違法性を確認することができないのであるから、違法性の阻却を肯定してよいとする見解もある。

判例には、新聞記者が取材源を秘匿するため法廷で証言を拒否した場合に、刑事訴訟法161条の証言義務違反罪の成立が認められるかが争われた事案について、その成立を肯定したものがある（最大判昭和27・8・6刑集6巻8号974頁参照）。

コーヒー・ブレイク 「わいせつ」って何だろう？

おや？なんだこれは！今、僕の前を横切って泳いでいったカップルは、スッポンポンじゃなかったかな？

ここはレスカレ（L'Escalet）というコート・ダ・ジュール（紺碧の海岸）の小さな美しい入り江。シュノーケリングを楽しんでいた僕を突然襲った驚き。もう1度確かめてみよう。ただちに90度旋回して少し泳ぐと確かに彼らはスッポンポン。仲良く若い男女が並んで悠然と沖に向かって平泳ぎで泳いでいる。なんだか後ろめたい気持ちになって、今度は向きを180度旋回して、彼らとは正反対の方向に泳ぎだした。ひとしきり泳いだところで顔を上げてあたりを見回した。

岸辺には何組かのヌーディストのカップルがのんびりと、思い思いのスタイルで気ままに時を過ごしている。また、海の中でいちゃついているカップルもいる。

しかし、ゴーグルにシュノーケル、足にフィンまでつけ、おまけに長めのスイムパンツにTシャツまで着て、一生懸命お魚を探して泳いでいる人はどうやら僕だけのようだ。「異邦人」の舞台のような、さんさんと降り注ぐ太陽の光に白い砂と青い海、断崖に囲まれたのどかな入り江では、人も素っ裸のほうが自然である。異様なのは素っ裸の彼らではなく、むしろ自分のほうなのだと初めて思い知らされた。

　日本の最高裁判例によれば、わいせつとは、「いたずらに性欲を興奮又は刺激させ、かつ、普通人の正常な性的羞恥心を害し、善良な性的道義観念に反するものをいう」（最判昭和26・5・10刑集5巻6号1026頁）とされている。おそらく、レスカレで素っ裸で泳ぐことはそのわいせつ概念にはあたらないと解釈するほうが普通人の正常な感覚ではないでしょうか。人が他人の裸体を見てどのように感ずるかは、それが置かれた環境や状況はもちろん、それを見る人の性格や感受性などさまざまな要素に左右される。これらの要素を無視してその定義だけを一人歩きさせて画一的に適用することほど恐ろしいことはない。それは個性豊かな人々の自然な営みを画一的で不自然な営みに変えることで、そのような国家の行きつく先はファシズムだ。

　しかし、今の日本ではそのようなことを声高に叫んでも通用しないので、美しい自然の中で思う存分裸で泳ぎたい人にはレスカレに行くことをおすすめします。

　その人たちのためにレスカレの場所を教えましょう。コート・ダ・ジュールの町サントロペ。ここは、かつてモナコの国王とその王妃であるグレース・ケリーやイギリスの元皇太子妃故ダイアナが離婚後フィアンセとよく遊びに来たことで有名な町。この町から約13キロメートルのところに小高い丘の村ラマチュエがあり、レスカレは、その丘を下った入り江付近にあります。しかし、くれぐれも日本名物の盗撮カメラマンがコート・ダ・ジュール出現なんてことにはならないでくださいね。

［ケース…… **5**］

　　Xは、Aの番犬が突然Xの猟犬に襲いかかったので、番犬を制止すること
を求めたが、Aが応じなかったばかりかそのまま放置したので、猟犬は殺さ
れるか、殺されないまでも重傷を負うと考え、所携の猟銃を発砲してAの番
犬に銃創を負わせた。Xの罪責について論ぜよ。

［論点整理］
　1．構成要件該当性
　　　⑴器物損壊罪（261条）
　　　⑵銃砲刀剣類所持等取締法
　2．違法性阻却事由
　　　⑴正当防衛（36条）として違法性が阻却されるか。
　　　　人間の行為以外の侵害事実、特に動物の侵害に対して正当防衛（対
　　　物防衛）は許されるのか。
　　　　㈎違法性の本質をどう考えるのか──客観的違法性論 vs 主観的違
　　　　　法性論
　　　　㈏違法性の判断対象は主観・客観の全体構造としての人間の行為に
　　　　　限られるべきか否か。
　　　　㈐正当防衛の要件につき36条が規定する不正の「侵害」とは、人間
　　　　　の違法な行為（作為ないし不作為）のみに限るのか、客観的違法
　　　　　状態も含まれると解するのか。
　　　　㈑「不正」の侵害の要件は、動物の危害が人間の故意・過失行為に
　　　　　基づく場合と考えるか。
　　　⑵緊急避難（37条）として違法性が阻却されるか。
　　　　緊急避難の要件（「現在の危難」「避難行為」「避難の意思」「補充の原
　　　則」「法益の権衡の原則」）は充足しているのかどうか。

［関連判例］
　　被告人がA方の家人にAの番犬による危害に対し制止を求めたのに応じな
かった事案について、緊急避難の要件を充足するとして緊急避難の成立を認

めた（しかし、正当防衛の要件を充足しない理由については明確には示していない）ケース（大判昭和12・11・6裁判例11刑法87）

［本ケースから学ぶ刑法の基本原理・原則の重要ポイント］
　(1)違法性の本質論——客観的違法性論と主観的違法性論
　(2)違法性の実質論——行為無価値と結果無価値
　(3)正当防衛と緊急避難の趣旨・要件の異同

［『たのしい刑法Ⅱ各論』のケース・スタディで基本原理・原則を学ぶ］
　刑法Ⅱケース3（違法性論—行為無価値論 vs 結果無価値論）

［ホームワーク］
　以下のケースと比較・対照せよ。
　(a)無主物（野良犬や野獣）による侵害の場合。
　(b)所有者または管理者の故意・過失に基づかない動物による侵害の場合
　　（たとえば、①第三者が他人の犬をけしかけた場合、②不可抗力で犬が離れた場合）。
　(c)夢遊病者が殺傷行為をした場合。

（問題提起）

一．　Aの番犬がX所有の猟犬に突然襲いかかったため、猟犬に危害が生じることが明白であったことから、Xは所携の猟銃を発砲してAの番犬に銃創を負わせている。Xはこのような場合にどのような罪責を負うのか。

構成要件該当性

（一）まず、Xは、A所有の番犬に銃創を負わせているため、他人の「物」を「傷害」していると解され、器物損壊罪（刑法261条）の構成要件に該当する（なお、猟銃を一定の用途以外に使用したという点について、銃砲刀剣類所持等取締法違反となる）。

違法性阻却事由

（二）次に、Xの行為は、動物の危害によりXの所有物（猟犬）の価値が損傷されるという法益侵害の脅威に対して防御しようとするものであり、動物に対する防衛（いわゆる「対物防衛」）がなされているといえる。

対物防衛の場合について、正当防衛（刑法36条）として違法性が阻却されるのかどうか、刑法36条の「不正の侵害」に動物による危害等の違法状態も入るのか否かが問題となる。

（規範定立）
違法性の判断対象
　違法性の本質論
　　（客観的違法性論）

二．　ところで、違法性の判断対象は、人間の侵害行為に限られるのか、違法状態も含まれるのかである。

そもそも違法とは、客観的に何が許され何が許されないのかを評価する規範（評価規範）ないし客観的な法秩序に違反することをいうものと解する（いわゆる客観的違法性論）。

刑法　第36条「不正の侵害」は、人間の客観的な違法行為に限るのか

確かに、違法性の判断をできるだけ客観的になされるべきとすると、判断対象に広く自然現象・動物を含ませるべきと考えられそうである。しかし法規範は、人間の行態に向けられたもので動物の挙動や自然現象は違法判断の範囲外と解すべきであり、それゆえ刑法36条の「不正の侵害」は客観的に違法な人間の行為と解される。

以上からすれば、動物による侵害は「不正の侵害」といえず、それゆえ動物の危害に対する防御については、正当防衛の要件を充足していないと解される。

例外——所有者の故意・過失行為に基づく

しかし、動物の危害が所有者の故意行為（Aが飼犬をけしかけてXを襲った場合等）あるいは過失行為（Aが犬をつなぐの

場合	を忘れたことに拠っている場合等）に基づく場合は、所有者A の侵害行為として解することができる。
（あてはめ） 正当防衛の要件	三.　本問において、Aは、Xが番犬の危害を制止することを求 めたのにそれに応ぜずそのまま放置したため、少なくともこの 時点で故意ないし過失行為が認められる。すなわちAによる
・不正の侵害	「不正の侵害」行為があったと解釈される。
・急迫性	そして、本問では、Aの番犬が突然襲いかかったということ であるから、「急迫性」の要件についても充足する。またXは その所有の猟犬に危害が加えられることにより猟犬が無価値に なってしまうという財産的法益侵害を防ごうとしているので、
・自己の権利を 防御するため	「自己の権利を防御するため」と解される。さらに、Aが番犬 を制止することに応ぜず放置したことからなされた防御行為で あるから、防衛のために相当で必要な行為と考えられ、それゆ
・やむを得ずに した行為	え「やむを得ずにした行為」と解しうる。
（結論）	四.　以上から、本問のXには正当防衛が成立し、無罪となる。

［ケース…… **6**］

　A女とBが飲酒店から出て揉みあっているのを見て、空手四段の在日アメ
リカ人XはA女がBから暴行を受けているものと誤信してA女を助けようと
したところ、Bがその両こぶしを胸の前にあげたため自分にも殴りかかって
くるものと誤解して、自己およびA女の身体を防衛しようとして空手技であ
る回し蹴りをしてBの顔面付近にあて、Bを路上に転倒させて重傷害を負わ
せ、その結果死亡させたものである。このような場合にXはBに対して傷害
致死罪の罪責は負うのか。また刑は減刑されるのか。

［論点整理］
　1．誤想過剰防衛：急迫不正の侵害が存在しないのにもかかわらず存在する
　　　　　　　　　　ものと誤信して相当性の程度を欠く防衛行為をなした場
　　　　　　　　　　合。
　　　―誤想防衛と過剰防衛との相違、過剰性の認識のある場合とない場合と
　　　　に区別するのかどうか。
　　　―故意責任の本質（直接的反規範的行為・人格態度に対する非難可能性、
　　　　規範に直面して反対動機を形成できるのかどうか。）
　2．誤想過剰防衛は故意を阻却するのか。
　　　―違法性阻却事由の錯誤をどう考えるのか。
　　　―事実の錯誤か違法性の錯誤か（厳格責任説によると故意は阻却せず、
　　　　錯誤が避けられなかったときは、責任を阻却する）。
　3．過剰防衛の減免規定の適用ないし準用により、誤想過剰防衛の場合も刑
　　　の減免が認められるのか。
　　(1)過剰防衛の減免規定の根拠は責任が減少するからか、または違法性が減
　　　少するからか。
　　(2)適用か準用か――過剰防衛と誤想過剰防衛との相違点（不正な侵害が現
　　　存しているのかどうか）をどう考えるのか。

［関連判例］
　(1)急迫不正な侵害があったと誤信して相当性を逸脱した防衛行為につき、誤想

過剰防衛にあたるとして刑法36条2項により刑を減刑した原判断を正当とした
ケース（最決昭和62・3・26刑集41巻2号182頁［百選29事件]）

(2)被告人はその長男AがBから一方的に攻撃を受けていると誤信し、その侵害
を排除するためにBに対して猟銃を発射し散弾の一部を頸部に命中させた事
案につき、原判断が誤想防衛であるがその防衛を超えたものであるとして、
刑法36条2項により処断したのは相当であるとしたケース（最決昭和41・7・
7刑集20巻6号554頁）

(3)甲が被告人に対し怒鳴り股の付近を膝蹴りするなどをしたため、被告人は甲
の言動に恐怖を抱きナイフを取り出して対峙していたところ、ナイフを奪お
うとした甲に対しナイフで胸部を一回突き刺して死亡させた場合につき、本
件犯行直前に甲による現在または切迫する攻撃は客観的には存在しなかった
ものの、被告人は侵害の急迫性について誤信した結果、自己の身体を防御す
るためにナイフを用いて攻撃に及んだものであるが、いきなり身体の枢要部
である胸部を深く突き刺して死亡させたのは、防衛に必要な程度を超えたも
のであるから、誤想防衛ではなく誤想過剰防衛が成立するとしたケース（東
京高判平成13・9・19判時1809号153頁）

[本ケースから学ぶ刑法の基本原理・原則の重要ポイント]
(1)違法性阻却事由についての錯誤論　　(2)事実の錯誤と法律の錯誤　　(3)故意
責任の本質論　　(4)誤想防衛ないし過剰防衛の法的性質　　(5)過剰防衛の減免
規定の性質　　(6)誤想過剰防衛論

[『たのしい刑法Ⅱ各論』のケース・スタディで基本原理・原則を学ぶ]
・刑法Ⅱケース1・2・4・9（故意責任の本質論）
・刑法Ⅱケース4（違法性阻却事由の錯誤論）

[ホームワーク]
次のケースについてどう考えるか。
XはA宅に夕食を招待されたがその席で口論となり、突然Aがビール瓶
をふりあげたので、Xは逃げ出しA宅の物置に隠れた。その後仲直りのた
めにその付近に来たAを見てさらに自己に殴りかかってくるのではないか
と誤信し、Xは近くにあった棒状の物でAを殴ったところ、実はそれは斧
でAはそれにより出血多量で死亡した。Xの罪責について論ぜよ。

（問題提起）

一.　　XはBに暴行の意思で暴行を加えておりその結果死亡させ
ている。Xの行為は傷害致死罪（刑法205条）の構成要件に該当
すると解される。しかし、Xは、BがAや自己に暴行を加えよ
うとしているものと誤信し、その防衛行為としてBに回し蹴り
をしているのである。Xの回し蹴りは空手の素養の有無等の事
情からしてXの誤信した急迫不正な侵害に対して相当性が欠け
ていると解される。そこで、急迫侵害が存在しないのに存在す
ると誤信して防衛行為をし、その防衛行為が誤想した侵害に対
して過剰である場合に、Xの傷害致死罪の罪責につき、故意は
阻却されるのかどうか、さらに違法性ないし責任が減少しその
刑が減免されるのかどうかが問題となる。

（規範定立）
誤想過剰防衛

二.　　本問は急迫不正な侵害が存在しないのにもかかわらず存在
すると誤信して、しかも相当性の程度を超えた防衛行為をして
いるため、いわゆる誤想過剰防衛があった場合の罪責が問われ
る。

過剰性の認識
のある場合と
ない場合
故意責任の本
質

　　この場合、防衛行為の過剰性の認識があった場合とない場合
とを区別し、過剰性の認識のある場合には故意責任を問いうる
と解する。そもそも故意責任の本質は行為者の直接的な反規範
的行為・人格態度に対する非難ないし非難可能性にあると考え
る。行為者が自らの行為の違法性を基礎づける事実を認識する
ことで規範に直面できる。規範に直面して反対動機を形成でき
たのにもかかわらずあえて当該行為に出た場合は直接的反規範
的行為・人格態度が認められ、非難ないし非難が可能であるた
め故意責任を問いうるのである。

　　そのため誤想過剰防衛についても、過剰性の認識があれば違
法性を基礎づける事実の認識があるため故意は阻却せず、他方
過剰性の認識に欠ける場合には、違法性を基礎づける事実の認
識がなく故意が阻却されることになる。

（規範定立）
過剰防衛の減免
規定の適用また
は準用

三.　　次に、誤想した不正侵害に対して過剰な防衛行為をした誤
想過剰防衛の場合に、その過剰な結果に対して、過剰防衛の減
免規定（刑法36条２項）が適用されるのかが問われる。この点

につきまず過剰防衛の減免規定の根拠をどのように解するのか
が問われる。

違法性減少か
責任減少か
　過剰防衛は、急迫な侵害に対する防衛行為であるから違法性
に影響し、ただ防衛行為が相当性を欠いているため違法性は阻
却ではなく減少する。さらにその場合行為者は急迫不正な侵害
に対して、恐怖・狼狽等の異常な心理状態にあるため、このよ
うな状態での防衛行為は相当性を欠いても非難可能性が減少し、
責任も減少すると考えられる。以上のようにその減免の根拠は
違法性および責任減少として捉えられる。そのため、誤想過剰
防衛の場合は急迫不正な侵害がないため違法性は減少せず減免
規定の適用はできないが、行為者の心理的状態は過剰防衛と同
様であるため責任は減少し刑の減免規定を準用することができ
る。ただし誤想防衛につき過失犯が成立する場合との刑の均衡
上、急迫不正の侵害の誤認につき過失がある場合は減刑のみと
解する。

（あてはめ）
四.　　本問のＸは、Ｂによる急迫な侵害がないのにもかかわらず
存在していると誤信しており、そしてその誤想を前提として回
し蹴りをしている。しかし、空手四段でありその素養がありな
がら生命・身体に危険な回し蹴りをしてＢの顔面付近にあてて
いるのであるから、過剰な防衛行為についての認識はあったと
解される。そのため、傷害罪の故意は阻却せず、社会通念上傷
害行為と死亡という結果との間に相当性が認められるので、傷
害致死罪の罪責が問われる。しかし、急迫不正な侵害があると
誤信して過剰な防衛行為をしているため、その点につき責任が
減少し刑の減刑が認められると解される。

（結論）
五.　　以上から、Ｘには傷害致死罪（刑法205条）が成立する（た
だし、刑法36条2項が準用される）。

[ケース…… **7**]

　XとYは、XがYに傷害を与え保険金を詐取しようと共謀し、Xが運転する乗用車をYの車に意図的に衝突させてYに重傷を負わせた。このような場合にXはYに対して傷害罪の罪責は負うのか。

[論点整理]

1．被害者の承諾の体系的位置付け
　　—構成要件該当性を否定するのか、違法性を阻却するのか、処分可能法益についての自己決定権をどのように考えるのか。
　　—刑法が特に被害者の承諾につき、刑が減刑される場合（承諾・嘱託殺人罪——202条、同意堕胎罪——213条、業務上堕胎罪——214条）ないし被害者の意思に反することが構成要件要素になっている場合（住居侵入罪——130条、強制性交等罪——177条など）と特に明文規定のない場合（同意傷害など）との整合性をどう考えるのか。

2．被害者の承諾が違法性を阻却する場合とその理由・根拠
　(1)違法性の実質論
　　　結果無価値論——刑法の任務・機能は法益保護にあるため違法性の実質を法益の侵害・危険に求める。
　　　行為無価値論——違法性につき、法益侵害という結果無価値だけでなく、行為の手段、態様、方法、動機、目的、主観的要素などの行為の無価値（反規範性）をも考慮する。
　(2)被害者の承諾が違法性を阻却する根拠ないし範囲
　　　結果無価値論——法益衡量説または優越的利益説→保護法益（利益）不存在の原則。同意傷害は原則として違法性を阻却し、例外的に生命に危険のある重大な傷害の場合には違法となる。
　　　行為無価値論——社会的相当性説→社会倫理規範に違反する法益侵害なのかどうか。違法性は法益侵害性ばかりでなく行為の反規範性をも内容とするのであるから、被害者が単に法益を放棄しているというだけでは違法性

阻却とならず承諾に基づく行為が社会的相当性内にある限度での同意傷害は違法でない。

3．承諾の有効要件

判断能力のある被害者の真意に基づき行為前に存在すること。さらに承諾が外部に表示されることを必要とするのか、行為者が認識していることを要するのかどうか（利益不存在の原則からは不要、社会的相当性説からは必要）。

［関連判例］

(1)保険金騙取の目的で被害者の承諾を得て故意に自己の運転する自動車を衝突させて（軽微な）傷害を負わせた事案につき違法性を阻却しないとしたケース（最決昭和55・11・13刑集34巻6号396頁［百選22事件］）

(2)出刃包丁をあてその峰を金槌で叩いて指つめをした事案で社会的相当な行為といえないとして傷害罪を認めたケース（仙台地石巻支判昭和62・2・18判タ632号254頁）

(3)医師の免許のない被告人が、医学上必要とされている諸措置をとらずに行った豊胸手術は、被施術者の身体・生命に対してきわめて危険なものであり、被施術者の承諾があっても違法性を阻却されないとしたケース（東京高判平成9・8・4高刑集50巻2号130頁）

［本ケースから学ぶ刑法の基本原理・原則の重要ポイント］

(1)違法性の実質論（結果無価値論 vs 行為無価値論）

(2)被害者の承諾の違法性の阻却根拠ないし範囲

［『たのしい刑法Ⅱ各論』のケース・スタディで基本原理・原則を学ぶ］

・刑法Ⅱケース3（違法性論——行為無価値論 vs 結果無価値論）

・刑法Ⅱケース1（被害者の承諾）

［ホームワーク］

次のケースについてどう考えるか。

暴力団組長Ｘは、不始末をした同組合員Ａから「親分にわびを入れるために小指を切断してもらいたい」といわれたため、Ａの左手の小指の第二関節を切断した。この場合のＸの罪責について論ぜよ。

（問題提起）

一．　ＸはＹと共謀してＹの保険金を騙取しようとして、傷害の故意で傷害の結果を生じさせている。ＹはＸと共謀しているため、自己の身体が傷を負うことにつきあらかじめ承諾している。またＹには特段判断能力を疑わせるような事情もなくまたその企図を十分理解していたと解されるため、傷害行為の被害者Ｙの真意に基づく有効な承諾があったと考えられる。そこで、このような被害者の承諾があった場合には、その傷害の動機・目的が保険金騙取という違法目的であっても、傷害罪（刑法204条）の罪責が問われるのかが問題である。

（規範定立）

被害者の承諾の
体系的位置づけ
　構成要件該当
　性か違法性阻
　却か

二．　被害者の承諾については、被害者が自己の処分可能な個人的法益について承諾を与えた場合に犯罪の成立にどのような影響を及ぼすかが問題となる。確かに、構成要件自体が被害者の意思に反すること（被害者の承諾がないこと）をその犯罪類型として予定している場合（窃盗罪の「窃取」や住居侵入罪の「侵入」等）がある。また、被害者の承諾があった場合には類型的に違法性を減少するとして別途特別な構成要件が設けられたり（同意殺人罪、同意堕胎罪等）、さらには被害者の承諾があっても構成要件該当性さえ影響を与えない場合もある（13歳未満の者に対する強制性交等罪等）。以上のように刑法の明文による場合以外（たとえば本問の傷害罪）は、基本的に違法性阻却の問題として考えるべきである。確かに被害者の自己決定権を尊重すべきではある。しかし構成要件の段階で承諾があった場合のすべてを取り扱うことには無理がある。被害者の承諾があった場合でも後述するように違法性が必ずしも阻却されない場合もあると解されるため、構成要件段階で違法の強弱・程度など実質的・非定型的判断をすることは不当であるからである。

（規範定立）

違法性の実質論
　結果無価値論
　行為無価値論

三．　そこで、違法性阻却の問題としてそもそも違法性の実質についてはどのように解すべきなのか。思うに、刑法は法益保護をその任務とするため、第１次的には法益保護、すなわち結果無価値をまず考慮すべきである。さらに現代社会において利益

が錯綜しているため社会生活の円滑化をはかる必要があり、また刑罰法規が社会通念を基礎として犯罪行為を類型化したものであることからすると、違法性は単に法益侵害ないしその危険性という局面でのみ考えるのではなく、第2次的にはその実質的判断において行為の態様（行為の種類、方法、手段、主観的要素など）をも考慮して社会的相当性に欠ける反規範的な行為かどうかという観点からも判断されるべきである。

社会的相当性

（規範定立）
被害者の承諾があった場合の違法性阻却根拠・範囲

四.　以上のように違法性の実質論に基づくと、どのような場合に被害者の承諾により違法性が阻却されるのか。
　被害者が身体傷害を承諾した場合に傷害罪が成立するかどうかは、単に承諾が存在するという事実だけでなく、その承諾を得た動機、目的、身体傷害の手段・方法・態様、損傷の部位、程度など諸般の事情を照らしてあわせて社会的相当性の範囲内にある限度で違法性が阻却されると解する。

（あてはめ）

五.　本問のXは被害者Yの承諾を得ているが、過失による自動車事故であるかのように装い保険金を騙取するという違法な目的を有していること、その手段も故意に自己の運転する自動車を衝突させるという生命ないし身体傷害への危険性を伴うものであること、さらに実際重傷という結果を生じていること等の事情を考慮すると、Yの承諾により当該傷害行為の違法性を阻却するものではないと解するのが相当である。

（結論）

六.　以上から、本問Xには傷害罪（刑法204条）の傷害罪が成立する。

第4章　責任

〔キー・ポイント・チャート〕

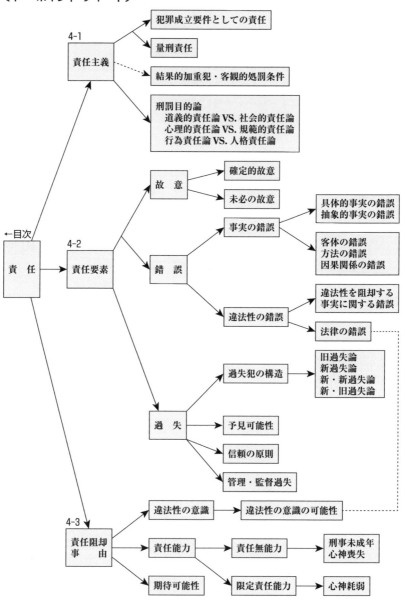

1. 責任とは何か

●──── 責任主義

犯罪が成立するためには、構成要件該当性、違法性、および責任がなければならない。たとえば人を殺害し、正当防衛などの違法阻却事由が存在しない場合、殺人罪の構成要件該当性と違法性とが認められるが、行為者が責任無能力であったときには、責任がなく犯罪は成立しない。この「責任なければ犯罪なし」という原則を、責任主義という。違法性が客観的要素を中心とする要件であるのに対し、責任は主として行為者の主観的事情によって構成される（第1章第3節●─責任主義参照）。近代に至るまでの古い刑罰制度においては、行為者の主観面を考慮せずに処罰することがしばしばあった。しかし、それでは物に八つあたりするのとほとんど違いがない。近代刑法においては、行為者に、客観的な犯罪事実について非難を向けることができるだけの一定の主観的要素が存在するときに限って、処罰が認められる。その根拠は、応報刑論の立場からは、犯罪行為が行為者の自由な意思決定に基づいていたといえる場合にのみ、その過去の行為について行為者に非難を向けうるからだとされる。また目的刑論の立場では、刑罰によって行為者や一般人の犯罪を防止するためには、刑罰が影響を及ぼしうるだけの一定の主観的事情が行為者に存在したことが必要だとされるのである（第1章第2節●─「刑罰」とは何か参照）。

●──── 犯罪成立要件としての責任

責任要素のうち最も重要なものは、故意と過失である。故意・過失が違法要素でもあるかどうかには争いがあるものの、少なくともこれらが責任要素であることは一般に認められている。違法な行為であっても、故意ま

たは過失がないかぎり処罰されない（狭義の責任主義）。

さらに、故意または過失があっても責任の否定されることがある。それは、責任阻却事由が存在する場合である。責任を否定する方向で考慮される要件としては、違法性の意識（の可能性）、適法行為の期待可能性、責任能力の3つがある。これらが欠ける場合にも、処罰は認められない（広義の責任主義）（第1章第3節●―責任主義参照）。

故意または過失があり、責任阻却事由が存在しない場合に、犯罪成立要件としての責任が肯定される。これによって、責任の「有無」が決まる。

責任要素と責任阻却事由

要素	責任阻却事由
故意	違法性の意識の可能性に欠けること
（責任）	期待可能性に欠けること
過失	責任能力に欠けること

●――― 量刑責任

責任については単に「有無」だけではなく、どの程度かという「量」の問題もある。責任主義は、「責任なければ犯罪なし」という原則にとどまらず、処罰の程度が責任の程度に対応しなければならないという「責任に応じた処罰」の原則をも含んでいる。「罪刑均衡の原則」は、処罰の重さが犯罪の重さに応じたものであることを要求するが、刑罰の程度は、被害の大きさだけではなく、行為者の責任にも見合っていなければならない。

たとえば、100万円を盗む故意と、1万円を盗む故意とでは、どちらも窃盗罪の故意があることには変わりがないが、前者のほうが責任が重いと考えられる。また、人の死亡という被害が同じであっても、故意で死亡させたほうが過失により死亡させた場合よりも責任が重い。このように軽重を問題にする場合の責任を、量刑責任ということがある。

●――― 結果的加重犯と客観的処罰条件

責任主義の例外にあたるかが問題とされるのが、次の2つの場合である。

(1) **結果的加重犯**　　結果的加重犯とは、基本となる犯罪の構成要件を

実現した後に、その行為からさらに一定の重大な結果が発生した場合に、もとの犯罪よりも処罰を重くすることが定められている犯罪である（第1章第3節●─責任主義(1)、第2章第1節●─構成要件の要素(3)(d)(i)参照）。たとえば、行為者が殺意なしに傷害罪（204条）を行ったことにより、被害者が死亡してしまった場合、傷害致死罪（205条）が成立する。傷害罪の法定刑と比較して、傷害致死罪の法定刑はかなり重いものになっている。

この場合、判例は、刑を重くする根拠となる被害者の死亡結果について、行為者に故意・過失がなくとも重い処罰を肯定する（最判昭和32・2・26刑集11巻2号906頁［百選50事件］参照）。つまり、死亡結果がおよそ予見不可能（無過失）であっても、基本犯である傷害と死亡結果との間に因果関係があれば、加重処罰が認められる。

しかし、死亡結果について、故意・過失という責任要素が対応していないのにもかかわらず重い処罰を認めることは、責任主義に反するという批判がある。ほとんどの学説は、結果的加重犯の成立を認めるためには、加重結果についての過失が必要であるとしている。

結果的加重犯の要件

〈判例〉	条件関係または危険の現実化
	基本行為　⇒　結果
〈通説〉	相当因果関係 ＋ 予見可能性

(2)　**客観的処罰条件**　　構成要件該当性、違法性、責任のすべてがそろい、犯罪が成立していても、一定の条件を満たされなければ処罰されない場合がある。この条件のことを客観的処罰条件という（第1章第3節●─責任主義(3)参照）。たとえば道路交通法65条1項では、酒気帯び運転が禁止されているが、同法117条の2の2第1項3号および道路交通法施行令44条の3によれば、実際に処罰されるのは、身体のアルコール保有量が血液1mℓにつき0.3mgまたは呼気1ℓにつき0.15mg以上だった場合のみである。ここではアルコール保有量が一定値に達していることが客観的処罰条件だとされている。処罰を肯定するためには、客観的にこの量のアルコールが保有されていれば足り、行為者が自己のアルコール保有量の「数値」

を認識している必要はない。なぜなら、およそ酒気を帯びて運転すること
は禁止されているのであり、行為者が自己が酒気を帯びて運転することを
認識していれば、違法な事実についての故意があったといえるからである。
客観的処罰条件については、その実現についての認識（可能性）が要求さ
れないとするのが判例・通説である。

●───── 刑罰目的論と責任

　責任とは何かについての考え方は、処罰するためになぜ責任が必要なの
かについての考え方と表裏一体である。この問題をめぐっては、刑罰目的
論に対応して、伝統的に以下のような理論的対立があった。

(1) **道義的責任論と社会的責任論**　　　道義的責任論は、刑罰を、過去に

責任についての考え方

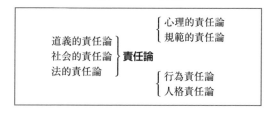

なされた犯罪行為についての「回顧的非難」としてとらえるとともに、刑
事責任も、その過去の行為についての倫理的な非難可能性であるとする立
場で、応報刑論と結びついている。これに対し、目的刑論からの見解であ
る社会的責任論は、刑罰の倫理的色彩を否定し、これを将来の犯罪予防の
ために行われる措置であると考える。ここでは刑事責任も、そのような措
置、いってみれば、将来に向けた犯罪予防のための「展望的非難」を受け
るべき社会的な必要性を意味することになる。確かに、刑罰は法益保護の
ために科されるのだとすれば、行為者に犯罪予防の必要性がある場合に限
って責任が認められるべきである。しかし、予防が必要だというだけでは、
たとえば責任無能力者も処罰すべきことになりかねない。刑罰は医療や教
育とは異なり、苦痛を与えることを本来的性質としているから、刑事責任
を肯定するためには、単に将来の予防の必要性だけではなく、過去の行為
についての非難可能性も必要である。現在の通説は、責任は基本的に過去

の行為についての非難可能性だが、それはもはや道義的なものではなく、あくまで法的なものであり、また、刑罰を科す際には、その責任の限度で予防目的をも追求しうるとしている（法的責任論、相対的応報刑論）。

(2) **心理的責任論と規範的責任論**　19世紀の犯罪論では、責任の要件は故意および過失という心理的事情のみであるとされていた。これを心理的責任論という。しかし20世紀になり、故意または過失があっても、責任を否定すべき場合があることが指摘された。たとえば、およそ適法行為を期待することが不可能である場合には、責任を否定すべきである。このように、規範に従った動機づけの可能性をも考慮して刑事責任を判断する立場を、規範的責任論という。今日ではこの考え方が一般的である。

(3) **行為責任論と人格責任論**　単なる内心的思想は処罰されず、また、将来犯罪を行いそうだという科学的予測のみに基づいて刑罰が科されることもない。刑事責任はつねに、客観的になされた過去の行為について認められるものである。これを「個別行為責任の原則」という。

しかし、客観的には同じ被害が発生した場合でも、故意犯のほうが過失犯よりも重く処罰され、また、過去に何度も犯罪を行っている者は初犯者よりも重く処罰されることがある。このように、行為者の主観的事情をも考慮して、個別行為についての責任を定める立場を、実質的行為責任論という。これは行為者についての予防の必要性に着目した見解だといえる。

これに対し、予防の必要性でなく非難可能性の観点を強調する応報刑論の立場からは、行為に出たことに対する非難可能性のみでなく、行為者自身による過去の人格形成についての非難可能性の大きさを考慮して、行為責任の重さを決めるべきだという説が唱えられた。これを人格（形成）責任論という。たとえば常習犯人は、自己の自由な意思決定の積み重ねによって、常習犯人としての人格を形成したのであるから、その意思決定についての非難可能性の大きさが責任を重くするのだという。しかし、当該行為に出たことの非難可能性でなく、過去の人格形成についての非難可能性を判断することは、現実には困難である。したがって実務では行為責任を重視する考え方が中心になっている。

2. 責任要素

● ──── 故意

(1) **意義**　犯罪は、責任の種類という面からみると、故意犯と過失犯とに分けられる。故意に関する条文は38条である。1項は、「罪を犯す意思がない行為は、罰しない。ただし、法律に特別の規定がある場合は、この限りでない」と規定する。ここでいう「罪を犯す意思」が故意である。1項は、過失犯を処罰するための特別の条文がないかぎりは、故意犯の場合のみが犯罪として処罰されるという趣旨である。この意味で、故意は責任の原則型である。

2項は、「重い罪に当たるべき行為をしたのに、行為の時にその重い罪に当たることとなる事実を知らなかった者は、その重い罪によって処断することはできない」とする。これは、「責任に従った処罰」の原則に対応した規定である。たとえば、業務上横領罪（253条）は横領罪（252条）よりも重い犯罪類型なので（各論第1編第3章第6節●──業務上横領罪参照）、横領した物が自己の業務にかかわる物であることを知らなかった者には、業務上横領ではなく、横領の限度でしか故意責任が認められない（本節●──故意(3)(c)参照）。

3項は、「法律を知らなかったとしても、そのことによって、罪を犯す意思がなかったとすることはできない。ただし、情状により、その刑を減軽することができる」とする。これは、法律の知識がなくても、故意がないことにはならないとするものである。故意は、法律の認識ではなく、犯罪事実の認識だということになる。法律の知識の有無は、違法性の意識として、責任阻却の段階で問題となる（本章第3節●──違法性の意識参照）。

一般に、故意犯の責任は過失犯の責任よりも重い。これは、犯罪事実を

認識しながらその事実を実現した者には、刑罰という非難を向ける必要性がより大きいことによる。

(2) 「**未必の故意**」と「**認識ある過失**」　犯罪として処罰されるのは原則として故意犯のみであり、また、過失犯が処罰される場合でも、その程度は故意犯よりも軽いことがほとんどである（故意犯と過失犯に同じ法定刑が与えられる場合もある。特に「明文なき過失犯」につき、本節●—過失(1)参照）。したがって、故意と過失とをどのように区別するかが重要となる。

故意の種類

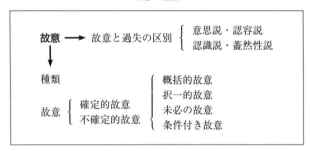

故意の中には、確定的故意と不確定的故意とがあるとされる。確定的故意とは、特定の犯罪事実の実現を意図している場合や、その実現が確実であると思っている場合をいう。これに対し、不確定的故意においてはそのような明確な心理状態がない。たとえば、集団の中に爆弾を投げ込むなど、どのような被害が発生するかを特定して認識していない場合（概括

的故意）、ＡとＢのいずれが毒薬を飲むかわからない場合（択一的故意）、被害者が死亡することが確実ではないと思っている場合（未必の故意）などである。また、結果の発生を一定の条件にかからせていた場合にも故意が認められる（条件付き故意、最判昭和59・3・6刑集38巻5号1961頁参照）。

このうち特に問題とされるのが、「未必の故意」と「認識ある過失」との区別である。結果発生の可能性をおよそ認識しなかった場合を「認識な

き過失」という。これに対し、たとえば、通常、無謀運転をする者には殺人の故意があるとはいえないが、自動車事故の起こる一般的な可能性は認識されているといえる。このような心理状態を「認識ある過失」という。しかし、自分の車が目の前の歩行者をひき殺すかもしれないと思ったにもかかわらずそのまま走行を続けた場合には、殺人の未必の故意があることになろう。そこで故意と過失の区別の基準が問題となる。

　この点に関しては、大きく分けて認識説と意思説とが対立する。①認識説は、結果発生の可能性の認識があれば故意があるとし、②意思説は、結果を意図したときに故意があるとする。認識説に対しては、無謀運転においては事故が起こるかもしれないことを知っている以上、これが故意犯になってしまい不当である、という批判がある。そこで、認識説から出発し、一般的・抽象的な危険性を認識しただけでは足りないとすることによって、この場合に故意を否定する見解が有力になっている。同じく認識説の中では、結果発生の可能性が高いと思った場合にだけ故意を認めるという③蓋然性説も主張されている。

　他方、意思説には、結果発生を積極的に意図した場合のみを故意犯だとすると、故意犯の成立範囲が狭すぎるという問題がある。そこで判例・通説は、意思説から出発し、結果発生を積極的に意図した場合のみでなく、消極的に認容したにすぎない場合にも故意を認めるという④認容説を基準としている。たとえば、盗品有償譲受け罪（256条2項、各論第1編第3章第8節●—行為参照）の故意には、盗品であるかもしれないと思いながらしかもあえてこれを買い受ける意思があれば足りるとされる（最判昭和23・3・16刑集2巻3号227頁［百選41事件］参照）。

　このように、認容説のいう「意思」はかなり内容の薄いものであっても

表3　認容説による故意と過失の区別

	認　識	認　容
認識なき過失	×	×
認識ある過失	○	×
未必の故意	○	○

よい。認識説が、具体的な結果発生の可能性の認識までを要求するときは、両説の間に実質的な結論の差異はほとんどない。

(3) 事実の錯誤

(a) **意義**　故意とは犯罪事実の認識であり、正しい認識が欠ける場合のことを錯誤という。正しい認識を欠くといっても、ささいな点についての錯誤までがすべて故意を否定（阻却）することになるわけではない。そこで、どのような錯誤の場合に故意が否定されるのかが問題となる。

　錯誤には、大きく分けて事実の錯誤と法律の錯誤がある。法律の錯誤は、自己の実現する犯罪事実が法的に禁止されていることについての錯誤であり、故意を阻却しない（38条3項）。そのような錯誤は、違法性の錯誤として、責任阻却の段階で考慮されうる（本章第3節●―違法性の意識参照）。

　事実の錯誤についてはさらに、2つの分け方がある。1つは、**具体的事実の錯誤と抽象的事実の錯誤**という分類である。具体的事実の錯誤とは、客観的事実と主観的認識とのずれが同じ犯罪類型において生じた場合であり、抽象的事実の錯誤とは、このずれが異なる犯罪類型にまたがる場合をいう。たとえば、殺人の認識で殺人を実現したが、その他の何らかの点で事実と認識とがくい違っていた場合

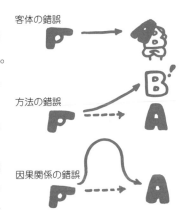

客体の錯誤

方法の錯誤

因果関係の錯誤

は、具体的事実の錯誤であり、殺人の認識で器物損壊の事実を実現した場合は、錯誤が異なる犯罪類型にまたがるから、抽象的事実の錯誤である。事実の錯誤のもう1つの分類方法は、錯誤の態様によるもので、通常、客体の錯誤、方法の錯誤、因果関係の錯誤の3つに分けられている。客体の錯誤とは、客体の性質についての錯誤であり、殺人を行ったところ人違いだったような場合をいう（「人の錯誤」）。方法の錯誤とは、Aを狙ってピストルを撃ったのにBに当たって死亡したような場合をいう（「打撃のはずれ」）。因果関係の錯誤とは、たとえば溺死させようとして橋から突き落としたところ、被害者は橋げたに頭をぶつけて死亡したというように、予想

したのとは異なる因果経過によって結果が発生した場合をいう。

　認識と事実がどれだけずれた場合に故意を否定すべきかを決定する基準については、学説が対立してきた。故意犯の成立範囲が最も狭いのは、どれほど細かい事実でも、正確に認識していないものがあれば故意を否定するという①**具体的符合説**である。このような考え方をとると、たとえば、殺人犯人が被害者の血液型を知らなかっただけで故意がないことになってしまい、妥当でない。

　次に、その反対の極にある②**抽象的符合説**は、およそ何か犯罪となるような事実を認識すれば、実際に生じた結果については、それと異なる罪名であってもすべて故意犯が成立するとする。たとえば、物を壊すつもりが人を死なせてしまった場合に、過失犯でなく故意犯が成立するという。重い殺人罪（199条）が成立し、刑が軽い器物損壊罪（261条）の程度に制限されるとする見解と、軽い器物損壊罪の故意既遂犯が成立するとする見解とがあるが、いずれにしても、故意犯の成立が広い範囲で認められる。

　多数説はこれら両極端の結論を支持せず、中間的解決をとっている。判例・通説は、認識した構成要件と実現した構成要件とが同種である場合に故意犯の成立を認める③**法定的符合説**（または、抽象的法定符合説ともいう）の立場である。たとえば、人を殺そうとして人が死亡した場合には、殺人の構成要件該当事実を認識して殺人の構成要件を実現した以上、故意の殺人既遂罪が成立するとする。

　これに対し、「殺人」という抽象的なレベルで事実と認識の一致を認めるのではなく、具体的な被害者ごとに別個の犯罪事実が存在すると考え、その犯罪事実の故意があったかどうかを基準とする④**具体的法定符合説**（または、単に具体的符合説ともいう）も有力である。この見解は、客体の錯誤の場合は故意犯になるが、方法の錯誤の場合は故意がないとする。たとえば、夜中に敵の後をつけて暗闇で殺害したつもりが、よく見たら味方であって本来殺すべき動機がなかった場合（客体の錯誤）には、具体的な被害者は認識されているから殺人の故意犯になるが、こちらの敵を狙って撃ったところあちらの味方にあたって死亡したという場合（方法の錯誤）には、味方に対する故意犯でなく過失犯だとする。

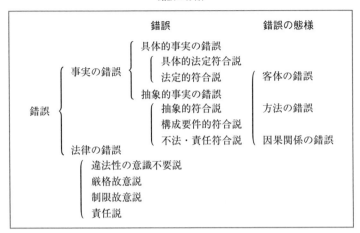

錯誤の分類

錯誤			錯誤の態様
	事実の錯誤	具体的事実の錯誤	
		具体的法定符合説	
		法定的符合説	客体の錯誤
		抽象的事実の錯誤	
錯誤		抽象的符合説	方法の錯誤
		構成要件的符合説	
		不法・責任符合説	因果関係の錯誤
	法律の錯誤		
		違法性の意識不要説	
		厳格故意説	
		制限故意説	
		責任説	

以上のことを前提として、錯誤の種類ごとに検討していこう。

(b) **具体的事実の錯誤**

(i) **客体の錯誤**　学説上一般に、「客体の錯誤」は故意犯の成立を否定しないとされる。被害者を襲撃したが人違いだった、あるいは血液型を知らなかった、という錯誤は、その具体的な被害者のもっている性質についての錯誤である。これが、犯罪成立要件とは関係のない事実ならば、これを知らなくてもその錯誤は考慮されない。判例も、被害

者が誰であるかは殺人罪の成否に関係ないとしている（大判大正11・2・4刑集1巻32頁参照）。ただ、公共危険罪のような犯罪類型（たとえば、106条の騒乱罪）では、構成要件要素そのものが一定の広がりをもって規定されていることがあり、その場合には個別の人や物自体は構成要件要素ではないので、犯罪によっては「方法の錯誤」となるような個体間の錯誤であっても、広い意味での「客体の錯誤」に含めて考えられよう。たとえば、集

団で暴動を行って、一定地域における公共の危険を発生させた場合、その過程で、付近住民Aに加害するつもりで別の住民Bに被害を負わせたとしても、騒乱罪においてそのような錯誤は重要ではない（各論第2編第1章第1節●—騒乱罪参照）。

(ii) 方法の錯誤　　方法の錯誤においては、予想しなかった客体に対する故意犯の成立を肯定する抽象的符合説・法定的符合説（通説）と、これを否定する具体的法定符合説とが対立する。大審院の判例の中には、後者の立場をとったものもあるが、現在の判例は故意既遂犯の成立を認めており（大判大正6・12・14刑録23輯1362頁参照）、さらに、もともと狙っていた客体にも同時に結果を発生させた場合には、2個の故意犯が成立するという、「数故意犯説」の立場を明らかにしている（最判昭和53・7・28刑集32巻5号1068頁［百選42事件］参照）。

これに対しては、同じく故意犯の成立を認めつつも、もともと行為者には1個の故意しかないのだから故意犯の数も1個に限るべきだとする「一故意犯説」からの批判がある。一故意犯説によれば、Aに対する1個の殺意でAB2人を殺害した場合は、Aに対しては故意の殺人既遂が成立するが、Bについては過失致死だとされる。他方、Aに傷害を負わせたにとどまり、Bのほうが死亡した場合には、Bに対して故意の殺人罪が成立することになるので、狙ったAについては故意犯が成立せずに過失傷害になるとされる。

判例のように数故意犯説を前提とすれば、2個の殺人罪の成立を認めたとしても、この2個の罪は観念的競合の関係に立つから、さほど不当な処罰拡大にはならないともいわれる。つまり、1個の行為で複数の犯罪を実現したのであるから、1個の殺人罪の刑の範囲で処罰されることになる（54条1項前段）（第7章第5節●—科刑上一罪参照）。

有力説の具体的法定符合説に立った場合、狙った客体に対しては未遂、

予想しなかった客体に対しては過失犯が成立しうる。しかし、未遂や過失犯につき処罰規定がない場合には無罪となってしまい妥当でない、という批判がある。たとえば、器物損壊については現行刑法では不可罰となる。ただ実際には、客体同士が近接している場合、いちおう一方を狙っているつもりでも、他方にも当たるかもしれないことは認識されている場合が多いであろう。そうだとすれば未必の故意があるものとして処罰できるので、学説の対立が実際に問題となる局面は少ない。

A負傷、B死亡の場合

〈数故意犯説〉

殺人既遂

殺人未遂

〈一故意犯説〉

殺人既遂

過失傷害

〈具体的法定符合説〉

過失致死

殺人未遂

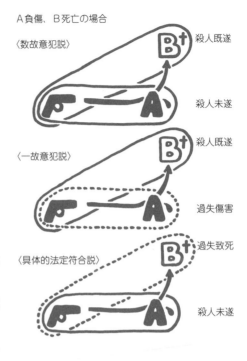

　(iii)　因果関係の錯誤　　行為と結果の間の因果関係も、構成要件該当性を肯定するために必要な事実の１つである。したがって、犯罪事実の認識としての故意を肯定するためには、因果関係にも認識が及んでいなければならない。通説は、客観的に実現したのが相当因果関係の範囲であり、かつ主観的に認識されていたものも相当因果関係の範囲にとどまるときは、故意を阻却しないとしている。判例は、Ａが実際には砂を吸引して死亡したが行為者はこれを絞殺したつもりであったという事案につき、単に「因果関係がある」として故意既遂犯を認め、「錯誤」の問題には触れていない（大判大正12・4・30刑集２巻378頁［百選15事件］参照）。しかし裁判例の主流が過失犯について「特定の構成要件的結果及びその結果の発生に至る因果関係の基本的部分」の予見可能性を要求している（札幌高判昭和51・3・18高刑集29巻１号78頁［百選51事件］参照）点からみて、因果関係についてはその「基本的部分」が実際に予見されていた場合に故意犯の成立が認

められることになろう。たとえば、被害者をピストルで撃って殺害する認識があれば、銃弾が被害者の身体に及ぼす影響を医学的に細かく知らなかったとしても、殺人の故意が認められる。

　もしも、徹底した具体的符合説のような考え方をとるならば、因果経過についてのささいな錯誤の場合にも故意を否定すべきことになってしまうが、認識と客観との間のくい違いが重大でない場合は、客体の錯誤と同様に考えるべきである。たとえば、敵を殺すつもりだったのに被害者は味方だった、というとき故意犯が成立するのは、具体的な被害者の性質を間違っているのにすぎないからである。同じように考えると、溺死させるつもりが脳内出血で殺してしまったというときも、一個の構成要件要素となる事象の内部の細かい性質について錯誤があるにすぎない場合だと考えられるのである。ただし、いわゆる「早すぎた結果の発生」（最決平成16・3・22刑集58巻3号187頁［百選64事件］参照）の中には、認識した事実と実現した事実とのくい違いが大きいため、因果関係の錯誤が故意を否定する場合があるとする議論もある。

　(c) **抽象的事実の錯誤**　　異なる犯罪類型間にまたがる錯誤を、抽象的事実の錯誤という。たとえば、Aを殺そうとしたところ、Aの連れていた飼い犬を殺してしまった場合のように、行為者の主観（殺人罪、199条）と客観的な結果（動物傷害罪、261条）とのずれが異なる犯罪類型にまたがる場合である。

　抽象的事実の錯誤に関しては、38条2項が「重い罪に当たるべき行為をしたのに、行為の時にその重い罪に当たることとなる事実を知らなかった者は、その重い罪によって処断することはできない」と規定する。つまり、軽い犯罪事実の認識をもって行為に出たところ、重い犯罪事実を実現してしまった場合、重い犯罪の刑を適用してはならない。しかし、反対に、重い犯罪事実の認識で軽い犯罪事実を実現した場合はどうなるのか、さらに、重い罪によって処断することはできないとしても、軽い犯罪に対応する刑は科さねばならないのか、それとも無罪なのかは、明文で定められていない。

　この点に関しては学説の対立がある。古くは、およそ犯罪的意図で犯罪

的結果を生ぜしめた以上、主観面と客観面が異なる構成要件に該当する場合にも故意犯が成立する、という①抽象的符合説も有力であった。この説では、たとえば、Aを殺そうとしたところAが連れていた犬を殺した場合にも、故意既遂犯の成立が認められる。しかし、個別行為責任の原則を前提とするならば、故意の内容は、客観的に実現した犯罪事実に対応したものでなければならない。犯罪とは、主観と客観が合わさって初めて成立するものであるから、「およそ犯罪となる事実の認識」があればつねに故意犯が成立する、とすることはできない。

　そこで現在の判例・通説は②構成要件的符合説の立場をとる。「構成要件的」とは、「法定」の構成要件を基準とするという意味なので、方法の錯誤のところでいう法定的符合説と具体的法定符合説とがここに含まれる。この説は、構成要件の範囲内で主観と客観が一致した場合に限って故意犯の成立を肯定し、構成要件がくい違っている場合には、客観的に実現した罪についての故意犯の成立を否定する。今の飼い犬の例では、Aに対しては殺人未遂罪が成立するが、犬については処罰規定のない過失動物傷害ということになる。この説によれば、通常、次のような事案の処理がなされる。たとえば、横領罪（252条）は、「自己の占有する他人の物を横領した者」を処罰し、業務上横領罪（253条）は、「業務上自己の占有する他人の物を横領した者」を加重して処罰する。行為者が自己の占有する金銭を領得した際に、これが自分の仕事にかかわるものだったのに、そのことを認識しなかった場合、客観的には業務上横領を実現しているが、主観的には単純横領しか認識していない。この場合、横領と業務上横領とは、構成要件が重なっているために、行為者は結局、重なり合う範囲の軽い横領の故意犯の限度で処罰される。業務上横領は、「業務上」という要件が付け加わっている場合なので、それについて認識がなければ、軽い横領の限度で故意犯が成立する。

　しかし、通説に対しては批判もある。たとえば、窃盗罪（235条）は「他人の

財物を窃取した者」を処罰し、遺失物横領罪（254条）では、「占有を離れた他人の物を横領した者」について、より軽い刑を科している。横領罪と業務上横領罪とでは、2つの構成要件が明らかに重なっていたが、窃盗罪は物の占有が他人にある場合、遺失物横領罪は物の占有が他人にない場合の犯罪類型であり、構成要件はまったく重ならないかのようにもみえる。そうだとすると、他人に占有があるのにもかかわらず、そのことを認識せずに落とし物だと思って領得した場合のように、客観的には窃盗だが、主観的には遺失物横領であるとき、はたしていかなる罪責を問いうるのだろうか。もしここで故意犯の成立を認めないとすると、過失犯処罰規定がない以上、無罪になってしまう、というのである。

　このような問題が存在することから、学説の中には、故意犯を認める際に、もはや構成要件の重なり合いを基準にしない③不法・責任符合説もある。この説は、行為者の認識した実質的な不法および責任の質・量の限度で故意犯が成立するとする。たとえば上の例では、遺失物横領の限度で不法・責任内容が重なっているから、遺失物横領の故意犯となる。しかしこの見解も、以下のような理由から少数説にとどまる。たとえば、有毒飲食物の飲食目的譲渡が犯罪とされている場合に、有毒飲食物にあたるメタノールを販売した事例を考えよう。行為者はこれがメタノールであることをわかっておらず、ただ、飲むと有害であるかもしれないというばく然とした認識しかもっていなかったとする。この場合、「害がある」という意味の認識があれば、有毒飲食物取締令違反の実質的不法内容の認識があることになろう。しかし、「メタノールである」という外形的事実の認識がなかった場合、ただ単に「有害かもしれない」という認識だけで故意犯で処罰するのは、罪刑法定主義に反する疑いがある（（4）（c）（ⅲ）［事例1］参照）。

　そこで現在の通説は、基本的に構成要件的符合説に立ち、構成要件要素の内容を実質的に考えることによって問題の解決をはかっている。そもそも構成要件要素とは、違法性を基礎づけている要素である。そうだとすると、違法性を積極的に根拠付けない要素には、構成要件要素としての重要性はないといえる。たとえば、遺失物横領と窃盗とを比べると、落とし物を領得するよりも、持っている人から盗むほうが、占有を奪うという点に

おいて違法性が大きい。したがって、遺失物横領における、「他人の占有を離れた」という事実には、違法性ないし不法内容を、窃盗よりも軽くする意味しかない。つまりそれは、構成要件要素としては重要でないことになる。逆にいうと、窃盗罪においては、持ち主が占有しているという事実が、違法性を加重しているのである（各論第1編第3章第6節●─占有離脱物横領罪参照）。そうすると結論として、客体が落とし物かどうかは遺失物横領の成立に関係がなく、むしろ、落とし物でないということが窃盗罪のほうの要件であることになる。このように考えると、窃盗と遺失物横領とは、業務上横領と横領とのように、「重い─軽い」という関係で構成要件が重なっているものと理解でき、錯誤のある行為者は結局、認識した限度の軽い罪（遺失物横領）の故意犯として処罰される。

　判例も通説と同じく、実質的に理解された構成要件的符合説に立っている。最高裁は、軽い麻薬所持罪の認識で重い覚醒剤所持罪を実現した事案につき、「両罪の構成要件は、軽い前者の罪の限度において、実質的に重なり合つている」とし、「軽い麻薬所持罪の故意が成立し同罪が成立する」とした（最決昭和61・6・9刑集40巻4号269頁［百選43事件］参照）。さらに、法定刑が同一であった麻薬輸入罪と覚醒剤輸入罪との間の錯誤の事案については、「両罪の構成要件は実質的に全く重なり合つているものとみるのが相当であるから、麻薬を覚せい剤と誤認した錯誤は、生じた結果である麻薬輸入の罪についての故意を阻却するものではない」とした（最決昭和54・3・27刑集33巻2号140頁参照）。判例の解釈を前提とすると、この後者のような錯誤は「同一構成要件要素内の錯誤」とみることができ、客体の錯誤と同様、故意を阻却しないものとして扱われることになる。また、殺害につき被害者の依頼があるものと誤信した行為者について、殺人罪ではなく嘱託殺人罪（202条）の成立を認めた裁判例もある（名古屋地判平成7・6・6判時1541号144頁参照）。ここでも、被害者からの依頼は嘱託殺人の構成要件要素ではなく、むしろ、依頼のないことが普通の（重い）殺人罪の要件だと考えられるために、依頼を受けたと勘違いした行為者は、主観と客観とが重なる軽い嘱託殺人既遂の限度で処罰されたのである。

⑷ 違法性の錯誤

⒜ 違法性阻却事由の錯誤　　一般に、故意には犯罪事実の認識が必要であると解される。この場合の犯罪事実とは、違法な事実を意味する。すなわち、構成要件に該当し、しかも違法性阻却事由にあたらない事実をいう。構成要件に該当する事実の認識としては、行為、結果、因果関係などの個別の構成要件要素の全部に認識が及んでいなければならない。そして、違法性阻却事由にあたる事実、たとえば正当防衛にあたる事実を誤信して行為に出た場合は、故意がないとするのが判例・通説である（第3章第2節●─正当防衛⑷⒝参照）。

これに対し、構成要件に該当する事実の認識があればただちに故意があるとする考え方を、厳格責任説という。たとえば、相手を傷つけるという傷害罪の構成要件に該当する事実は認識していたが、相手方から急迫不正の侵害を受けていると思って行為した誤想防衛の場合にも、故意犯が成立するというのである。しかし、通説のように、故意には犯罪事実の認識が必要だと考えれば、この場合は犯罪事実の認識がないのだから、故意犯で処罰すべきでないことになる。過失によってそのような事実があると思ったのであれば、せいぜい過失犯の成立が認められるにすぎない。緊急避難にあたる認識内容で行為した誤想避難の場合も、同様に処理される。

これらと区別しなければならないのは、正当防衛にあたらない事実を正当防衛だと思ったような場合である。たとえば、急迫不正の侵害がなくても正当防衛になると思っていた場合には、犯罪事実の認識があり、故意は否定されない。行為者は、正当防衛にならないという法律の認識（違法性の認識）を欠いたにすぎない（本章第3節●─違法性の意識⑷参照）。

⒝ 誤想過剰防衛・誤想過剰避難　　過剰防衛とは、正当防衛の程度を超えて攻撃してしまった場合であり、36条2項によって、刑の任意的減免が認められている。この規定が、誤想過剰防衛の場合にも適用されるかどうかが争われている。誤想過剰防衛とは、実際には急迫不正の侵害がないのに、そういう事実があると思って（誤想）さらに過剰な攻撃を加えた場合をいう（第3章第2節●─正当防衛⑸参照）。

過剰防衛の刑の減免根拠については、①違法減少説、②責任減少説、③

違法責任減少説の3つある（第3章第2節●—正当防衛(3)参照）が、誤想過剰防衛の処理も、そのそれぞれの考え方から導かれることになる。通説は、急迫不正の侵害を受けていると思っている人は動転した状態で冷静な対応ができないために、これを重く処罰するのは酷だという責任減少に着目して、36条2項の刑の減免の根拠を説明する。この通説によれば、現実には急迫不正の侵害がなくても、侵害を受けていると思った人の心理的混乱状態には変わりがないから、誤想過剰防衛の場合にも刑の減免を認めるべきことになる。誤想過剰避難の場合も同じである（第3章第2節●—正当防衛(5)(c)参照）。

(c) 「事実の錯誤」と「違法性の錯誤」

　　（ⅰ）事実の認識と意味の認識　　従来、犯罪事実を認識したといえるためには、「事実の認識」と「意味の認識」とが必要だとされてきた。

　まず事実の認識としては、構成要件に該当する違法な外形的な事実の認識が要求される。たとえば、「これを日本まで運んでくれ」と言われて包みを渡されたので、それを日本に輸入したという場合を考えてみよう。これがもしかしたら覚醒剤かもしれないと思っていたならば、覚醒剤輸入の未必の故意がある。これに対し、それには思いもよらず、単に「何か違法なものかもしれない」と思っただけだったとすると、故意はない。特定された犯罪事実の認識がないためである。

　また、故意には意味の認識も必要である。175条ではわいせつな文書の販売等を取り締まっている。わいせつな文章が目にみえてはいるが、外国人で日本語が読めないために、まったく意味がわからなかったというとき、外形的事実の認識はあるが意味の認識はない。人の傘を間違って持って帰ってきてしまった場合にも、たとえ外形的事実の認識があったとしても、これが他人の物であるという意味の認識がないので、窃盗罪の故意はない。

このように、2つの条件のいずれが欠けても故意犯は成立しない。

(ii) 「規範的構成要件要素」の認識　「意味の認識」については、従来から議論が多い。38条3項によれば法律の認識は故意の要件でないとされるが、この法律の認識と意味の認識とは似ている場合があり、両者の区別が問題となりうるからである。たとえば、民法の解釈を間違えた結果、他人の物を自分の物だと思って安心して持ち帰ってきてしまった場合、結論としては、窃盗の犯罪事実についての意味の認識がなく、故意がないとされる。しかしこれは一見、法律の錯誤のようでもある。

窃盗罪における「物の他人性」のように、民法などの規範によって内容が構成されている要素を「規範的構成要件要素」と呼び、故意を認めるためにはどの程度の認識内容が必要かが論じられてきた。なお、犯罪事実の認識があるのにもかかわらず、これが刑法の禁止にあたらないものと誤って考えた場合を、特に「あてはめの錯誤」という。たとえば、犬は261条にいう「他人の物」にはあてはまらない、と誤って考えて、隣の家の飼い犬を殺した場合、動物傷害罪の犯罪事実の認識はある以上、故意は否定されない。これに対し、単に禁止規定を知らない場合は「法の不知」と呼ばれる。たとえば、失神している女性を姦淫することが準強制性交罪（178条）で処罰されることを知らないような場合である（各論第1編第2章第1節●─強姦・強制わいせつ罪(3)参照）。

(iii) 錯誤の区別　実際に問題となった例には以下のようなものがある。メタノールはエタノールと違って毒だが、戦後すぐは酒不足のために、そうした有毒なものまで酒として売られた。これは有毒飲食物取締令という法令で処罰されていた。飲み物としてメタノールを販売したとして起訴された被告人は、これがメタノールであることをわかっていなかった。ただ、飲むと有害であるかもしれないという認識はあった。これは、「害がある」という意味の認識はあったけれども、「メタノールである」という事実の認識がなかった場合である。最高裁は、身体に有害なものはメタノール以外にもたくさんある以上、有害だと思っただけでは故意があるとはいえないとした（最判昭和24・2・22刑集3巻2号206頁参照）［事例1］。

ところがこれに対し、客体が「メチルアルコール」だということまでは

認識していたが、それがメタノールと同じかどうかを特に考えなかった被告人について、最高裁は、「メチルアルコール」が「メタノール」と同じものであることを知らなくても、それは法の不知にすぎないとして故意を肯定した（最判昭和23・7・14刑集2巻8号889頁参照）［事例2］。

　両者の結論の分かれ目は何であろうか。［事例1］では、行為者はただばく然と、有害なものかもしれないと思ったにすぎない。行為者の認識において、犯罪事実が具体的に特定されていない。これに対し、［事例2］の行為者は客体がメチルアルコールであることを知っており、具体的な犯罪事実の内容を特定して認識していた点に違いがあったといえよう。

　また次のような例もあった。被告人は、むささびをとってはいけない期間中にむささびを捕獲した。被告人は、自分の捕獲する動物が「もま」（方言）だと思っており、むささびという標準語の名前は知らなかったが、大審院は故意を肯定した（「むささび・もま事件」大判大正13・4・25刑集3巻364頁参照）［事例3］。これは［事例2］と同じように、名前をどう思っているかは重要でないとされた例である。特定された犯罪事実の認識があった以上は、故意があるとされたのである。

　ところが大審院は、たぬきをとってはいけない期間中に、これをたぬきとは別の「むじな」だと思って捕獲した被告人については、故意がないとした（「たぬき・むじな事件」大判大正14・6・9刑集4巻378頁［百選45事件］参照）［事例4］。しかし、［事例3］と同様に考えると、この場合にも事実の認識はあったという見方もある。そこで学説の中では、この事件が無罪となる理由を、故意がないからでなくて、違法性の意識の可能性（本章第3節●─違法性の意識(5)参照）がないために責任が否定されるからだと説明する見解も有力である（ケース・スタディ8参照）。

●───　過失

　(1)　**意義**　先にみたように、38条1項本文は、故意が責任の原則型であることを定めた規定である。これに対し、38条1項ただし書は、「法律

に特別の規定がある場合」には故意がなくとも処罰しうることを規定している。過失犯は、故意がないのにもかかわらず処罰される、責任の例外型であるといえる。

　「責任主義」のところで述べたように、故意も過失も及んでいる必要がないとされる要件として、客観的処罰条件がある。また、判例は結果的加重犯の加重結果については過失がいらないとしているが、通説は過失を要求している（本章第1節●—結果的加重犯と客観的処罰条件(2)参照）。

　このほかに、過失に関しては、「明文なき過失犯」と呼ばれる問題がある。過失犯を処罰するためには特別の規定が必要だが、規定があるかどうかの問題は簡単ではない。たとえば傷害罪（204条）は、他人にけがをさせようと思ってけがさせたときに成立することに問題はない。では、暴行の故意しかなかった者が人を傷害するに至ったときは、どうなるだろうか。暴行罪（208条）の規定は、「人を傷害するに至らなかったとき」にしか適用できないとすれば、その場合には過失傷害罪（209条）となるのだろうか。ところが、暴行罪と異なり、過失傷害罪は30万円以下の罰金または科料にしかならない。これでは、けがをさせたほうがけがをさせないよりも軽く処罰されることになって不当であろう。そこで現在の判例・通説は、暴行を加えた結果、過失によって傷害が発生した場合、過失傷害罪ではなくて傷害罪になるとしている。これは、条文相互の関係上、傷害罪が暴行の結果的加重犯（したがって過失）を含むと解釈される例である（各論第1編第1章第2節●—傷害罪(5)参照）。

　ところが判例はこのような場合を超えて、さらに広く過失犯の処罰を認める。たとえば、かつての外国人登録証明書不携帯罪の条文は、外国人は、つねに登録証明書を携帯し、一定の公務員が求めた場合にはこれを提示しなければならないと規定するにすぎなかったが、最高裁は、「その取締る事柄の本質に鑑み」、これは過失犯も処罰する趣旨だとした（最決昭和28・3・5刑集7巻3号506頁参照）。一般に判例は、過失による違反が多く、また法定刑が軽い場合に、「過失により」と条文に書かれていなくても過失犯処罰を肯定する傾向にある。これに対しては学説の反対が強い。

　(2)　**過失犯の構造**　　過失犯の構成要件該当性、違法性、責任の内容を

どのようにとらえるかがいわゆる「過失構造論」の問題である。伝統的に、学説は大きく旧過失論と新過失論とに分かれて対立し、その時代の社会的背景と結びついた議論を展開してきた。

　古典的な①旧過失論によれば、過失は故意と並ぶ責任要素だとされる。これは、責任の内容が故意・過失に尽きるとする古い心理的責任論の流れを汲むものである。この説では、故意とは犯罪事実の認識であり、過失とは犯罪事実の認識可能性である。そして、故意犯と過失犯とは、構成要件該当性の段階および違法性の段階においては共通だと考えられた。たとえば、車で人をはねて死亡させたとすると、それが前方に歩行者がいるのにもかかわらずわざとはねとばした場合であれば、故意の殺人罪が成立し、気づかずに漫然とはねてしまった場合であれば、過失運転致死罪が成立する。旧過失論では、客観的な事象が同じならば違法性においては異なるところはなく、ただ行為者の主観的な責任が異なるだけだとされる。

　ところが戦後、この旧過失論に対しては批判が強まった。その背景の1つに交通事故の増加がある。旧過失論は過失の内容を「犯罪事実の認識可能性」だとしていた。しかし、およそ自動車を運転する以上、事故が起こるかもしれないことはつねに認識可能であるともいいうる。もしそうだとすると、自動車を運転する人はどんな場合でも過失があることになって、事故を起こしたときに免責される余地が一切なくなってしまう。それでは処罰範囲が広すぎる、として提唱されたのが、②新過失論である。伝統的な過失論が、故意犯と過失犯とは構成要件該当性・違法性の内容が同じだとしていたのに対して、新過失論は行為無価値論の立場から、故意犯と過失犯とが構成要件の段階から違うと考える。この説によれば、過失とは、社会的不相当行為、社会的逸脱行為である。つまり過失犯の違法性は、あるべき「基準行為」からの逸脱である。そして、たとえ予見可能性があっても、そのような客観的な義務違反行為がなければ過失とはいえないとされた。しかし、社会的相当性をもし緩やかに適用するならば、たとえばスピード違反や寝タバコなどは、社会的に広く行われているという理由で適法だということになってしまう。反対にこれを厳しく考えるときは、何らかの点で道路交通法違反があった以上、つねに過失運転致死傷の違法性が

あることになってしまうおそれがある。

そこで、客観的な義務違反性の基準として、「許された危険」という考え方が採り入れられた（元は旧過失論から主張された説である）。あるべき基準行為を考える際には、単にそれに従えば結果が回避されるかどうかだけではなく、その行為自体のもつ社会的有用性をも念頭に置かなければならないとされたのである。

> **許された危険**
>
> 　学説においては、結果が発生した場合であっても、それが「許された危険」によると評価しうるときは、過失犯の成立を否定しようという考え方が主張されている。「許された危険」の典型例は、法規を守った自動車の走行である。自動車の運行はそれ自体として危険を有してはいるが、だからといって一律に禁止されるものではない。それは、社会にとって利益をもたらすものだからである。そこで、規則を守ったうえでの自動車の走行がもっている危険は、それがもたらす利益にかんがみて、冒すことを一般的に許された危険だというのである（第2章第4節●―因果関係の理論［客観的帰属の理論］参照）。この考え方によると、許された危険を冒すことは、事前に一般的に許されている以上、そこから法益侵害が発生してしまったとしても、犯罪は成立しない。また、冒した危険が一般的に許された範囲にあったならば、緊急避難における「法益均衡の原則」（第3章第2節●―緊急避難(2)(c)参照）のような個別的な利益衡量をするまでもなく、犯罪の成立が否定されるという。
>
> 　このような見解に対しては、法規を守ったからといって他人の法益を侵害してよいことにはならないはずだという批判が向けられている。「許された危険」による説明では、自動車のもつ一般的な有用性を、個別の被害者の生命・身体よりも重視することになってしまうからである。

新過失論の登場の背景には交通事故の増加があったが、昭和40年代には、公害事件の増加を背景とし、新過失論をさらに進化させた③新・新過失論が主張された。この説によれば、具体的な犯罪事実の予見ではなく、何らかの不特定の危険があるかもしれない、という危惧感を抱くことができれば、それをとり除くための処置をしなければならない（危惧感説）。この考え方が適用された例として、粉ミルクの原料にひ素が混じっていたために乳児が多数死亡した、「森永ドライミルク事件」がある。この事件では、製造課長は業者から納入された原料に有害物が混ざっていないかどうかを

部下に検査させなければならない、と結論づけられた（徳島地判昭和48・11・28刑月5巻11号1473頁、判時721号7頁参照）。しかしこの考え方は、処罰範囲が広くなりすぎるためにあまり支持されていない。もし本当にあらゆる危惧感をとり除くための手段を講じなければならないのであれば、人間はほとんど活動を停止しなければならなくなってしまうからである。

　その後、旧過失論の側から、④新・旧過失論が主張された。もともと旧過失論は処罰範囲が無限定だと批判されていたので、この新しい説は、結果無価値論を基礎としつつ、過失犯の成立を認めるためには「実質的で許されない危険をもった行為」が必要だとする。たとえば、時速30kmに減速すべき義務があるにもかかわらず50kmで走行して交通事故を起こした場合、行為者の過失は、道路交通法上の減速義務に違反した点に認められるのではなく、50kmでの走行が結果発生の実質的な危険をもつ点に認められるのだとされる。

　判例の立場は、学説の変遷に完全に対応したものではない。危惧感説の裁判例は例外的であり、むしろこの説を明示的に否定したものもある（「北大電気メス事件」札幌高判昭和51・3・18高刑集29巻1号78頁［百選51事件］参照）。最高裁は一般論として、結果の発生を予見することの可能性とその義務、および、結果の発生を未然に防止することの可能性とその義務が、過失犯の成立要件だとしている（最決昭和42・5・25刑集21巻4号584頁参照）。そして多くの判例は、①注意義務違反、②結果回避可能性（因果関係）、③予見可能性を中心として過失犯を構成している。つまり、行為者が結果発生を防止すべき注意義務を負っていたにもかかわらずそれを果たさず、また、そうした義務違反があれば結果発生に至ることを予見可能であり、さらに、もし予見に従って義務を履行していたならば結果は回避されたであろう、といえる場合に、過失犯の成立が認められている（「川治プリンスホテル事件」最決平成2・11・16刑集44巻8号744頁参照）。このような判例の態度は、学説との関連でいえば、客観的な注意義務違反を重視する点では新過失論的であり、それと同時に、特定の犯罪事実についての具体的予見可能性をも重視する点では旧過失論的であるともいえよう。

　なお、近年の裁判例で、行為者の行為の危険性を被害者が認識したうえ

で自ら引き受けたといえるときには、「危険の引受け」により違法性が阻却される余地があるとして、ダートトライアルのベテランが初心者の車に同乗して事故死した事案で初心者に無罪を言い渡したものがある（千葉地判平成7・12・13判時1565号144頁［百選59事件］参照）。被害者のほうが主体的に因果経過を左右したといえる場合には、実行行為性や因果関係、正犯性、予見可能性のいずれかを否定する見方が有力である。

　(3)　**注意義務違反・結果回避可能性**　　　人間の行動にはミスがつきものであるから、何らかの義務違反があった場合にそのすべてをとり上げて過失犯の成否を検討することはできない。犯罪の成否が検討されているのは、ある義務を果たしたならば結果が回避されたのではないかが問題となりうる範囲においてだけである。その意味で、注意義務違反の検討範囲は、結果回避可能性をもある程度視野に入れたうえで絞り込まれているといえる。

　ここで問題となっているのは、あくまで刑法上の義務違反行為であるから、消防法などの特別法の規定や、業務に関する内規などの条文に対する違反が決定的となるわけではないことに注意を要する。すなわち、一方では、それらの定めに対する直接的な違反がなかったとしても、それだけでただちに刑法上も免責されることにはならない。他方で、そうした違反があったからといって、刑法上の過失までが基礎づけられるとは限らない。たとえば、黄色点滅信号にもかかわらずタクシーで徐行せずに交差点に進入したところ、交差する道路から赤色点滅信号を無視して高速度で突入してきた車両（酒気帯びで前方不注視でもあった）と事故になり、乗客を死傷させたという事案で、最高裁は、道路交通法上の徐行義務違反は認められるけれども、減速して安全を確認したとしても事故を回避できたかどうかは疑わしいとして、タクシー運転手に無罪を言い渡した（最判平成15・1・24判時1806号157頁［百選7事件］）。

　旧過失論の体系では、事後的な視点から「どのように行動していれば結果が回避できたか」を検討できるので、行為の特定と結果回避可能性（条件関係）との判断が一体化しうる。しかし、「基準行為からの逸脱」などの限定がないため、これだけでは結果論的に帰責範囲が広くなりすぎる問題がある。そこで、新・旧過失論にいう「実質的危険行為」などの限定要

素が必要になる。

(4) **予見可能性**　過失犯の成立には、さらに、予見可能性が必要である。危惧感説は、ばく然とした危惧感があれば予見可能性が認められるとしていたが、判例の主流は、「特定の構成要件的結果及びその結果の発生に至る因果関係の基本的部分の予見」が必要だとしている（前出193頁「北大電気メス事件」札幌高判昭和51・3・18参照）。これは、故意において犯罪事実の認識が必要であるのと平行的に、過失では犯罪事実の認識可能性が必要だとするものだといえよう。すなわち、行為、結果、因果関係といった構成要件要素に該当する特定の事実について、認識可能性が要求されるのである。ただし、因果経過の細部にわたる予見可能性までは必要ないとされている（「生駒トンネル火災事件」最決平成12・12・20刑集54巻9号1095頁［百選53事件］、「明石砂浜陥没事件」最決平成21・12・7刑集63巻11号2641頁参照）。

　故意犯において、方法の錯誤の場合に法定的符合説を採用する判例の考え方によれば、人を殺す認識で人を殺した場合に殺人既遂になるのと同様に、過失犯では、人を死亡させる認識可能性があって人を死亡させた場合には過失致死の成立が認められる（本節●―故意(3)(b)(ii)参照）。たとえば、トラックで無謀運転をして信号に激突し、助手席の人にけがを負わせたほか、トラックの荷台に勝手に乗りこんでいた人が死亡した、という事件で、最高裁は、「被告人において、右のような無謀ともいうべき自動車運転をすれば人の死傷を伴ういかなる事故を惹起するかもしれないことは、当然認識しえたものというべきである」として、荷台の人についても業務上（自動車運転）過失致死罪の成立を認めた（最決平成元・3・14刑集43巻3号262頁［百選52事件］参照）。助手席の人について過失があった以上、荷台の人についても過失致死罪が成立することになる。他方、判例と異なり、具体的法定符合説をとるときは、故意も過失も犯罪事実ごとに考えなければならないので、荷台に乗っていた人の死亡についての具体的な予見可能性が要求されよう。

(5)　**過失の標準**　　いかなる場合に注意義務違反や予見可能性があることになるかの判断基準をめぐっては、学説が対立している。身体的能力や知識は人によって異なり、何ができるかの範囲にも個人差があるからである。不作為犯では、たとえば、「おぼれそうな人を泳いで救助する義務」を、泳げない人に対しても認めることができるかが問題となるが（第2章第3節●―不真正不作為犯(3)(b)参照）、過失犯においても、外部的な行為に関する義務違反の検討にあたって、行為者本人の能力を基準にするのか、それとも一般人の能力を基準にするのかは問題となりうる。ただ、実務でこれが争点になることは少ない。より争いのあるのは、予見可能性の標準であり、次のようないくつかの見解がある。

まず①客観説（一般人標準説）は、結果が通常人にとって予見可能である場合に、過失を肯定しうるとする。この説に対しては、一般人ならば結果を予見できるが、行為者は目が不自由なために予見できなかったような場合に、行為者の事情を無視できるのかという疑問がある。

逆に、具体的な行為者にとって、予見可能であるかどうかを基準とする②主観説（行為者標準説）もあるが、この説に対しては、行為者が結果を予見しなかったのは予見できなかったからであって、行為者の能力を厳密に考えるときはおよそ過失を問うことができなくなるという批判も向けられている。

従来支持を集めていたのは、一般人の能力と、具体的な行為者の能力とのうちで、低いほうを標準とする③折衷説であった。すなわち、行為者の能力が一般人を下回っているときには、行為者の不利な事情を考慮しなければならないが、他方、行為者の能力が一般人を上回っているときは、一般人以上の義務を課すべきではないから、一般人を基準として予見可能性を判断してよいとする（薬害エイズ帝京大学病院事件に関する東京地判平成13・3・28判時1763号17頁は、「通常の血友病専門医」を義務違反性の基準として無罪を言い渡した）。ただ、一般人には結果を予見できないが、行為者は特別の知識を有していたために結果を予見することができたであろう、という場合にまで過失を否定してよいかは問題とされている。

そこで、近時では、予見可能性の判断に際し、④判断資料となる事実と、

そこから結果の予見に到達するプロセスとを分けて考える説も有力である。すなわち、知的・身体的に前提となる能力については行為者本人の事情を基礎とするが、そこから予見に至るまでの努力の程度については客観的に評価する考え方である。たとえば、身体的条件において欠けることのない者が、通常の注意によってそこから結果を予見することができるにもかかわらず、通常の注意を払わなかったために結果を予見しなかった場合には、過失は否定されない。ここでは、前提条件については行為者の事情が考慮されるものの、「自分はいい加減な性格なので、注意義務の程度も低くしてほしい」という言い分までは認められないことになる。

(6) **信頼の原則**　道路交通などを考えた場合、自動車は「走る凶器」といわれるように、その走行には危険が伴う。また、実際に多くの交通事故が発生していることも周知の事実である。そうだとすると、厳しく認定するときは、事故が起こった以上つねに過失があるということにもなりかねない。しかし、それでは事実上結果責任を認めたのと同じになってしまう。そこで、過失犯の成立を限定する考え方として承認されているのが「信頼の原則」である。最高裁は、原動機付自転車に乗った被害者が、右折しようとする被告人の車両の前を追い越そうとしたためにぶつかってしまった事案につき、「運転者としては、……後方からくる他の車両の運転者が、交通法規を守り、……安全な速度と方法で進行するであろうことを信頼して運転すれば足り」るとして被告人を無罪とした（最判昭和42・10・13刑集21巻8号1097頁［百選54事件］参照）。このように、「信頼の原則」とは、被害者や第三者に対して適切な行動を期待しうる場合に、それを信頼して行為したのであれば、たとえ現実にはそれらの者が不適切な行動をしたために結果が発生してしまったとしても、過失を否定する論理である。

　この考え方は判例・学説上一般に支持されているが、その理論的な位置づけには争いがある。大きく分けると、新過失論の立場は、「信頼の原則」を過失犯の違法性の問題としてとらえ、旧過失論はこれを、主観的な予見可能性という責任にかかわる問題として考える傾向にある。最高裁は、時差式であるとの標示のない信号機において、対向車両の信号が自己の信号と同じだと信頼して運転することは許されないとしている（最決平成16・

7・13刑集58巻5号360頁）。ただ、旧過失論においても、すでに相当因果関係がなくなると考えられる類型もあろうし、新過失論からも予見可能性の問題として論じるのが適切な類型もあろう。

いずれにしても、「信頼の原則」を何か特別の法理とするのではなく、これを注意義務や予見可能性など、過失犯の一般的な成立要件の枠組みの中で説明するのが通説である。

(7)　**管理・監督過失**　　さまざまな事故の中には、企業や団体のような組織の活動に伴うものが多い。そこでは、複数の人間が事故に原因を与えているとみることのできる場合もある。直接に事故をひき起こした行為者以外に、それより上の地位にある者にも過失責任を問えるであろうか。これが、管理・監督過失（広義の監督過失）といわれる問題である。管理過失とは、監督者自身による物的・人的に不適切な管理について過失が肯定される場合であり、監督過失（狭義）とは、人に対する指導・監督の不適切さが過失と評価される場合をいう。いずれにしても、管理・監督過失に関する特別の規定があるわけではないので、上位の者に過失犯の成立要件が備わっているかが問題となる。

最高裁は予見可能性について、旅館・ホテルなどは火災発生の危険を常にはらんでいる以上、防災対策の不備を認識していた行為者には、「いったん火災が起これば、……宿泊客等に死傷の危険の及ぶ恐れがあることはこれを容易に予見できたものというべきである」とした（前出193頁「川治プリンスホテル事件」最決平成2・11・16参照、同旨「ホテルニュージャパン事件」最決平成5・11・25刑集47巻9号242頁［百選58事件］参照）。注意義務違反の点について、判例は、消防法上の管理権原者、防火管理者などの管理者・監督者に義務違反が認められる場合には、過失犯の成立を肯定する傾向にある。しかし最高裁も、名前だけの火元責任者で実質的な権限がまったく与えられていなかった者については、無罪と判断している（「大洋デパート事件」最判平成3・11・14刑集45巻8号221頁参照）。また、監督過失型の事案で、直接の行為者が極めて不適切な行動をとったために結果が発生した場合には、「信頼の原則」の適用によって無罪とされた例もある（「白石中央病院事件」札幌高判昭和56・1・22刑月13巻1・2号12頁、判時994号129頁

参照）。

　管理・監督過失の類型には、一方で、犯罪成立を肯定することにつき学説の争いの少ない事案がある。いわゆる「北ガス事件」（札幌地判昭和61・2・13刑月18巻1・2号68頁、判時1186号24頁参照）では、責任者が従業員を適切に教育せず、しかも無理な条件で酷使したために、ミスが発生し、一酸化炭素中毒の被害が生じた。このような場合は、事故が起こって当然であるともいえる。他方、火災事故については、火事が起こって当然だとはいえないために、見解が分かれている。確かに、「いったん火災が起これば」、客の生命・身体に危険が及ぶことは容易に理解できるが、そもそも火事が起こること自体についてどう考えるのかについては争いがあり、過失犯の成立を否定する学説も有力である。

　近年、複数のミスが重なって発生した事故について、複数の者が業務上過失致死傷罪で有罪とされるケースが相次いでいる。投薬計画の誤りと副作用への対処の誤りが重なって患者が死亡した事件（最決平成17・11・15刑集59巻9号1558頁［百選55事件］）、看護師の間で起きた2名の患者のとり違えが是正されないまま手術が行われた事件（「横浜市大患者とり違え事件」最決平成19・3・26刑集61巻2号131頁）、製薬会社と国の双方の対応が不適切だったため血液製剤によるHIV感染が生じた事件（「薬害エイズ事件厚生省ルート」最決平成20・3・3刑集62巻4号567頁［百選56事件］）、花火大会での市による交通整理計画の不備と現場での警備会社および警察の不適切な対応とが重なって「群衆なだれ」による死傷者が出た事件（「明石市花火大会歩道橋事故」最決平成22・5・31刑集64巻4号447頁）、訓練中の航空管制官の言い間違いを監督者が是正せず機長の対応も不適切であったため航空機の異常接近により乗客が負傷した事件（「日航機ニアミス事件」最決平成22・10・26刑集64巻7号1019頁）などである。最高裁は、上述の①注意義務違反、②結果回避可能性、③予見可能性が満たされれば、複数の過失単独犯の成立を認める傾向にあるが、このように広く刑事責任を問うことには学説からの批判もある。なお、判例は、過失の共同正犯が成立しうるのは複数の者が共同の義務に共同して違反した場合のみであるとしている（第6章第2節●──共同実行の意思(1)参照）。

［ケース……8］

Xは、狩猟法違反で捕獲が禁止されている「むささび」という動物を捕獲した。しかし、Xは、その動物が、その捕獲地域で「もま」と呼ばれている動物であることを知っていたが、それが「むささび」と同一の動物であることは知らなかった。このような場合のXの罪責について論ぜよ。

［論点整理］
1．事実の錯誤と法律の錯誤の区別基準
　(1)事実の錯誤：刑法的評価の対象となる事実の面に関する錯誤
　　法律の錯誤：刑法的評価の基準となる規範の面に関する錯誤
　(2)事実の錯誤：構成要件に該当する事実に関する錯誤
　　法律の錯誤：それ以外の事実（ex. 違法性阻却事由）ないし規範に関する錯誤
　(3)事実の錯誤：違法性の意識を喚起できないような錯誤（一般人ならば当該犯罪類型の違法性の意識を持ち得る事実の認識の有無という実質的基準）
　　法律の錯誤：反対動機の形成が可能な錯誤
2．規範的構成要件要素の錯誤（意味の認識）
　(1)構成要件要素：記述的要素（ex. 殺人罪の「人」）
　　　　　　　　　　規範的要素（ex. 危険犯の危険性、わいせつ罪におけるわいせつ性、行政取締法規の禁止事項など）
　(2)事実の認識として意味の認識の要否
　(3)意味の認識の内容——意味内容の専門的理解を必要とせず社会の一般人の判断において理解されている程度の意味
3．法律の錯誤論（違法性の錯誤、禁止の錯誤）
　(1)意義
　　(a)法の不知　　(b)あてはめの錯誤
　(2)違法性の意識の要否論
　　(a)違法性の意識不要説（判例）：法律の錯誤は故意を阻却しない。

(b)自然犯・法定犯区別説：法律の錯誤は自然犯においては故意を阻却しないが法定犯においては故意を阻却する。

(c)違法性意識必要説（厳格故意説）：法律の錯誤は故意を阻却する。

(d)違法性意識の可能性説（制限故意説）：法律の錯誤により違法性の意識を欠いてもその錯誤が避けられた場合は故意を阻却しない。

(e)責任説：違法性の意識の可能性は故意とは別個の責任要素であり、法律の錯誤は故意の成否とは無関係とし、錯誤が避けられなかった場合には責任を阻却し、避けられた場合には責任が軽減されるとする。

［関連判例］

Xが狩猟禁止期間中に、捕獲を禁止されているたぬきを捕獲したが、Xが捕獲したのはその地方ではむじなと呼ばれていたため、Xはたぬきとむじなは全然別個の動物であって、むじなは捕獲を禁止されたたぬきではないと誤信した事案につき、たぬきという認識が欠けるとして故意を阻却したケース

（大判大正14・6・9刑集4巻378頁［百選45事件］）

［本ケースから学ぶ刑法の基本原理・原則の重要ポイント］

(1)規範的構成要件要素の錯誤（意味の認識）　　(2)事実の錯誤と法律の錯誤の区別論　　(3)法律の錯誤論・違法性の意識の要否　　(4)故意責任の本質論

［『たのしい刑法Ⅱ各論』のケース・スタディで基本原理・原則を学ぶ］

・刑法Ⅱケース9（規範的構成要件要素の錯誤）

・刑法Ⅱケース1・2・4・9（故意責任の本質論）

［ホームワーク］

以下のケースと比較・対照せよ。

メチルアルコールであることを知ってこれを飲用に供する目的でXが所持しまたは譲渡した場合に、メチルアルコールが法律上その所持ないし譲渡を禁止されているメタノールと同一のものであることを知らなかったとすると、故意は阻却されるのかどうか。

★「狩猟法」は「鳥獣保護及び狩猟に関する法律」とされた後、「鳥獣の保護及び狩猟の適正化に関する法律」（平成14年7月12日法律第88号）に改正され、その後平成26年法律第46号により法律名が「鳥獣の保護及び管理並びに狩猟の適正化に関する法律」に変更されている。

（問題提起）

一．　　Xは捕獲した動物が「もま」であることについては認識していたが、その動物が狩猟法で禁猟獣とされている「むささび」と同じ動物であることについては認識していない。そのため、Xの表象したものと実際に発生した事実との間に不一致があり、Xには狩猟法という行政犯規定につき錯誤がある。このようなXに、故意責任が認められ、狩猟法の禁止規定違反の罪責を問われるのかが問題となる。

（規範定立）
事実の錯誤と法律の錯誤の区別

二．　　㈠まず、Xの錯誤により故意または責任が阻却されるのかどうかにつき、錯誤が事実の錯誤なのか法律の錯誤なのかが問題となる。

　　　事実の錯誤とは、錯誤により犯罪事実の認識を欠いた場合をいい、すなわち犯意がないとして故意が阻却される場合をいう（刑法38条1項）。他方法律の錯誤とは、行為者が錯誤によってその行為が法律上許されないことを知らないこと、すなわち違法性の意識を欠く場合をいう（刑法38条3項）。

実質的アプローチ

　　　思うに、事実の錯誤と法律の錯誤との区別については、違法性の意識を喚起できないような錯誤なのか、反対動機の形成が可能な錯誤なのかという実質的基準によるアプローチが必要である。そして、国民の規範意識から故意非難を行うためにはどのような主観的事情が必要かという観点から、一般人ならば当該犯罪類型の違法性の意識をもちうる事実の認識の有無という実質的基準で、事実の錯誤と法律の錯誤を区別すべきである。

一般人ならば違法性の意識をもちうる事実の認識

なぜなら、刑罰の犯罪の抑止ないし防止効果が有効に機能するためには、一般人の社会通念においてまた通常人の規範意識において、故意犯として重い刑罰を科するに足りる非難を向け得る主観的事情が必要であると考える。さらに、単に事実の認識の誤りかその評価の誤りかという形式的区別で判断する考え方は、構成要件要素に規範的要素が含まれている場合や行政取締法規のように法律の規定が事実の認識内容に密接に結びついている場合に説明に窮すると考える。

（規範定立）
規範的構成要件要素

　　　㈡また、構成要件要素に規範的要素が含まれている場合や行政取締法規のように法律の規定が事実の認識内容に密接に結

意味の認識

びついている場合も上記のような区別基準が適用される。すなわち、犯罪事実について、裸の事実ないし自然的事実の認識のみならず、一般人・通常人によるその意味的認識が必要となると解する。

（規範定立）

法律の錯誤論

違法性の意義ないしその可能性の要否

（三）次に法律の錯誤が故意を阻却するのかどうかについて、そもそも違法性の意識が故意の要件なのかどうかが問われる。しかし、違法性の意識を故意の要件とする考え方（厳格故意説）は、犯行の反復によって違法性の意識が鈍麻している常習犯や確信犯の処罰を説明できなくなり不当である。さらに、違法性の意識の可能性がない場合に故意が阻却される（制限故意説）ないし責任が阻却される（責任説）考え方がある。しかし、違法性の意識の可能性を故意の成立に必要な犯罪事実の認識の問題と切り離したことで、故意の成立に必要な事実の認識の内容の捉え方が不十分となり、また一貫性に欠けることとなり行政犯等の説明に窮すると考える。一般人が当該犯罪類型の違法性を認識し得るだけの事実の認識を要求する以上、さらに違法性の意識の可能性を故意ないし責任の要件とするのは不要である。

（あてはめ）

三．　本問のＸの錯誤、すなわち「もま」として呼称されていた動物が捕獲禁止獣である「むささび」と同一のものと認識していなかった点については、禁猟獣である「むささび」を捕獲するという狩猟法違反行為の故意に必要な事実の認識に欠けるところはないと解する。というのは、「もま」というのは一地方の方言にすぎず、「もま」と「むささび」とが別動物であるという社会一般の認識は存在しないことが認められる。そのため、一般人が狩猟法違反の違法性を認識し得るだけの事実の認識があると解される。それゆえ、Ｘの錯誤は法律の錯誤であるが、違法性の意識ないしその可能性は故意の要件でないと考えるため、この点の錯誤は故意を阻却しないと解する。

（結論）

四．　以上よりＸには狩猟法違反の罪が成立する。

3. 責任が否定される場合 ──責任阻却事由

●─── 違法性の意識

(1) **意義**　　事実の認識はあるが、自己の行為が禁止されていることを知らなかった場合、そのような事情は刑事責任に影響しないだろうか。これが違法性の意識の問題である。38条3項は「法律を知らなかったとしても、そのことによって、罪を犯す意思がなかったとすることはできない。ただし、情状により、その刑を減軽することができる」と規定しているにすぎないが、現在、違法性の意識を欠く違法性の錯誤の場合について、刑事責任が否定（阻却）される余地を認めるのが通説である。刑罰が法的な非難である以上、法を知らなかった者について非難しえないことがありうるからである。ただ、違法性の意識と故意との関係をどのようにとらえるかについては見解の対立がある。

(2) **違法性の意識の体系的位置づけ**　　違法性の錯誤を考慮するとしても、これを責任論のどこに位置づけるかには争いがある。戦前からの通説は、行為が禁止されているという違法性の意識を現実にもっていた場合に限って故意があるとする①厳格故意説であった。この見解によれば、違法性の錯誤におちいっている者にはせいぜい過失犯が成立するにすぎない。

しかし、これでは故意犯として処罰できる範囲が狭すぎるという問題がある。そこで戦後になると、故意犯として処罰するためには現実の違法性の意識までは必要ないものの、違法性を意識する可能性すらなかった場合には犯罪が成立しないとする見解（違法性の意識の可能性必要説）が有力に唱えられるようになった。そのうち、「故意」という言葉を「故意責任」（責任形式としての故意）という意味で用いる②制限故意説は、違法性の意識の可能性が、事実の認識とともに「故意」の要素であると理解する。

「故意」という言葉のこのような用法は学説でかつて有力であり、また戦後の多くの下級審でも採用された。なお、「違法性の意識を可能にするような事実の認識」が故意だとする見解もある（「実質的故意概念」）。

　これに対し、「故意」という言葉を「犯罪事実の認識」という意味で用いるならば、違法性の意識はこれとは別の要件だということになる。違法性の意識の可能性を故意とは別個の責任要件だとする見解を③責任説という。この説では、違法性の意識の可能性は、過失犯の場合にも独立の責任要件となる。現在は「故意」の語をこのような意味で用いる見解が多い。

　大審院と最高裁は伝統的に、違法性の意識の可能性すらない場合であっても故意犯の可罰性は否定されないとしてきた（違法性の意識不要説）。38条3項ただし書は刑を減軽しうるとしか規定していないから、違法性の意識の欠如は故意犯の成立自体には影響しない、というのがその理由である。しかし、近時の地裁・高裁の判例では、違法性の錯誤におちいったことについて「相当の理由」がある場合には故意を阻却する、という立場のものがほとんどである（本節●─違法性の意識(5)参照）。最高裁もいわゆる「百円札模造事件」において、結論としては有罪を認めたが、その理由として、「違法性の意識の可能性は犯罪成立の要件でないから」という従来の理由づけとは異なり、違法性の意識を欠いたことについて「相当の理由」がなかった点をあげている（最決昭和62・7・16刑集41巻5号237頁［百選48事件］参照）。最高裁も、違法性の意識の可能性のない事案が出てくれば、従来の判例を変更して無罪とするのではないかとみられている（最判平成8・11・18刑集50巻10号745頁の河合裁判官の補足意見はこの可能性を示唆）。

　(3)　**違法性を阻却する事実の誤信**　　責任説の中には、違法な犯罪事実全体の認識ではなく、「構成要件該当事実」の認識とこれを実現する意思があれば故意が認められるとする学説があり、これを**厳格責任説**という（第3章第2節●─正当防衛(4)(b)、本節●─違法性の意識(4)参照）。この見解によると、たとえば暴漢が襲ってくるもの（急迫不正の侵害）と誤って信じ、防衛行為に出て傷害結果を発生させた場合、傷害の構成要件に該当する事実の認識がある以上、故意はあることになり、違法性を阻却する事実の誤認は違法性の錯誤として扱われる。したがってこの場合、違法性を意識し

えなかったときにのみ、故意犯が成立しなくなるとされる。

正当防衛

誤想防衛

誤想過剰防衛

　これに対しその他の学説は、違法性を阻却する事実を誤信した場合に故意犯の成立を否定し、誤信について過失のある場合にせいぜい過失犯として処罰されるにすぎないとする。責任説でこの立場をとるものを**制限責任説**という。判例も、このような場合には故意を否定するという前提に立っている。しかし、誤信した事実を前提にしても、なお侵害が防衛行為として許される範囲を超えているときは、認識していた過剰部分について故意責任を問われる可能性がある（誤想過剰防衛、第3章第2節●─正当防衛⑷⑸参照）。

　⑷　**違法性の意識の内容**　　違法性の意識の内容は、法的な禁止の認識であるとするのが通説である。すなわち、道徳的に悪い、というような倫理違反性の認識では足りないが、法定刑の程度や条文の文言の認識までは不要である。それは、法規によって禁止されることがわかれば、その違法な行為を思いとどまるのに十分であり、したがってまた、法的な非難を向けるのにも十分だからである。判例も、法定刑の不知は考慮されないとしている（「関根橋事件」最判昭和32・10・18刑集11巻10号2663頁［百選49事件］参照）。この場合に認識対象となる法的な禁止について、法秩序全体で共通に考えるか、それとも刑法だけで考えるべきかは評価が分かれる。これは法領域ごとに違法性の内容の相違（違法性の相対性）を認めるか否かという、違法論にもかかわる議論である。

　また、違法性の意識について、通説は構成要件ごとの「可分性」を認めている。たとえば行為者が、人目につく場所で被害者にわいせつ行為を行う場合のように、公然わいせつの事実と強制わいせつの事実とを1個の行為で実現した例を考えよう。犯罪事実の認識は完全であったが、公然わいせつについては禁止されることを知らなかった場合、両方について故意があっても、違法性の意識は強制わいせつについてしか存在しないことにな

る。公然わいせつについては、違法性の錯誤として扱われ、違法性の意識の可能性すらない場合には、（一部）無罪となろう。

(5) **違法性の意識の可能性**　　行為者が違法性の錯誤におちいっていた場合、違法性の意識の可能性があったかどうかが、有罪と無罪との分かれ目になる。下級審の判例で「相当の理由」があるために無罪とされたものの多くは、①行政庁から適法だという助言を受けてそれを信じて行動した場合である。たとえば、拳銃の加工品を輸入する際に、けん銃部品輸入罪にあたることのないよう税関や警察の助言に従い、さらに慎重な加工を施して輸入した行為が無罪とされている（大阪高判平成21・1・20判タ1300号302頁。他に、「石油やみカルテル生産調整事件」東京高判昭和55・9・26高刑集33巻5号359頁など）。また、本件について直接助言を受けた場合とは異なるものの、②過去の確定判例を信頼したような場合にも、責任を否定しうると考えられる（前出205頁最判平成8・11・18の河合裁判官補足意見）。これら以外にも、③行為者の知識・経験に照らして違法性を意識することができなかったと考えられるときは、無罪が認められている。

●——— 責任能力

(1) **意義**　　故意・過失という責任要素があっても、実は行為者は精神病のために責任無能力だった、というときには、犯罪が成立しない。現行刑法では、39条と41条とが責任能力について規定している。

39条1項は、「心神喪失者の行為は、罰しない」とし、同2項は、「心神耗弱者の行為は、その刑を減軽する」としている。心神喪失者とは、法に従って自己の行為を動機づけるための能力がまったくない場合をいい、心神耗弱者とは、その動機づけが不可能ではないが非常に困難になっている場合をいう。次に、41条では、「14歳に満たない者の行為は、罰しない」とされている。14歳という刑事責任年齢に達しない刑事未成年者について犯罪が成立しない理由は、年少者には法秩序の意義が理解できないために、法に従った動機づけが十分にできず、したがってこれに法的な非難を向けられないことによる。

これらのうち、そもそも犯罪が成立しない39条1項と41条の場合を、責

任無能力という。これに対し、心神耗弱の場合（39条2項）は限定責任能力といい、犯罪は成立するが、刑が必要的に減軽される。なお、39条の場合には、「心神喪失等の状態で重大な他害行為を行った者の医療及び観察等に関する法律」（心神喪失者等医療観察法）により医療的処分が課されることがある。

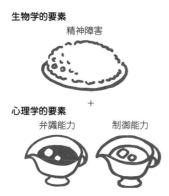

生物学的要素

精神障害

心理学的要素

弁識能力　　制御能力

（2）**要件**　心神喪失とは、①精神の障害により、②事物の理非善悪を弁識する能力（弁識能力）またはその弁識に従って行動する能力（制御能力）のない状態をいう。心神耗弱とは、精神の障害がまだこのような能力を欠如する程度には達していないが、その能力が著しく減退した状態をいう（大判昭和6・12・3刑集10巻682頁参照）。①の精神障害のことを「生物学的要素」といい、②の弁識能力か制御能力かのいずれかの欠如・低減のことを「心理学的要素」という。この基準によれば、生物学的要素と心理学的要素の両方が肯定されて初めて、責任無能力あるいは限定責任能力と判断されることになる（混合的方法）。

学説には、相対的責任能力（または一部責任能力）を認めるかという議論がある。これは、同じ人でも犯罪の種類によって責任能力があったりなかったりするかどうかの問題である。しかし裁判においては、個別の犯罪事実についての行為時の責任が問われるのであるから、この点を抽象的に論じる意義はあまりない。

(a) **生物学的要素**

（i）**精神病と責任能力の関係**　医学的に判断される双極性障害や統合失調症などの精神病と、法律的要件である責任能力とはいかなる関係にあるのだろうか。ドイツなどでは、このような精神病が一定以上の重さにある人は原則として責任無能力として扱うという慣例があるといわれる。しかし、責任能力が刑法の問題である以上、医学的知見は、法律判断の参考にはされても、法律判断を最終的に決定するものではない。判例は、

「被告人の精神状態が刑法39条にいう心神喪失又は心神耗弱に該当するかどうかは法律判断であるから専ら裁判所の判断に委ねられている」とする（最決昭和59・7・3刑集38巻8号2783頁参照、同旨、最決昭和58・9・13判時1100号156頁）と同時に、法律判断の前提となる医学的な所見については、鑑定意見を十分に尊重すべきだとし（最判平成20・4・25刑集62巻5号1559頁参照）、鑑定の前提資料や結論を導く推論過程に疑問がある場合にはその判断に依拠すべきでないとの立場をとっている（最決平成21・12・8刑集63巻11号2829頁［百選35事件］参照）。

　(ⅱ)　病気によらない精神障害　　病気でない人でも、一時的に精神障害の状態になることがあり、その場合にも責任無能力や限定責任能力が認められうる。よく問題となるのは酩酊（酒を飲んでひどく酔うこと）と情動（一時的で急激な感情の動き）である。単純な酩酊は完全責任能力であるが、異常な状態になった場合には考慮される。情動も同じで、単に激昂しただけならば完全責任能力であり、病的な状態になった場合にのみ、責任の減少・阻却がありうる。

　知的障害や発達障害、パーソナリティ障害の場合も同じように考えられる。知的障害とは、生活上頭脳を使う知的行動に支障があることをいう。知的障害を伴わない発達障害（自閉スペクトラム障害、学習障害、注意欠陥多動性障害などの脳機能の障害）でも問題行動に至る場合がある。パーソナリティ障害（人格障害）とは、極端な考えや行いのために社会への適応が困難になっている場合である。いずれの場合にも、正常と異常との区別は段階的なので、これらの障害をどのように扱うかは問題である。障害があるというだけでは、責任能力は否定されないが、障害が、法に従った動機づけの可能性を失わせる程度にまで至れば、責任が阻却されるとすべきであろう。実務においては、被告人が多重人格者あるいは人格解離者であるから責任無能力である、と主張されることも多いが、判例は限定責任能力や責任無能力を容易には認めない傾向にある（「連続幼女誘拐殺人事件」東京高判平成13・6・28判タ1071号108頁、最判平成18・1・17判タ1205号129頁参照）。

　(b)　**心理学的要素**　　生物学的要素が肯定されると、次に、心理学的要素が検討される。心理学的要素は、弁識能力と制御能力のいずれかに問

題のある場合に認められる。弁識能力とは事物の理非善悪を弁識する能力であり、やってよいことと悪いことがわかり、法律に違反することの意味を理解する能力である。制御能力とは弁識に従って行動する能力であり、わかっているのにそのとおりに行動を動機づけられない状態の者には、これが欠ける。窃盗に出てしまう病気（クレプトマニア）がその例である。

(3) **限定責任能力**　　限定責任能力とは、精神の障害により弁識能力または制御能力が著しく減退した状態をいう。責任無能力においては責任が阻却されて犯罪が成立しないのに対し、限定責任能力の場合には刑が必要的に減軽される。正常と異常との間に絶対的な境目があるわけではないため、どの程度をもって限定責任能力とするかの判断には困難な面もある。必要的減軽という法律効果に見合うだけの能力の低下がある場合を限定責任能力とすべきであろう。

責任能力

```
責任能力  -  限定責任能力  -  責任無能力

                      刑事未成年者
          心神耗弱★    心神喪失★
                            ★判断基準〈混合的方法〉
                            ①生物学的要素
                            ②心理学的要素
```

(4) **原因において自由な行為**

　(a) **意義**　　責任は個別の行為について問題とされるものであり、犯罪の成立を認めるためには、行為の時点で責任要件が備わっていたことを要する。これを「行為と責任の同時存在の原則」という。責任能力も当該違法行為の時点で要求されることになる。しかし、この原則を完全に維持することはできないのではないかという問題がある。たとえば、殺人を実行するために酒で勢いをつけようと思って、病的に酩酊してから殺人を行ったような場合、殺害の時点では責任能力がなかったとすると、「行為と責任の同時存在の原則」からは、行為者を無罪とせざるをえなくなってしまうようにみえる。そこで、殺害の時点で責任無能力であっても、飲酒という原因行為の時点では完全責任能力であったことに着目し、この原因行

為を「原因において自由な行為（ラテン語 actio libera in causa）」としてとらえることによって、完全な責任を問えるのではないかという議論がなされている（ケース・スタディ9参照）。

　(b)　**要件**　　どのような場合に行為者に完全な責任を問いうるかについては、見解の対立がある。伝統的な通説は、原因において自由な行為を、①間接正犯と同様に構成する見解であった（間接正犯類似説）。間接正犯とは、典型的には、医者が事情を知らない看護師を介して患者を毒殺する場合のように、責任のない他人を利用して犯罪を実現するものをいう。そこでこの見解は、責任のない他人を利用する場合を間接正犯として処罰しうるのであれば、責任のない自己の行為を利用する場合であっても、利用行為の時点で責任能力があれば完全な責任を問いうると考える。

　確かにこの説は、責任無能力の自分を利用した場合には完全な処罰を可能にするが、責任無能力にはならずに限定責任能力にとどまった場合には、あとの時点での殺害行為が限定責任能力として軽く処罰されるにすぎないことになるので、不十分だと批判された。そこで、②意思の連続性を重視し、責任能力がある時点での犯行意思がそのまま実現した場合には、すべて完全な責任を認めてよいとする見解が唱えられた。たとえば、酒の勢いを借りて殺人を実現する意思をもち、その意思がそのまま実現した場合には、直接の殺害行為が責任無能力と限定責任能力とのいずれの状態におけるものであったとしても、完全な責任を問いうるとする。この説のように、犯意が連続すれば責任があるとすると、完全な責任が肯定される範囲は時間的にかなりさかのぼって認められることになろう。さらに、完全な責任能力のない状態を自己の責任により招いた場合には、責任の減少・阻却を

主張しえないとする説も唱えられている（責任モデル）。

　これに対しては、責任だけをさかのぼらせるのではなく、構成要件該当性の段階で犯罪の成立を厳格に検討しなければならないという見解が主張されている（構成要件モデル）。この説は特に③相当因果関係の必要性を重視し、原因行為と結果との間に相当因果関係がある場合に初めて、原因行為の責任を問題にしうるとする。たとえば、「酩酊すると殴る」という関係が、かなり具体的で確実なものでなければならない。そのうえで、そのような違法な事実についての責任を検討する。故意犯の場合、因果経過の基本的部分の認識を要するとすれば、原因行為によって自己が結果を発生させる危険のある状態になることの少なくとも未必的な認識が必要である。結果の認識だけではなく、因果経過の認識も必要であることを強調する意味で、これを「二重の故意」ということがある。過失犯の場合には、そうした違法な事実の実現についての予見可能性が必要となる。

　最高裁は、飲酒運転の罪における飲酒行為のように、構成要件要素となる事実がそれ自体として精神状態に悪影響を及ぼすものであるような場合、たとえそうした悪影響が責任能力を低減させる程度に達したとしても、責任は否定されないとする結論をとっている（最決昭和43・2・27刑集22巻2号67頁［百選39事件］、薬物使用につき最決昭和28・12・24刑集7巻13号2646頁参照）。ここでは、事前の犯意がそのまま実現した点が重視された。他方で、病的酩酊により責任無能力になってから初めて犯意を生じた事案においては、故意犯ではなく、過失犯の成立が認められている（最大判昭和26・1・17刑集5巻1号20頁［百選37事件］参照）。ここでは、①自己の危険な素質を自覚していたものであること、②注意義務違反、が重視されており、通常の過失犯と同様の考え方が適用されている。

●——— 期待可能性

　(1)　**意義**　19世紀の犯罪論では、責任とは故意・過失という心理的な事情そのものを意味すると考えられた（心理的責任論）。これは、すべての法概念を自然科学的に説明しようとする、自然主義的思考に基づいていた。しかし、それでは不十分なのではないかが指摘され始めた。その1つのき

っかけとなったのが、ドイツの19世紀末の「暴れ馬事件」である。行為者は御者として雇われていたが、馬の中に、手綱に尾をからみつかせる癖のある馬がおり、そのことは主人も行為者も知っていた。行為者は主人の命令でその馬をつけて馬車を走らせたところ、馬が暴れ出したために通行人を負傷させた。裁判所は、命令を拒否して職を失うことは行為者に期待できなかったとして、過失犯による処罰を否定した。社会的事情こそ今と違っているが、少なくとも当時においても、暴れ馬を走らせ事故を起こしたことについて、注意義務違反ないし予見可能性という意味での過失があったことは否定しえないであろう。しかし裁判所は、失職の可能性という、それ以外の背景事情を考慮して無罪としたのである。

その後、行為者を非難しえない事情のあるときは責任を否定すべきだという規範的責任論の考え方が広く支持されるようになった（本章第1節●―刑罰目的論と責任(2)参照）。これを担う要件として「適法行為の期待可能性」がある。適法行為を行為者に期待しえないときには、たとえ違法行為をなしたとしても責任を否定するのが現在の通説である。

(2) **超法規的責任阻却事由**　現行法上、期待可能性について一般的に規定した条文はない。したがって、責任阻却事由の1つとして期待可能性の不存在を考えることは、直接的には法律の条文にない超法規的責任阻却事由を認めることを意味する。これはちょうど、違法性の判断においても、正当防衛や緊急避難のほかに直接の条文のない実質的違法阻却が認められているのと同じである。

もっとも、期待可能性に関係のある条文は存在する。まず、刑法総則には、①過剰防衛（36条2項）・過剰避難（37条1項ただし書）がある。過剰部分が違法であることは確かに否定できない。しかし通説によれば、緊急の状態でとっさに過剰な行為に出てしまうことは、たとえ故意（または過失）があっても、その責任非難の程度において低いので、通常の場合とは異なり特別に刑を減軽または免除しうるとされる。さらに、②「盗犯等ノ防止及処分ニ関スル法律」（盗犯等防止法）1条2項は、盗犯が侵入してきた際に恐怖等から現場で犯人を殺傷した場合に、たとえ現在の危険がなくても無罪とする余地を認めている（第3章第2節●―正当防衛(3)(6)、本章第

2節●―故意(4)(b)参照)。

　刑法の各則にも、期待可能性に関する規定がいくつかある。③犯人蔵匿罪（103条）は逃走者をかくまう罪であって、逃げ隠れしている本人は処罰されない。脱走についても、本人による逃走罪（97条）は、他人が脱走に関与する場合（99条以下）に比べると法定刑の程度がかなり低くなっている。また、「他人の刑事事件に関する」証拠隠滅を処罰する証拠隠滅罪（104条）は、犯人が自分自身で証拠を隠滅する場合を含まない。さらに、親族が本人のためにこれらの罪を行った場合に刑を免除しうるという特別規定がある（105条、各論第3編第3章第3節●―証拠隠滅等罪参照）。いずれも、期待可能性の減少が考慮されたものである。類似の規定として、盗品譲受け罪（256条）についての親族特例がある（257条、刑の必要的免除、各論第1編第3章第8節●―親族等の間の犯罪に関する特例参照）。

　このほか、④妊婦自身による自己堕胎罪（212条）が、同意を得て他人が行う堕胎罪（213条）より軽く処罰されているのも、望まない妊娠をした本人が自分で行う場合は期待可能性が小さいからだと考えられている（各論第1編第1章第1節●―堕胎罪(2)参照）。また、⑤財布の中にいつの間にかにせ札が混ざっており、くやしいので知らないふりをして使ってしまうような場合があたる、偽造通貨収得後知情行使罪（152条）では、「額面価格の3倍以下の罰金又は科料」という軽い法定刑が規定されている。これも、本来ならば警察にすぐ届けなければならないとしても、にせ札を知らずに取得し、後で気がついた者にそれを強いることはやや酷だという面が考慮されている（各論第2編第2章第1節●―収得後知情行使罪(4)参照）。

　(3)　期待可能性の判断基準　　過失に関するのと同じように、適法行為の期待可能性についても、何を判断基準とするかが争われている。

　当該違法行為を選択したことについて、行為者自身を基準として非難可能性があるかどうかを判断する立場を①行為者標準説という。しかしこの説では、「行為者自身が実際に違法行為に出てしまったのは、行為者にと

ってはそうするほかなかったからだ」という弁解を許すことになるという問題がある。

そこで、従来の通説は、その状況に置かれた平均的な人ならばどのように行動できたかを基準とする②平均人標準説を採用していた。しかしこれに対しても、平均人でも違法行為をするであろうというとき（たとえば、速度違反）にすべて免責したのでは秩序が保たれないし、平均人を基準としたのでは行為者に対する非難を判断できないという批判がある。

このような考慮から、適法行為が期待できたかどうかは、結局、国家の視点から具体的状況を前提として判断すべきだという③国家標準説も唱えられている。この見解からは、現行法上、同じく期待可能性を考慮した規定であっても、不処罰、減軽、免除など効果がさまざまなのは、国家による期待の程度の違いによるのだという説明が可能である。しかし、国家が期待できるときに期待できるというのでは、判断基準として何も言っていないに等しいのでないかという疑問もある。

期待可能性

期待可能性の判断基準 {	行為者標準説 平均人標準説 国家標準説

従来、学説は以上の３つに分けられてきたが、近時では、この３つの学説の対立は決定的なものではないという理解も有力化している。まず、責任非難が行為者自身に対してなされるものだとすれば、知能や身体的条件などについては行為者の事情を基礎にする必要がある。しかしだからといって、「行為者が違法に行為したのはそうするほかなかったからだ」とただちに認めるわけにはいかない。行為者の能力を前提にしたとしても、国家の法秩序の側から、なお適法行為を期待しえたとする余地を残すのでなければならない。しかしその期待の程度は、行為者にほとんど不可能を強いるような厳格すぎるものであってはならず、一般人にとっても了解可能なものでなければならない。その意味では、従来の３つの基準は必ずしも相互に矛盾するものではない、とするのである。

適法行為の期待可能性についての判例として、大審院は、通勤客が制止を聞かずに乗船し、警官もこれを止めず、船主も注意を聞き入れずに多数の客を乗せたために沈没事故になってしまった事案について、船長に対し、軽い罰金刑を言い渡したが、これは期待可能性の減少を考慮したためだと理解されている（「第5柏丸事件」大判昭和8・11・21刑集12巻2072頁参照）。戦後の混乱期には、無罪まで認める下級審裁判例がいくつか現れた。

　しかし最高裁の態度は明確でなく、期待可能性の不存在を理由とする無罪例はまだない。他方、期待可能性の理論自体が否定されたわけでもない。最高裁には、原審が期待可能性の不存在による無罪を認めた事案について、期待可能性の理論をいわゆる超法規的責任阻却事由に関するものと理解しつつも、具体的には、可罰的違法性がないという理由で原審の結論を維持した例がある（最判昭和31・12・11刑集10巻12号1605頁参照）。また別の事件でも、原審が期待可能性の欠如による無罪を言い渡したのに対して、構成要件該当性がないという理由で結論を維持している（最判昭和33・7・10刑集12巻11号2471頁参照）。だが、条文がないとはいえ、裁判所も、違法性の段階では可罰的違法性の理論を認めているので、責任段階においても、超法規的な責任阻却を一切認めないわけではないだろうといわれている。

コーヒー・ブレイク 名探偵たちの正義感──ミステリーへの招待

　'I am afraid, Watson, that I shall have to go,' said Holmes as we sat down together to our breakfast one morning.

　刑事事件は、ある日降って湧いたように始まり、ある日突然終わり、また静かな日常生活が戻ってくる。シャーロック・ホームズ（Sherlock Holmes）がロンドンのベーカー街221Bの部屋で、好きなバイオリンを弾き始めるのは静かな日常への回帰を意味します。

　冒頭の一節（Arthur Conan Doyle "Silver Blaze"）を中学時代に読み、すっかりホームズの魅力に取りつかれた私（編著者）は、刑事法の教授で弁護士にもなりましたが、いつも悩んできたのは「正義とは何か？」ということです。刑法における正義は、普通、「真犯人を捕まえて、刑罰を科すこと」と考えられています。

　しかし、刑事コロンボ（"Columbo" = ピーター・フォーク主演のアメリカ人気TV

ミステリーシリーズの主人公）のような警察官と異なり、逮捕する職務上の義務の
ない私立探偵はあえて犯人を見逃すことがあります。たとえば、ホームズ・シリ
ーズの1つ、『青い紅玉』（"The Adventure of the Blue Carbuncle"）では、ホテルに
宿泊中の伯爵夫人の部屋から貴重な紅玉を盗み、クリスマス用に飼育中のガチョ
ウに食べさせてその胃袋に隠したホテルのボーイ長を、ホームズは犯人と見抜き
ました。しかし、犯人が真実を告白し、深く反省して許しを請うのを聞き、ホー
ムズは部屋のドアを開け、「ここを出て行け」と一言言って彼を逃がしてしまい
ます。そして、親友で記録係のワトソン博士に、「彼はもう懲りて2度と罪を犯
さないだろう、刑務所に送ればかえって常習犯になってしまう、奇怪な事件を体
験し、解決できたことが報酬さ」とその理由を説明します。

　シャーロック・ホームズとならぶ名探偵といえば、エルキュール・ポアロ
（Hercule Poirot）でしょう。小柄で小太り、卵型の頭に完璧な身だしなみ、ぴん
と張った立派な口髭のベルギー人も犯人を見逃すことがあります。アメリカで実
際にあった、リンドバーク（初の大西洋単独無着陸飛行士）愛児誘拐殺人事件を素
材にし、何度も映画化された名作『オリエント急行の殺人』（Agatha Christie
"Murder on the Orient Express"）では、雪にスタックしたオリエント急行のコンパ
ートメント内で、真夜中に大金持ちのアメリカ人紳士が12カ所刺されて殺害され
ます。その車両にはポアロを除くと14人の乗客と車掌がいました。その捜査にあ
たり、真相を究明したポアロは、依頼人であるその運行会社の重役にあえて2つ
の見解を示して、いずれかを選択するように求めます。第1は、途中駅での侵入
者による外部犯行説、第2は、車両内の乗客らによる内部犯行説です。本件の動
機が、お金の力で裁きを免れた誘拐殺人犯への報復にあると知った重役は、第1
説を採用し、犯行に及んだ12人（＝陪審員数）の罪を問わないことにします。ポ
アロは第2説が真相であると考えていますが、その選択に従い、犯人の乗客を見
逃します。

　ポアロといえば、同じアガサ・クリスティが生んだもう1人の素人探偵、ミ
ス・マープル（Miss Jane Marple）も忘れることはできません。彼女は、ロンドン
近郊の村に住む噂話の好きな一見平凡なおばあちゃんです。ただ事件をかぎつけ、
その情報収集能力を利用して真相に迫る感性が天賦の才で、名声は地域の警察に
鳴り響いています。彼女も時として、殺人を黙認することがあります。たとえば、
やはりエリザベス・テイラー主演で映画化された、『鏡は横にひび割れて』（"The
Mirror Crack'd from Side to Side"）では、ある日、往年の大女優が村人のために自
宅で盛大なパーティーを催したところ、大ファンであった客の1人が毒殺されま
す。最後に、マープルが犯人と見抜いた大女優が睡眠薬の飲みすぎで死んだと彼
女を深く愛する夫から直接知らされたミス・マープルは、次のように一言。「そ
の飲みすぎは彼女にとって幸運でしたね。だけど誰かに一服盛られたのではない
かしら？」。その時、マープルと夫の目が合いましたが、彼は何も言わず、物語

はここで終わります。

　アガサ・クリスティのミステリー小説ではしばしば「正義」とは何かを考えさせられます。絶海の孤島にいる10人が次々に変死し、犯人を含めて結局全員が死んでしまう、名作『そして誰もいなくなった』（"And Then There Were None"）では、刑法上は殺人罪に問えない倫理的殺人者への「正義」の実現がテーマとされています。

　皆様もぜひミステリー小説を英文で読んでみてください。たのしく刑法も英語も学べるので一石二鳥です。では『オリエント急行の殺人』から、ポアロの最後の言葉で締めくくりましょう。乗客らを見渡して去る、得意満面のポアロの笑顔が髣髴として浮かんできます。

'Then, said Poirot, 'having placed my solution before you, I have the honour to retire from the case...'

［ケース……**9**］

　Xは日頃Aからいじめられていてその恨みから痛めつけてやろうと思い、酒に酔うと暴力を振う習癖を持っていることを知りながら、Aを飲酒に誘って隣席で多量の飲酒をして泥酔してしまい、その結果Aを強打して重傷を負わせた。Xは殴打時に心神喪失状態であった場合Xの罪責について論ぜよ。

［論点整理］
1．構成要件該当性／違法性
　(1)傷害罪（204条）――傷害罪は傷害の故意のある故意犯形態のみか、暴行の故意による結果的加重犯形態の場合も成立するのか。
　(2)過失傷害罪（209条）
2．責任
　―責任主義：責任なければ刑罰なし
　―責任：反対動機の形成が可能であるにもかかわらず規範に違反することに対する道義的非難ないし非難可能性
　　　　規範的責任論――期待可能性
　―根本原理「行為と責任の同時存在の原則」
　―実行行為性ないし構成要件の保障機能
　―責任能力
　　意義：是非善悪を弁識する能力、かつその弁識に従って自らの行動を制御ないしコントロールする能力
　　体系的位置づけ：責任判断の前提か責任要素か（行為者の属性または主体的適格性と考えるのか、当該行為についての非難可能性の問題として考えるのか）。
　　判断基準：責任能力の判断は、生物学的要素と心理学的要素を共に考慮し、法的視点から（精神医学上の判断と区別される）、非難可能性の前提である人格的適性ないし能力があるかどうかに基づく。
3．原因において自由な行為

　　　─定義：自らを責任無能力の状態におとしいれ、その状態で構成要件的
　　　　　　結果を惹起させ犯罪を実現する場合
　　　─間接正犯類似構造としての処理
　　　─国民の処罰感情、刑法の法益保護機能
　　　─責任能力は原因設定行為時もしくは実行行為時または広義の行為の開
　　　　　始時（意思決定時）等いずれの時に具備していればよいのか。

[関連判例]
　(1)乳児に添寝していた母親による窒息死事件に過失致死罪の罪責を認めた事例
　　　（大判昭和 2・10・16刑集 6 巻413頁）
　(2)病的酩酊者の行為につき過失致死の罪責を認めた事例（最大判昭和26・1・17
　　　刑集 5 巻 1 号20頁［百選37事件]）
　(3)薬物注射時に暴行の未必の故意を認め心神喪失状態で傷害結果を生じさせた
　　　ケースにつき傷害致死罪を成立させた事例（名古屋高判昭和31・4・19高刑集 9
　　　巻 5 号411頁）

[本ケースから学ぶ刑法の基本原理・原則の重要ポイント]
　(1)責任主義
　(2)責任の本質──規範的責任論（期待可能性）
　(3)行為と責任の同時存在の原則
　(4)責任能力の意義と体系的位置付け
　(5)原因において自由な行為の法理

[『たのしい刑法Ⅱ各論』のケース・スタディで基本原理・原則を学ぶ]
　　刑法Ⅱケース10（期待可能性──（規範的）責任論）

[ホームワーク]
　　以下のケースと比較・対照せよ。
　　　(a)自らを心神耗弱状態におとしいれ利用する場合。
　　　(b)過失犯・不作為犯の場合。
　　　(c)故意の作為犯（特に殺人罪の場合）。

（問題提起）

構成要件該当性
違法性
責任（責任能力）

一．　　Xは飲酒時において、Aに対する暴行の故意を有している。さらにXはAを殴打してAを傷害に至らしめており、傷害罪（刑法204条）の予定する法益侵害結果を惹起している。しかし、Xは殴打行為時においては心神喪失であり、責任無能力と解される。そのためこのようなXに傷害罪（刑法204条）の罪責を問うことができるのかどうか、もしくは過失致傷罪（刑法209条）の罪責が問われるのかどうか。

（規範定立）

責任能力

原因において自由な行為の法理

責任主義

行為と責任の同時存在の原則
規範的責任論

原因において自由な行為の実行行為性

刑法39条1項

実行行為性に関する間接正犯類似の構造

処罰の必要性／国民の処罰感情

二．　　Xは飲酒によって心神喪失状態となっているため、是非弁別能力または制御能力が欠けていると解される。そのため自らを責任無能力の状態におとしいれて、その責任無能力状態において犯罪を実現する場合（いわゆる「原因において自由な行為」）でありその罪責（責任）が問題となる。

　　そもそも責任主義（責任なければ刑罰はない）という根本原理により、実行行為の時点において責任能力が存在していることが必要である（いわゆる行為と責任との同時存在の原則）。なぜなら実行行為時に是非を弁識し行為を制御する能力があるからこそ規範に違反する行為につき道徳的非難が可能となり、犯罪結果につき帰責し得るからである（規範的責任論）。

　　では、原因において自由な行為についての実行行為性はどの時点に認められるのか。心神喪失時の殴打行為により傷害結果が発生しているが、この時点の行為のみに着目すると、心神喪失者の行為として処罰されないと解される（刑法39条1項）。

　　しかし思うに、責任無能力状態である犯罪者自身の行為は単なる因果の流れにとどまり、規範に直面せず規範的障害が欠けている（いわゆる間接正犯における道具と同様に評価される）。そのため責任能力のある原因設定行為時に各構成要件に該当する法益の侵害結果発生の現実的危険性、すなわち実行行為（構成要件該当行為）性が認められる。また以上のように解することで責任無能力状態を作出して犯罪の結果を発生させた場合（「原因において自由な行為」）を処罰することが可能となり、一般人の法感情に適合する結果となり、刑法の法益保護目的にも合致することになる。

実行行為性の判断基準

　　　ただし、原因設定行為に故意の作為犯の実行行為性が認められるためには、原因行為と結果との間に意思連続性ないし支配関係、時間的・場所的関係があるなど密接な関係があることを要するものと解する。

（あてはめ）
傷害罪
　故意の作為犯

・暴行の未必の故意

・結果発生の具体的危険性（実行行為性）
・実行行為時における責任能力
・傷害の結果発生（『人の身体を傷害した』）
結果的加重犯（暴行の故意）か故意犯（傷害の故意）か

三.　　本問においてXは、日頃の恨みをはらすためAを痛めつけようとして、飲酒による暴行の習癖を有していることを知りながら計画どおり、標的であるAの隣にすわって勢いをつけるため飲酒していると考えられる。このような事情の下では特定された客体について暴行の未必の故意が飲酒時から殴打時まで連続しており、原因行為時から結果発生まで同一の機会の一連の事実経緯として捉えられる。そのため飲酒時において傷害罪の予定する法益侵害の危険性が発生していると解することが可能であり、またその時点で責任能力が存在している。以上から、Xの暴行の故意で暴行（有形的方法）を手段としてその結果Aの身体を傷害した行為について責任が帰せられる。なお、Xには暴行の認識があったのみとも解することができるが、傷害罪は結果的加重犯形態でも成立すると解する。暴行の意思で傷害させた場合を暴行罪（刑法208条）は文理上除外していること、さらにその場合を過失致傷罪とすると刑の均衡を失すること等からである。

（結論）

四.　　以上により、Xには傷害罪（刑法204条）が成立する。

第5章　未遂犯

〔キー・ポイント・チャート〕

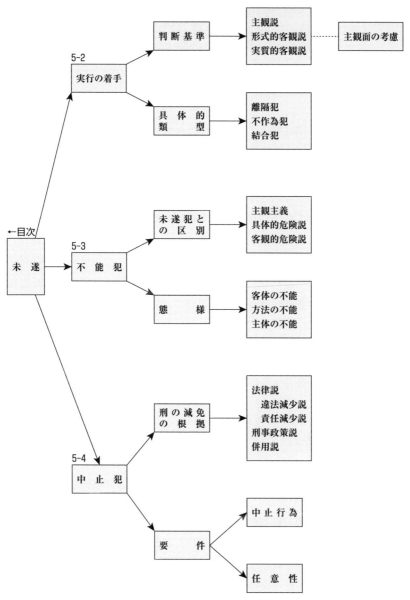

1. 未遂犯とは何か

●――― 意義

(1) **修正された構成要件**　本書でこれまでみてきたのは、行為者が1人で1つの犯罪を完全に実現するという、犯罪成立の最も基本的な場合についてであった。たとえば、AがBをピストルで撃って殺害した場合、殺人罪が成立することに問題はない。これに対し、Bを狙って撃ったにもかかわらず、弾がはずれて、Bが無傷で終わったときはどうだろうか。刑法は、この場合にもAを無罪とするのではなく、殺人未遂罪で処罰することにしている。ここでは、法益侵害の結果が発生していなくても犯罪の成立が認められるという意味で、構成要件が広げられているのである。既遂犯の構成要件が基本的構成要件だとすれば、未遂犯の構成要件は修正された構成要件だということができる（第2章第1節●―構成要件の種類(1)参照）。

未遂の態様

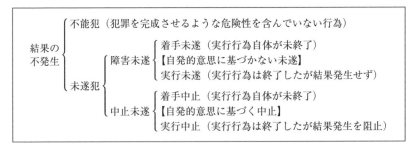

```
                  ┌ 不能犯（犯罪を完成させるような危険性を含んでいない行為）
                  │
                  │           ┌ 着手未遂（実行行為自体が未終了）
結果の            │  障害未遂 【自発的意思に基づかない未遂】
不発生 ┤          │           └ 実行未遂（実行行為は終了したが結果発生せず）
                  │ 未遂犯 ┤
                  └          │           ┌ 着手中止（実行行為自体が未終了）
                             │  中止未遂 【自発的意思に基づく中止】
                             └           └ 実行中止（実行行為は終了したが結果発生を阻止）
```

　この修正は、犯罪の成立時期を時間的に早める形で行われている。上の例で、ピストルを実際に撃って殺してしまった場合には、もちろん、殺人未遂でなく殺人既遂が成立する。未遂を処罰することは、時間的にそこまで至らずに、これから引金を引いて撃とうとする時点でも、すでに犯罪の

成立を認めることを意味する。法益侵害の結果が発生するよりも前の時点まで、処罰範囲が時間的に拡張されているのである。

(2) **未遂犯の処罰**　43条本文は、「犯罪の実行に着手してこれを遂げなかった者は、その刑を減軽することができる」と規定している。この「犯罪の実行に着手してこれを遂げなかった者」（実行の着手）にあたる場合が未遂犯であり、その効果は刑の任意的減軽である（減軽の方法は68条）。

次の44条では、「未遂を罰する場合は、各本条で定める」とされる。これは、未遂がすべての犯罪について処罰されるのではなく、過失犯と同じように、特別の規定のある場合にだけ処罰されるという意味である。たとえば、殺人罪（199条）については未遂を処罰することとされている（203条）が、器物損壊罪（261条）の後には未遂の処罰規定がない。

(3) **未遂犯の種類**　未遂犯の中には「着手未遂」と「実行未遂」の2つがあり、両者は実行行為が終わっていたか否かで区別されるといわれる。先の例でいうと、着手未遂とは、ピストルで人を狙ってこれから撃つ段階で未遂犯の成立が認められる場合であり、実行未遂とは、ピストルをもう撃ってしまったが当たらなかった、あるいは、当たったけれども被害者は死なずにすんだという場合である。

着手未遂

実行未遂

●───　予備

未遂犯は、まだ法益侵害が発生しないうちに犯罪が成立する場合であるが、このような「時間的拡張」をさらに前の段階まで広げたものが、予備である。予備罪は、殺人、強盗など特に重大な犯罪についてだけ規定されている。たとえば、殺人予備罪は、殺人罪を犯す目的で、その予備をした場合に成立する（201条）。予備罪は一種の目的犯（第2章第1節●─構成要

件の要素(4)(a)参照）だといわれる。

　なお、特別刑法の中には、これよりもさかのぼった段階で処罰される犯罪の定義が含まれている。たとえば、2人以上が一定の犯罪を「計画」し、1人が下見などの行為をすれば成立するとされる、いわゆる「共謀罪」（「組織的な犯罪の処罰及び犯罪収益の規制等に関する法律」6条の2第1項）は、保護法益に対する客観的な危険がなくても成立するようにみえることから、憲法上問題があるのではないかが議論されている。この罪による実際の処罰例は1件もない。

●────未遂犯と危険犯

　(1)　**未遂犯**　法益侵害がなくても処罰される類型としては、ほかにも、危険犯があるが、未遂犯と危険犯とでは異なる点もある。既遂犯が、最終結果の発生をまって初めて成立するのに対して、未遂犯はそれより前の段階で成立するという意味で、犯罪の成立範囲を時間的に拡張した場合である。たとえば、殺人未遂では、人の死亡という法益侵害がない。しかし、未遂犯が成立するためには、既遂犯と同じように、最終結果の認識が必要である。なぜなら、未遂犯の構成要件は、最終結果の発生を不要とする点で修正されているだけであって、故意の点では修正されていないからである。したがって、殺人未遂罪の成立には、人を殺す故意が必要である。

　(2)　**危険犯**　これに対し、危険犯では、侵害犯と対比されることからもわかるように（第2章第1節●─構成要件の要素(3)(d)図参照）、法益侵害が「結果」とされているのではなく、法益侵害の危険そのものが「結果」とされている。たとえば、人の生命・身体に対する抽象的危険犯とされる遺棄罪（217条）では、扶助を必要とする人を捨てることによって、危険という「結果」が発生し、既遂となる（各論第1編第1章第1節●─遺棄罪(2)参照）。そして危険犯では、危険の認識があれば故意がある。遺棄罪の成立には、人を殺そうと思ったことは必要でない。また、危険犯には具体的危険犯と抽象的危険犯とがあり（第2章第1節●─構成要件の要素(3)(d)(iii)参照）、前者の故意には具体的危険の認識、後者の故意には抽象的危険の認識が必要である。

(3) **目的犯**　目的犯とされるもののうち、将来の新たな行為を目的とする犯罪は、一種の危険犯として理解できる。たとえば通貨偽造罪（148条）は、「行使の目的」を必要とし、にせ札等を、使う目的をもって作った場合にのみ成立する。ここでは、にせ札が実際に流通して被害が出たことは犯罪の成立要件でない。つまり、流通させる目的でにせ札を作った場合には、流通の危険があるので、これを先取りして規制しようという趣旨である。実害の発生よりも時間的にさかのぼって犯罪の成立が認められる点で未遂犯に似ているが、犯罪そのものの性質は危険犯である。通貨偽造罪の場合、既遂のみならず、未遂（151条）、さらに予備（153条、準備罪）も処罰されている（各論第2編第2章第1節●—通貨偽造準備罪参照）。

●——— 未遂犯はなぜ処罰されるか

　未遂犯が成立する場合、法益侵害が発生していないのにもかかわらず処罰されるのはなぜだろうか。この点に関し、古くは主観主義と客観主義の考え方が対立していた。

　主観主義の未遂論は、特別予防を重視する近代学派の刑法学（第1章第2節●—2つの基本的な考え方(2)参照）に基づくものである。それによれば、内心において法益を侵害しようと思っている者は、法益に対して危険だから、処罰されなければならない。この説は、行為者が法益を侵害しようと考えて何かしらの行為を行いさえすれば、それを行為者の反社会的性格を示す「氷山の一角」として処罰を認める。「氷山の一角」に着目するという意味で、「犯罪徴表説」とも呼ばれる立場である。この考え方を極端に押し進めると、わら人形に釘を打って人を呪い殺そうとする「丑の刻参り」のような場合にまで処罰を肯定することになる。この方法では本当は人は死なないので、このような行為を「迷信犯」ともいう。

　しかし刑法では、単なる悪い意思は処罰されないはずである（第1章第2節●—「犯罪」とは何か(1)参照）。原則としてまず客観的な被害や危険の発生が問題とされなければならず、人を殺すつもりがあったかどうかという内心の問題だけをとり出して検討すべきではない。

　したがって、現在では主観主義は支持されておらず、客観主義の立場が

一般的である。本来、犯罪をできるだけ客観的に明確な形で規定しようとすれば、侵害の結果が発生した場合にだけ処罰を認めるべきかもしれない。しかし、被害が生じてから国家が介入したのでは遅いという見方もできる。そこで、刑法は、特に重大な犯罪について、法益侵害の「危険」が発生した段階で、未遂犯として処罰することを認めているのである。つまり、客観主義は、主観主義のように行為者の性格の危険性を重視するのではなく、行為者の外部的な行為によって法益侵害が起こる現実の危険性を重視する。もっとも、次節で述べるように、客観主義の中でも、この「危険」をどのように理解するかについては対立がある。

　未遂の場合には既遂の「刑を減軽することができる」（43条）。理論上は、法益侵害が発生しなかったという客観面を重視するならば、刑を既遂よりも軽くすべきであり、他方、行為者の内心を重視するならば、主観面は未遂と既遂とで異ならないから、刑を軽くすべきではないことになろう。刑を減軽することもできるし、減軽しないこともできる、と規定する43条は、中間的な立場を採用しているといえる。現在の実務上は、未遂の場合の量刑は一般に既遂よりも軽くなっている。

2. 実行の着手

● ―― 意義

　前節●―意義(1)で述べたように、未遂犯の構成要件は、犯罪の成立時期を時間的に早める形で修正されている。しかし、どこまでも早めてよいわけではない。未遂犯の成立は、「実行の着手」（43条）の要件によって画されている。「実行の着手」は、未遂のほかに予備が規定されている場合には、まだ予備なのか、もっと重い未遂として処罰されるのかの分かれ目である。また、予備罪がない類型では、そもそも犯罪が成立しうるかどうかの分かれ目となる。

　なお、未遂を既遂から区別する意味で、未遂は犯罪の実行に着手して「これを遂げなかった」場合だといわれるが、犯罪を完成させなかったことが要件として積極的に認定されるわけではない。たとえば、倒れている人に日本刀を突き刺したが、その時点でその人が生きていたか死んでいたかが不明の（したがって、生きていたかもしれない）場合であっても、殺人未遂の成立が認められている（後出242頁広島高判昭和36・7・10参照）。

実行の着手

● ―― 判断基準

〔1〕　**主観説**　　未遂犯の処罰根拠に関する主観主義の立場からは、行為

者の主観面を中心として「実行の着手」の要件を解釈する主観説が唱えられた。ただ、単なる内心は外側からは認識できないので、この説は、犯罪を行おうとする意思が外部から確定的に認識できるような行為が「実行の着手」だとする。しかし先に述べたように、現在主観説は支持されておらず、学説は客観主義の内部で対立している。

(2) **形式的客観説**　客観主義の考え方には大きく分けて2つある。1つは、「実行の着手」を、基本的構成要件に形式的に該当する行為を開始したことだとする立場であり、形式的客観説という。この説はたとえば、ピストルで人を撃ち殺そうとする行為や、刀で人に切りつける行為のように、まさに「人を殺す」行為に該当する「定型」的行為を重視するので、判断基準として明確であり、従来の通説であった。しかし、この説は形式的であるがゆえに、硬直的すぎる面ももつ。たとえば、窃盗罪などでは、「他人の財物を窃取する」行為の開始だというためには、物に触ったことまで必要であることになってしまい、未遂の成立時期としては遅すぎるのではないかと批判されている。

　そこでこの立場からの修正として、「人を殺す」「他人の財物を窃取する」といった文言にそのまま該当しなくても、それに密着する行為をした場合まで含めて「実行の着手」を認めようとする説も出された。判例の中にも、家に忍び込んだだけでは窃盗未遂にはならないが、物に対する他人の支配の侵害と「密接なる行為を為したるとき」は実行の着手があったといえる、として、物色のためにたんすに近寄っただけで未遂犯が成立することを認めたものがある（大判昭和9・10・19刑集13巻1473頁、結論同旨、最決昭和40・3・9刑集19巻2号69頁［百選61事件］参照）。しかし厳密に考えると、行為者はたんすを盗もうとしたのではない以上、ここまで「定型」をゆるめることは、形式的な構成要件というこの説の出発点からは離れてしまっているように見える。ここにはすでに実質的な考慮が入っている。

(3) **実質的客観説**　現在では、未遂の処罰根拠となる「危険」を、正面から実質的に判断しようとする見解が多くなっている。この立場を実質的客観説という。たとえば窃盗罪では、物にまだ触らなくても、物がとられる実質的な危険があると認められる時点で未遂犯の成立を肯定すべきだ

とされる。そしてこの見解はさらに、行為者の行為自体の危険に着目する説と、法益侵害の切迫性という意味での危険に着目する説とに分かれる。両者の考え方の違いは、次節に述べる、未遂犯と不能犯との区別に関する具体的危険説と客観的危険説との対立にも関連している。

(a) **行為からのアプローチ**　このうち前者は、「行為の危険性」を判断基準とし、法益を侵害する現実的危険を発生させるような行為を開始したときに「実行の着手」を認める。この見解は、行為自体から将来をみて危険性を判断するという意味の「事前判断」を行う点で、形式的客観説と同じである。しかし、行為が「人を殺す行為」「他人の物を窃取する行為」に形式的にあてはまるかどうかでなく、行為が法益侵害の危険をもつかどうかを実質的に判断するところが、形式的客観説と異なっている。そしてその判断の際には、当該行為が社会通念上どのように評価されるかが重要となるので、危険判断が社会心理的に基礎づけられている面がある。

(b) **結果からのアプローチ**　これに対し、刑法の目的は法益の保護であるという前提を重視し、あくまでも法益侵害との関係において危険を理解しようとする立場もある。この見解では、まず最終的な法益侵害を想定してみて、それについての切迫した危険があったのかどうかを過去にさかのぼる形で判断する方法がとられる。これは、行為自体の危険性を問題にするアプローチとは逆の方向の「事後判断」だといえよう。また、既遂犯における「結果」が法益侵害であるのに対して、未遂犯における「結果」は法益侵害の危険が生じたことだと考えるならば、この説は「結果としての危険」の発生を基準として未遂犯の成立を認める見解だともいえる。

このような判断方法をとるときは、行為者自身の行為の時点と、現実的な危険が発生した時点とが異なる場合もありうるとして、行為者の行為と、「実行の着手」とが分離することを認める見解も多い。最高裁は、ダンプカーで無理やり女性を連行して強制性交した事案において、行為者がまだ強制性交にとりかかっていなくても、女性をダンプカーに引きずり込もうとした段階で、「強姦に至る客観的な危険性」が認められるから、実行の着手があったのだとした（最決昭和45・7・28刑集24巻7号585頁［百選62事件］参照）が、これは結果としての危険の発生を考慮したものだと思われる。

もっとも、既遂に至る客観的な危険性は段階的に高まっていくから、これを実質的に考えると、予備との区別がむずかしくなる。判例は、自分が警察官であると被害者に誤信させたが、まだ金銭を渡すよう告げていなかった段階で詐欺罪（最判平成30・3・22刑集72巻1号82頁［百選63事件］参照）、金融庁職員が訪問すると誤信させられた者から、キャッシュカードをすきをみて窃取する目的でその家に近づいた段階で窃盗罪（最決令和4・2・14刑集76巻2号101頁参照）の実行の着手があるとしている。家に侵入しただけでは窃盗の実行の着手にはならないとしていた以前の判例（前出大判昭和9・10・19）との関係が問題となる。

●———— 主観面の考慮

　「実行の着手」の要件において、外部的な事情だけでなく、行為者の主観も危険に影響することを認めるかどうかで見解の対立がある。未遂犯において主観的違法要素を認めるかどうかの対立だといってもよい。

　客観主義の学説の中には、危険の判断にあたって行為者の主観面を考慮することをいっさい認めない見解もある（主観的違法要素全面否定説）。客観的違法論（第3章第1節●—主観的違法論と客観的違法論参照）を徹底させ、危険はあくまでも客観的・外部的事情によって判断されなければならない、とするのである。しかし、この説は以下のような理由で少数にとどまっている。たとえば、行為者が被害者に向かってピストルを構えているとしよう。もし、行為者が被害者を射殺するつもりならば、被害者の生命は重大な危険にさらされているといえる。これに対し、行為者が単に被害者を脅迫するつもりでしかないときは、生命に対する危険はさほど大きくないのではないか。そこで、現在の多数説は、行為者の主観を判断資料に入れることを認める。

　なお、反対に、客観的には高度の危険が発生しているのに行為者がその具体的な内容を知らず、既遂に至る客観的な危険性があること自体は認識していたという事案で、判例は実行の着手があるとし、そこから既遂結果が発生した場合には既遂が成立するとした（いわゆる「早すぎた結果の発生」に関する最決平成16・3・22刑集58巻3号187頁［百選64事件］参照）。しか

し、認識した事実と実現した事実とのくい違いが大きい場合には、因果関係の錯誤によって、実現した事実についての故意が否定されるとする学説もある（第4章第2節●─故意(3)(b)参照）。この立場でも、認識した具体的事実（行為者の計画）に対応する危険の発生が認められる場合には、それを根拠として、別途、未遂の成立が肯定される余地がある。

●─── 具体的類型

　行為者本人の行為と、危険の発生との関係が一義的に明確でない類型においては、実行の着手がどの時点で認められるかが特に問題とされている。

　(1)　**離隔犯**　　行為者自身による直接の行為と、結果との間が離れている場合を、離隔犯という。たとえば、行為者が被害者を殺すために毒入りの砂糖を郵送したが、幸い被害者はこれを料理に使った際に異状に気づいた、という事例を考えよう。どの時点で未遂が成立することになるのだろうか。行為者自身の行為としては、砂糖を郵便局に持って行った時点で終わっている。届けているのは郵便配達の職員である。

　行為者の行為だけを問題にする形式的客観説は、郵便局に持って行った段階で未遂の成立を認める。この事案を、事情を知らない者を利用した間接正犯（第6章第1節●─共犯の従属性(3)参照）だと考えた場合、つねに利用者の行為の時点で実行の着手ありとすることになる。しかし、これでは未遂の成立時期が早すぎるという批判がある。人をそそのかして犯罪を行わせる教唆犯（第6章第3節参照）の場合、教唆された者が実行に着手しなければ、教唆者にも未遂が成立しない。そうだとすれば、情を知らない郵便局の職員を利用した間接正犯の場合にも、行為者が郵便局に砂糖を持参しただけで未遂の成立を認めるべきではないことになる。

　そこで近時では、実質的客観説の立場から、誰の行為かよりも、侵害の現実的な危険が発生したかを基準とする見解が有力になっている。それによれば、郵便局に届けただけでは不十分であり、被害者が砂糖を食べうる状態になって初めて、生命に対する現実的な危険が肯定されることになる。判例も、毒入り砂糖の事案において、被害者が食べることのできる状態になった点を指摘して、実行の着手を認めている（大判大正7・11・16刑録24輯

1352頁［百選65事件］参照）。また、覚醒剤を船から海上に投下し、別の船で回収する方法により密輸入しようとしたが、悪天候などのため投下した覚醒剤を発見できなかった事案では、「覚せい剤が陸揚げされる客観的な危険性が発生したとはいえない」から実行の着手は認められないとされている（最判平成20・3・4刑集62巻3号123頁参照）。

(2) **不作為犯**　　母親が、殺意をもって自宅で乳児を放置して死なせた場合、不作為による殺人罪が成立する（第2章第3節●—不真正不作為犯(2)参照）。幸いにして事が発覚し、乳児が救助された場合には、不作為による殺人未遂罪となる余地がある。しかし、積極的なはたらきかけは何も行われていないので、いつ「実行の着手」があったのかが問題になる。不真正不作為犯では、なすべき行為が条文に明示されていないため、ここで形式的客観説の「基本的構成要件に形式的に該当する行為を開始したかどうか」という基準を適用することはむずかしい。これに対して、実質的客観説からは、ここでも実質的に危険を判断することになる。つまり、客観的な生命の危険が明らかに生じた段階で未遂犯の成立が認められる。

(3) **結合犯**　　結合犯とは、独立させて考えても犯罪となるような数個の行為を結合してできた犯罪である。たとえば強盗罪（246条）は、暴行または脅迫を手段として財物を奪う罪であり、分解して考えても、暴行罪や窃盗罪が成立しているとみることができる。このような犯罪類型では、手段とされる行為に着手したときが、「実行の着手」だとされている（98条の加重逃走罪につき、最判昭和54・12・25刑集33巻7号1105頁参照）。強盗罪の例では、被害者を殴り始めれば、まだ物をとり始めなくても未遂が成立する。暴行・脅迫が手段として規定されているのは、まさにそれらによって財産が侵害される危険が大きくなるからだとすると、手段とされる行為の開始によって侵害の危険が切迫した場合には未遂の成立を認めてよいといえよう。ただし、逆に、まずは物を物色しているだけで、まだ暴行・脅迫を始めない場合には、強盗未遂でなく、窃盗未遂にしかならないとされる。ここでは、確かに窃盗が実現される危険はあるが、強盗が実現される危険まではまだ認められないからである。

[ケース・スタディ10] 実行の着手（早すぎた結果発生）

［ケース……**10**］

　Xは、妻Aを事故死に見せかけて殺害し生命保険金の詐取を企て、Yと共同して殺害を実行することとなった。XとYはAを自動車内に誘い込み麻酔薬を吸引させてAを失神させたうえ、Aを近くの港まで運び自動車ごと海中に転落させて溺死させるという殺害計画を立てて、共同犯行に及んだところ、実際はXとYの認識に反しAは海中に転落させる前の時点で死亡していた。Aを死に至らしめた行為についてXとYはいかなる罪責を負うのか。

［論点整理］

1．実行の着手時期（刑法第43条本文）

・行為か危険か。基本的構成要件に該当する行為の少なくとも一部分が行われたことで必要十分なのか、「未遂としての処罰に値する危険性」を基準とするのか。危険性の内容について、結果発生の確実性と結果発生の切迫性（時間的場所的近接性）をどう捉えるか。

・実行の着手時期についての諸説

　　主観説（犯意が飛躍的に表動したとき）←「飛躍的表動」の範囲が不明確で未遂処罰時期が早くなる。刑法の機能・目的は社会防衛ではなく基本的な生活利益保護であることからは未遂犯処罰根拠は法益侵害の危険性に求められる。

　　形式的客観説（構成要件該当行為が開始されたとき）←形式的客観説は形式的画一的判断で決定できる点で罪刑法定主義の要請に合致するも、構成要件該当性判断が類型的・抽象的なものであるため未遂犯処罰根拠も法益に対する抽象的危険に求められることになる。

　　実質的客観説（構成要件的結果発生（法益侵害）に至る（具体的）現実的危険性を含む行為が開始されたとき）

・実行の着手は、主観的には犯罪構成要件実現の意思（構成要件的故意）を有し、客観的には犯罪構成要件を実現する現実的危険性を持った行為の開始とされるが、行為者の主観について故意以外の事情は考慮されるのか。既遂に係る客観的危険性は、行為計画を考慮に入れ、想定される障害の有無・程度等を斟酌して既遂に至る可能性の高低が判断される。

2．因果関係の錯誤
・行為者が結果を生じさせるために必要と考えていた段階的行為をすべて行う前に結果が生じたいわゆる早すぎた結果発生（早すぎた構成要件実現）の場合、すなわち、被告人の行為と結果との間で現実に発生した因果経過が、被告人の認識・予見していた因果経過とが一致しなかった場合（因果関係の錯誤）につき、故意を阻却するのか。
・故意の内容として因果関係は必要か。故意責任の本質は規範に直面し反対動機を形成できたのにもかかわらずあえて違法な行為に出た場合の反規範的人格態度に対する非難ないし非難可能性であるが、規範は構成要件として表され因果関係は構成要件要素であるため、因果関係の認識は故意の要件である。
・因果関係の認識が必要として、どの程度認識（主観）と現実（客観）が符合（一致）すれば故意が認められるのか。行為者の予見認識した因果の経過と現実に発生した因果の経過とが、社会観念上当該行為から結果が発生するのが相当であると認められる相当因果関係の範囲内で符合している限り構成要件的故意が阻却されない。

［関連判例］
(1)致死量の毒物を混入した砂糖を郵送して毒殺しようとした事案につき、毒物混入の砂糖を他人が飲食しうる状態に置いたときに殺人の実行の着手が認められるとしたうえで、毒入り砂糖を受領した時点で毒物がそのような状態に置かれたといえるとして、実行の着手を認めたケース（大判大正7・11・16刑録24輯1352頁［百選65事件］）
(2)強姦（2017年改正により強制性交等）をする意図をもって通行中の女性をダンプカーの運転席に引きずり込もうとした段階において、すでに強姦（強制性交等）に至る客観的危険性が明らかに認められるとして、その時点において強姦（強制性交等）の着手があったと解するのを相当とするとしたケース（最決昭和45・7・28刑集24巻7号585頁［百選62事件］）
(3)被害者に対し現金の交付を求める欺罔文言が述べられていない場合でも、段階を踏んで嘘を重ねながら現金を交付させる犯行計画の下において述べられた嘘には、被害者に現金の交付を求める行為に直接つながる嘘が含まれており、当該被害者に嘘を真実であると誤信させることで被告人の求めに応じて即座に現金を交付してしまう危険性を著しく高めるものであった事情におい

て、本件嘘を一連のものとして被害者に述べた段階において、詐欺罪の実行の着手があったものと認められたケース（最判平成30・3・22刑集72巻1号82頁［百選63事件］）

(4)殺害の目的をもって熟睡中の被害者を絞首したところ身動きできなくなったので、すでに死亡しているものと誤信し、自らの犯行の発覚を防ぐ目的で海岸に運び去り砂上に放置して帰宅したところ被害者はまだ生きていたが砂末を吸引して死亡した事例につき、社会生活上の普通観念に照らし殺害の目的をもって為したる行為と被害者の死との間に原因結果の関係あることを認めるのを正当とすべきとして殺人罪を認めたケース（大判大正12・4・30刑集2巻378頁［百選15事件］）

［本ケースから学ぶ刑法の基本原理・原則の重要ポイント］
　(1)実行の着手時期
　(2)因果関係の錯誤、故意論

［『たのしい刑法Ⅱ各論』のケース・スタディで基本原理・原則を学ぶ］
　　刑法Ⅱケース5（窃盗罪の実行の着手、事後強盗罪・強盗致傷罪の既遂・未遂の判断基準）
　　刑法Ⅱケース7（放火罪の実行の着手）

［ホームワーク］
　　次のケースについてどう考えるか。
　　(a)Xは夫Yが数日後に出張から帰宅したら、晩酌時に毒入りワインを飲ませてYを殺害しようと考え、ワインを冷蔵庫に入れておいたところ、Yが予定より早く帰宅してXが外出中にそれを飲んで死亡した場合、ワインを冷蔵庫に入れる行為につきXの罪責はどうか。
　　(b)橋の上から被害者を川に突き落として溺死させようとしたところ、被害者は橋脚に頭をぶつけそれが原因で死亡した場合の罪責はどうか。

［ケース・スタディ10］ 実行の着手（早すぎた結果発生）

<table>
<tr>
<td>（問題提起）</td>
<td>一．　ＸとＹ両名は、Ａを自動車内に誘い込み麻酔薬を吸引させてＡを失神させた上Ａを港まで運んで自動車ごと海中に転落させて溺死させるという犯行計画にて、実際は、結果発生に必要とされた行為計画上の段階的行為をすべて行う前に結果が生じてＡを死亡させたものであるが（いわゆる「早すぎた結果発生（早すぎた構成要件実現）」）、このような場合にＸとＹに殺人罪の故意既遂犯が成立するのかが問題となる。</td>
</tr>
<tr>
<td>（規範定立）
実行の着手時期

主観説
刑法の目的・機能

形式的客観説

実質的客観説

主観面としての
行為計画
密接性と客観的
危険性</td>
<td>二．　まず、殺人罪の故意既遂犯の成否につき、実行の着手時期（刑法43条本文）が問われる。
　　実行の着手時期を犯意の飛躍的表動とする主観説は基準が不明確であり法益保護という刑法の機能・目的にも牴触するものであり、また構成要件該当行為の開始時点を実行着手の時期とする形式的客観説は類型的抽象的な判断となり実行着手時期を不当に遅らせることになる。そのため、構成要件的結果発生の危険性を実質的・具体的に判断して、犯罪構成要件を実現する法益侵害の現実的客観的危険性を含む行為を開始したときに実行着手とすることが相当である（実質的客観説）。
　　また、実行の着手は、犯罪構成要件実現の意思（構成要件的故意）を有し犯罪構成的結果発生の現実的危険性を持った行為の開始と解されるが、行為者の主観面として故意のみならず犯行計画も考慮して判断されるのかどうかである。この点、行為計画をも考慮に入れて、想定される障害の有無・程度等を斟酌して既遂に至る可能性の高低を見定めることにより、構成要件該当行為に密接な行為で既遂に至る客観的危険性を含む行為の開始、すなわち実行の着手時期を判断することが相当である。</td>
</tr>
<tr>
<td>（あてはめ）</td>
<td>三．　本問について、ＸとＹの当該犯行計画を踏まえると、第２行為（自動車ごと海中に転落させて溺死させる行為）を確実かつ容易に行うための第１行為（麻酔薬を吸引させて昏睡・失神させた行為）の必要不可欠性、第１行為以降の計画遂行上の特段の障害の不存在、両行為の時間的場所的近接性などの事情を考慮すると、第１行為は第２行為に「密接」な行為であり、第</td>
</tr>
</table>

１行為の時点で既遂に至る客観的危険性がすでに認められる。そのため第１行為の時点で殺人罪の実行の着手ありと解する。

（規範定立）
因果関係の認識

四．　　次に殺人罪の既遂犯が成立するには、実行行為（殺人行為）と相当因果関係にある結果発生（殺害）を要するところ、因果関係の認識は故意の要件と解するのかが問われる。

故意責任の本質論

そもそも故意責任の本質は規範に直面し反対動機を形成できたのにもかかわらずあえて違法な行為に出た場合の反規範的人格態度に対する非難ないし非難可能性であるが、規範は構成要件として表され行為と結果との間の相当因果関係は構成要件要素であるため、因果関係の認識は故意の要件と解される。

相当因果関係説

そのため、犯行計画上複数の行為が一体的に把握され全体として死亡という結果を実現しようとする意思に支配された一個の殺人行為に着手して経験則上一般的に相当（予見可能）な死という結果を発生させてその目的を遂げたものの死という結果に至る過程につき犯罪者の認識と一致していない場合の殺人罪の故意既遂犯の罪責につき因果関係の錯誤が問われる。

因果関係の錯誤

この点、行為者の予見認識した因果の経過と現実に発生した因果の経過とが、構成要件上相当因果関係の範囲内で符合している限り、故意責任の本質からも、結果について（構成要件的）故意を阻却しない（法定的符合説）。

法定的符合説

（あてはめ）

五．　　本問において、ＸとＹは、その行為計画の下、麻酔薬吸引させる行為時にすでに人を殺してはならないという法規範の障害に直面していたにもかかわらず、あえてＡの殺人の実行行為に出てその目的を遂げたものであるから、ＸとＹの認識と異なり海中に転落させる行為開始前の時点ですでに死亡していたとしても、ＸとＹには殺人の故意既遂犯が成立する。

（結論）

六．　　以上から、本問のＸとＹには、殺人罪の実行行為の共同の事実とそれに対応する共同の意思があると解され共同正犯が成立するため、Ａを死亡に至らしめた行為につきＸとＹは、殺人（既遂）罪の共同正犯（刑法60条・199条）の罪責を負う。

3. 不能犯

●――― 意義

　行為者は既遂を実現するつもりで行為しているが、実際にはその危険が
およそないと考えられる場合を、不能犯という。不能「犯」という名前で
はあるが、未遂犯とは異なり、日本では犯罪ではない。ある行為が、未遂
犯として処罰できるか、それとも不能犯として処罰されないかの判断は微
妙な場合があり、この点に関して見解の対立がある。両者の区別は、形式
的には、未遂犯の処罰範囲を決める意義をもつが、実質的には、未遂犯の
処罰根拠は何かという問題から考えられなければならない。

不能犯

	判断の基礎となる事情	基準
⎰ 純主観説	行為者の認識した事情	行為者
⎱ 抽象的危険説	行為者の認識した事情	一般人
⎰ 具体的危険説	行為者の認識した事情＋一般人の認識した事情	一般人
絶対的不能・相対的不能説 ⎱		
純客観説 ⎰	客観的事情	(科学的)一般人
修正された客観的危険説 ⎱		

●――― 不能犯と未遂犯との区別

　未遂犯の処罰根拠についての最大の対立は、主観主義と客観主義の対立
にあった。これは、未遂犯と不能犯との区別にも反映されていた。

(1)　**主観主義**　　近代学派の立場を徹底させる①純主観説は、行為者が
危険な意思をもっていれば処罰の必要があると考えるので、殺人罪の場合、
とにかく人を殺そうと思って何らかの行為に出れば、つねに未遂犯が成立
するとする。この見解では、前述した「丑の刻参り」のような「迷信犯」

の場合のみが、因果力を利用する意思がないという理由で処罰の対象からはずされるが、それ以外の場合にはすべて未遂犯が成立する。

同じく主観主義の立場でも、行為者が単に法益を侵害しようとしていたかどうかではなく、法益が侵害される前提となる条件を認識して行為したかを問題にする見解を、②抽象的危険説または主観的危険説という。この説によると、行為者が認識した事情がもし現実だったとしたら、危険があると判断されるような場合が未遂犯であり、行為者の考えた事情が現実だったとしても危険でない場合が不能犯である。たとえば、実際には砂糖である白い粉末を青酸カリだと思って飲ませた場合、もし行為者の認識した事情が真実であったならば、人が死ぬ危険があるから未遂が成立する。これに対し、行為者が「小麦粉で人を殺そう」と考えたような場合は、もし粉末が小麦粉であったとしても危険ではないから、不能犯にすぎない。

しかし、いずれの見解も、行為者の主観を処罰の根拠としている点に問題がある。

(2) **具体的危険説**　刑法が法益保護のためにあるのだとすれば、客観的に放置していてもかまわない行為は処罰すべきではない。そこで現在の日本では、法益に対する危険を要件とする客観主義の立場がほとんどである。そして、この危険の判断基準をめぐって、見解の対立がある。

③具体的危険説は、行為の時点で、行為者自身が知っていた事実と、一般人ならば知りえたであろう事実とを基礎にして、危険があるかどうかを判断する。たとえば、一般人の誰がみてもその粉末が砂糖であることが明らかな場合、行為者がこれを青酸カリだと誤解していたとしても、危険はないので、不能犯となる。これに対し、「青酸カリ」と書かれたびんにたまたま砂糖が入っていた場合には、行為者も一般人もこれが青酸カリだとしか考えられないので、危険が肯定されて未遂犯となる。ただし、行為者自身がこれを砂糖だと知っていた場合には、一般人がそれを知りえなかったとしても、危険はないと判断される。逆に、「砂糖」と書かれたものが実際には青酸カリだと行為者が知っていたならば、危険が肯定される。この見解の特徴は、行為時点での一定の事情を基礎として、危険の「事前判断」を行う点にある。これは、因果関係の判断における折衷的相当因果関

係説（第2章第4節●─因果関係の理論(3)参照）と共通する。

　大審院は、被害者の懐中物を強奪しようとしたが何もなかった事案につき、通行人が懐中物を所持することは普通予想しうる事実だから、強盗未遂になるとした（大判大正3・7・24刑録20輯1546頁参照）。下級審にも具体的危険説をとったと理解されるものがある。警察官からピストルを奪いとり、これに向けて撃ったが、その警察官は実はピストルに弾を入れ忘れていたという事案において、裁判所は殺人未遂の成立を認めた。その理由は、警察官の拳銃には常時弾が装てんされているべきものであることが一般に認められているからだとされた（福岡高判昭和28・11・10判特26号58頁参照）。また、次のような事件もあった。暴力団員がピストルで人を撃ったところ、駆けつけた仲間がとどめをさすべく日本刀を突き刺した。この、後から刀で刺した仲間の罪責が問題となったが、刺した時点で被害者が生きていたかどうかは後で調べてもわからなかった。殺人既遂罪が成立するためには、生きている人が死んだことが必要なので、生きていたかどうかが不明の場合には、既遂を認定するわけにはいかない。裁判所は、被告人が被害者の生存を信じていただけでなく、一般人もその死亡を知りえず、被害者が死亡する危険を感じたであろうから、殺人未遂が成立するとした（広島高判昭和36・7・10高刑集14巻5号310頁［百選67事件］参照）。いずれも、一般人が危険を感じるかどうかが決め手とされている。この基準をとるときは、実際には被害者がすでに死亡していたことが判明した場合でも、殺人未遂となることに注意を要する。

　(3)　**客観的危険説**　　以上のような多数説に対しては批判もある。たとえば、「砂糖」と書かれたものが実際には青酸カリであることを一般人が知りえない場合、具体的危険説では、行為者がこれを知って利用すれば危険があり、知らずに飲ませれば危険がないことになる。しかし両者の違いは、故意があるかどうかの違いにすぎないので、故意のみを処罰根拠とすることになってしまう。そこで、行為者や一般人がどう思うかではなく、客観的に存在した事情を基礎として危険を判断しようとする客観的危険説が主張される。

　判例の主流はこれに近い考え方をとっている。たとえば硫黄を飲ませて

人を殺そうとする行為について、一般人は危険だと思うだろうか、それとも危険でないと思うだろうか。実は、科学的にいえば硫黄で人は殺せないのである。大審院は、この方法では殺害が絶対に不可能だから不能犯だとした（大判大正6・9・10刑録23輯999頁参照）。また、最高裁は、「いわゆる不能犯とは犯罪行為の性質上結果発生の危険を絶対に不能ならしめるものを指す」と述べており（最判昭和25・8・31刑集4巻9号1593頁参照）、被害者に空気を注射して殺害しようとした事案において、事情のいかんによっては「死の結果発生の危険が絶対にないとはいえない」とした原審を支持して未遂犯の成立を認めている（最判昭和37・3・23刑集16巻3号305頁［百選66事件］参照）。このような基準は、法益侵害が絶対に不可能な場合を不能犯とする意味で、④絶対的不能・相対的不能説と呼ばれる。

　これに対し、客観主義の立場をさらに徹底させる見解が、⑤純客観説である。この説は、事後的に判明したものを含めて、行為の時点で客観的に存在した全部の事情を判断資料として、危険の「事後判断」を行う。しかし、侵害の結果が発生しなかったのは何らかの理由があったからだとすると、すべての事情を考慮するときは、およそ危険が肯定されなくなるという問題がある。たとえば、人を殺そうとしてピストルを撃ったが当たらなかった場合、失敗したのは狙いの定め方が誤っていたからであるとすると、その方向にピストルを撃っても当たるはずがない以上、侵害は絶対に不可能であったことになる。つまり、危険はなかったことになってしまう。

　したがって、すべての事情を事後的・科学的に考慮するわけにはいかない。そこで近時では、判断の出発点においては全部の事情を考慮するが、危険の有無は一般人の視点から評価するという⑥修正された客観的危険説も唱えられている。この説ではたとえば、行為時点でたとえ銃口が誤ったほうを向いていたとしても、これを一般人がみるときは、少しでも方向が変われば直ちに侵害が発生してしまうので危険だと感じられ、したがって未遂犯の成立が認められるとされる。この立場は一般人の評価の観点をいれる点で、多数説である具体的危険説に接近しているといえる。

●——— 不能犯の態様

客体の不能

方法の不能

主体の不能

法益侵害が発生しなかった理由にはさまざまなものが考えられるが、一般に、客体の不能、手段の不能、主体の不能、の3つに分けられる。それぞれについて、未遂犯か不能犯かが議論されている。

(1) **客体の不能** 客体が存在しなかったために侵害の結果が生じなかった場合を、客体の不能という。たとえば、人を射殺したつもりが、撃ったのは木だった場合や、何も所持品のない人から金をすりとろうとした場合などが考えられる。多数説の具体的危険説では、行為時に一般人がみて危険があると考えられる場合には未遂犯が肯定される（同旨、前出242頁大判大正3・7・24、広島高判昭和36・7・10参照）が、客観的危険説からは原則として不能犯となろう。ただし、近年、客体が存在しなくなってから客体を受けとろうとする行為を詐欺未遂罪とした判例がある（最決平成29・12・11刑集71巻10号535頁［百選82事件］、第6章第2節●——共同実行の事実(2)参照）。

(2) **方法の不能** 法益を侵害しようとした手段に欠陥があった場合を、方法の不能という。ピストルに弾丸が入っていなかった場合や、砂糖を青酸カリと間違えた場合などである。具体

的危険説では、手段の欠陥を一般人でも認識できない場合には未遂犯が成立する。裁判例は、空のピストルを用いた事案（前出242頁福岡高判昭和28・11・10参照）や、一酸化炭素を含まない天然ガスで心中を図った事案（岐阜地判昭和62・10・15判タ654号261頁［百選68事件］参照）について、殺人未遂を肯定している。これに対し、客観的危険説からは、手段の欠陥を考慮した上で、なお危険だったといえるかどうかが判断されることになる（前出243頁大判大正6・9・10参照）。

(3) **主体の不能**　身分犯（第2章第1節●─構成要件の要素(3)(b)(i)参照）のように、行為主体が制限されている犯罪で、その条件が欠ける場合を、主体の不能という。たとえば背任罪（247条）では、「他人のためにその事務を処理する者」が主体となることが必要だが、正しい選任手続をふまえなかったなどの理由でこの地位を欠く者が行為した場合、未遂が成立しうるだろうか。客観的危険説では、客体の不能の場合と同様に、不能犯とされることになろうが、具体的危険説からは未遂犯の成立する余地がある。

4. 中止犯

●───── 意義

43条ただし書は、実行の着手があっても「自己の意思により犯罪を中止したときは、その刑を減軽し、又は免除する」と規定する。これを中止犯（中止未遂）という。中止犯の要件は、「犯罪を中止した」という中止行為と、「自己の意思により」という任意性である。いったん未遂犯が成立しても、この要件を満たすときは、刑が必ず減軽されるか、または免除される。殺すつもりで被害者にけがを負わせた通常の殺人未遂罪は、傷害も包括して評価する（第7章第4節●─評価上一罪：構成要件的評価の異質的包括性(1)(d)参照）ので、後悔して被害者を病院に運び、助けたことで、殺人について中止犯が成立する場合にも、傷害罪が既遂であることをふまえた量刑が必要となる。また、中止犯の効果は一身専属的であり、各要件を満たした者にしか認められない（第6章第5節●─共犯の中止と離脱参照）。

中止犯

中止犯の刑の減免の根拠	法律説	違法減少説
		責任減少説
	刑事政策説	
	併用説	

●───── 刑の減免の根拠

中止犯の場合になぜ刑が減軽・免除されるかについては、大きく分けて2つの考え方がある。1つは法律説で、犯罪論の体系を構成している違法性や責任という要素から根拠を説明する。もう1つは刑事政策説であり、犯罪論の体系のいわば外側にある政策的考慮から刑の減免を理解する。

(1) **法律説**　法律説の中にはさらに2つの見解がある。

(a)　**違法減少説**　　違法減少説は、「犯罪を中止した」場合には、法益に対する危険が消滅しているので、違法性の減少が認められるとする。しかし、中止犯は任意性をも要件としているので、もしこれをも違法減少の観点から説明するのであれば、それは、行為者の主観や行為の社会的相当性、すなわち行為無価値（第3章第1節●─行為無価値論と結果無価値論参照）を重視することになる。そこで、法益侵害やその危険という結果無価値を重視する立場からは批判されている。

(b)　**責任減少説**　　責任減少説は、行為者が「自己の意思により」中止した場合には、実行の着手の段階で認められた非難可能性が事後的に減少すると考える。しかし、もしも行為者の主観的責任が重要ならば、たとえ侵害の結果が発生してしまったとしても、反省し、努力した場合には刑を減免すべきことになろう。ところが日本では、客観的に法益侵害を防止できたことが要件となっており、この見解ではそれが説明できない。

(2)　**刑事政策説**　　これに対し、刑事政策説は、実行の着手があれば、その時点で未遂犯としての違法性も責任も備わっていることが確定している以上、後からさかのぼってそれらの減少を認めることはできないとする。そして、中止犯の規定は、犯罪者に対して「後戻りのための黄金の橋」を与えるものだと説明する。法益侵害の防止のために、政策的に優遇措置がとられているというのである。しかし、中止犯は処罰される場合もあるのだから、政策的考慮の点からは現行法は不十分であることになる。また、政策的な効果は、中止犯の規定を知っている者についてしか得られないという指摘もある。さらに、この見解では、「自己の意思により犯罪を中止した」という要件の解釈論的な意義も明らかでないという問題がある。

(3)　**併用説**　　そこで近時では、以上のような考え方のどれか1つだけによって説明するのではなく、複数の根拠をあわせて中止犯の規定を理解しようとする立場が有力になっている。

●───　中止行為

(1)　**着手中止と実行中止**　　中止犯の要件の1つは「犯罪を中止した」ことである。この中止行為を考えるための前提として、実行行為の終了と

ともに危険も消滅してしまった場合には、もはや中止行為をする余地がないことに注意を要する。たとえば、ピストルの弾を全部撃ったが1つも当たらなかった場合、それ以降中止行為をすることはできない。

　中止行為は伝統的に、最初に成立した未遂犯の形態によって2つに分けて考えられてきた。すなわち、着手未遂と実行未遂との区別（本章第1節●―意義(3)参照）に対応して、着手中止と実行中止があるとされる。実行行為がまだ終わっていない着手未遂を出発点とするときは、それ以降の実行行為を続行しないという不作為のみで、中止行為になるとされる。たとえば、ピストルをまだ撃っていない場合には、撃つのをやめたことで足りる。これに対し実行未遂の場合には、侵害を回避するための積極的作為が必要だとされる。ピストルを撃って当たった場合、救急車を呼び病院に連れていって助けなければならないということである。

　裁判例の多くも、着手未遂と実行未遂とを分けて中止未遂を考えるアプローチを採用してきた（東京高判昭和51・7・14判時834号106頁参照）。

　(2)　**実行行為の終了時期**　　以上のような区別をするときは、実行行為が終了しているかいないかを判断する基準が重要になる。被害者をめった切りにして殺害しようとしたが、切りつけたところでやめた場合、殺人について中止行為が認められるだろうか。学説は多岐に分かれている。

　実行行為の終了時期は行為者の主観によるとする①主観説によれば、行為者が、最初に切りつけただけでは死なないと考えていた場合には、まだ実行行為は終わっていない。しかし、すでに致死的な傷害を与えた場合にも、行為者の認識によってまだ実行行為が終了していないことになるのでは、着手中止の認められる範囲が広がりすぎる。反対に、②客観説は、行為者の主観にかかわらず、客観的にみて実行行為といえる行為がすでになされたかどうかで判断する。この見解では、切りつける行為は殺人の実行行為といえるから、それがなされてしまえば実行行為は終了したとされる。

しかし、これでは空振りの場合でも実行行為が終わったことになるため、着手中止の認められる余地がほとんどなくなる。これらと異なり、法益侵害へと向かう因の流れを遮断する行為を中止行為とする③因果関係遮断説も唱えられている。この説では、そのままにしておけば侵害の結果が発生する状態になったときが実行行為の終了だとされるので、今の事例ではまだ実行行為が終了していない。しかし反対に、同じ態様で攻撃を続けているときに、失血死が可能となった段階で突如実行行為が終了するのでは、実行行為に対する通常の理解から離れすぎる問題がある。

　そこで現在の多数説は、客観的に行為を継続しなければ侵害が発生せず、かつ行為者もそのことを認識している場合に、実行行為が終了していないとする④総合説をとる。この見解によると、一度切りつけただけでは客観的にはまだ死なない場合、行為者がそのことを知っていれば実行行為は途中であり、もう放っておいても死ぬだろうと考えたときは終わっていることになる。裁判例でも上のような事案は、行為者の計画と、一撃では殺害に至らないという事実との両方を考慮して、着手未遂とされた（東京高判昭和62・7・16判時1247号140頁、判タ653号205頁［百選70事件］参照）。

　以上が伝統的な議論であるが、実行行為が終わっているかどうかと、中止行為として何が要求されるかとは、別の問題だという指摘もある。たとえば、毒入りの砂糖を被害者に郵送するという離隔犯（本章第2節●―具体的類型(1)参照）の場合、判例の立場を前提とすると、発送した段階ではまだ実行の着手すらないが、そうだとしても、この場合に中止犯を認めるには、法益侵害を防止するための積極的な介入行為が必要である。そこで近時では、実行行為の終了時期の問題とは切り離して、法益侵害を阻止するために何が必要かを個別に考えるべきだとする立場も有力になっている。

　(3)　**真摯な努力**　　実行中止と着手中止を区別する判例においてはしばしば、実行中止の場合には、行為者が単に外部的に侵害を阻止しただけでは足りず、「真摯な努力」をはらったことが必要だとされる（大阪高判昭和44・10・17判タ244号290頁参照）。しかし、防止行為そのものが「真摯な」ものであったかを問題とすることは、行為者に過大な倫理的義務を課すものであって妥当でないとして、判例を批判する学説も多い。

(4)　**防止の効果**　　単に侵害が発生しなかったという点では、通常の未遂犯と中止犯とを区別できない。中止行為を認めるには、行為者の行為によって侵害が防止されたといえなければならない。つまり、侵害を回避するために必要な行為のすべてを単独で果たしたことまでは必要ない（たとえば、医師でない者が手術を行うのは無理である）としても、少なくとも、行為者自身が危険を実際に減少・消滅させる行為をしたことが必要である。

　被害者に重傷を負わせたときのように、そのままでは死亡結果が生じてしまう場合、中止行為と認められるのは、行為者自身の行為により侵害の結果が防止されたときである。別の原因で防止された場合はあたらない。たとえば、行為者が119番通報をしている間に第三者が被害者を発見し、自分の車で病院に連れていった場合、行為者の行為は結局役に立っていないので、中止行為とは認められない。また、行為者の行為と法益侵害の防止との間に条件関係があっても、中止行為と認められない場合もある。判例は、「放火したからよろしく頼む」と叫びながら走り去った事案につき、たとえ他人の消火行為によって火事が防止されたとしても、中止犯にはならないとした（大判昭和12・6・25刑集16巻998頁参照）。これは、行為者自身は他人に情報を与えたにすぎず、危険が消滅したのはひとえに他人の好意によると考えられたからであろう。

　これに対し、そもそも何もしなくても侵害が起こらない場合は、事案を分けて考える必要がある。撃とうと思って構えたピストルを撃つのをやめた場合、撃とうとしたことで基礎づけられた危険が、やめることによって

消滅しているから、それだけで中止行為となる。反対に弾を全部撃ってしまったときのように、実行の着手の段階で認められた危険が完全に消滅した場合には、もうその後で中止行為をする余地がない。では、被害者に飲ませた毒が致死量に足りなかった場合はどうだろうか。放っておいても死なないから、被害者を病院に連れていく行為は

殺人の中止行為にはならないようにみえる。しかし、致死量の毒を与えてから介護した場合に中止犯が成立しうるのであれば、それより少ない量しか与えていない場合はなおさら中止犯としてよいだろう。ここでも、いったん発生した危険が、行為者の介護によって消滅したからである。通説も、このような場合に中止犯の規定を適用または準用する余地を認める。

●───── 任意性

中止行為は「自己の意思により」なされたことが必要である。これを任意性の要件という。弾を全部撃ってしまった場合や、警察にとり押さえられたような場合は、そもそも行為者自身の中止行為があったといえない。任意性が独自に問題になるのは、中止行為自体がある場合に限られる。任意性の判断基準については学説が対立し、判例にもばらつきがみられる。

①内心的動機説は、外部の事情ではなく内発的な理由によって中止した場合に任意性があるとする。たとえば命乞いされてやめた場合は任意でないが、ふと思い直してやめた場合は任意である。犯行の発覚をおそれてやめたのは外部的な事情によるという理由で任意性を否定した例もある（大判大正 2・11・18刑録19輯1212頁参照）。②限定主観説は、反省してやめた場合に任意性を認める。裁判例にも反省、悔悟の情を重視して任意性を認めたものがある（福岡高判昭和61・3・6 高刑集39巻 1 号 1 頁、判時1193号152頁［百選69事件］参照）。これらの見解は中止の動機を重視するので、刑の減免を責任減少から説明する立場と結びつきやすい。しかし、反省や悔悟を厳格に要求すると、任意性の要件の満たされる場合は少なくなる。

これに対し、危険が減少・消滅している場合に中止犯の成立を広く認めようとする立場は、任意性の要件をゆるやかに理解する。③客観説は、行為者の認識した事実を基礎として、社会通念上は侵害を実現することができると考えられるにもかかわらず中止した場合に任意性を認める。一般予防を重視する刑事政策説と結びつきやすい。また、行為者自身が「やろうと思えばやれる」と思ったにもかかわらずやめた場合が任意で、「やろうと思ってもやれないだろう」と考えた場合は任意でないとする④「フランクの公式」説もある。行為者が法益を侵害する意思を放棄すれば、既遂に

至る危険が消滅するので、違法減少があるともいえるが、違法減少は中止行為の要件で考慮されているとすれば、任意性は行為者の故意、すなわち犯罪的な動機の消滅として責任減少の観点で評価されることになる。

③④は、基準を社会通念に置くか行為者に置くかが異なるが、いずれも、警官の追跡のような犯罪遂行の支障となる事情を認識した場合以外は、動機を問わず任意性を肯定する。ただこれらの立場でも、遂行の支障となる事情の範囲を広く考えれば、任意性の範囲は小さくなる。たとえば、被害者が頭から血を流して苦しんでいるのをみて驚いてやめた事案につき、最高裁は③説をとりつつも、通例は殺害行為を続けないであろうとして中止犯の成立を否定した（最決昭和32・9・10刑集11巻9号2202頁参照）。また、放火が後で発覚することを恐れてやめた場合について、発覚を恐れることは経験上一般に犯罪の遂行を妨げる事情だとして、任意性を否定した例もある（大判昭和12・9・21刑集16巻1303頁参照。ケース・スタディ11参照）。

中止犯の要件

●――― 予備の中止

中止犯の規定を形式的に理解すると、中止犯は「実行の着手」があった後の問題であるように読めるので、予備の段階からの中止犯はありえないことになる（最大判昭和29・1・20刑集8巻1号41頁［百選72事件］参照）。

しかし、多数説は中止犯の規定の準用を認める。それは、いったん未遂の段階まで行ってから中止した場合には刑の免除まで認められるのに、予備から後戻りした場合に予備の刑のままでは均衡を失するからである（特に、各則の個別の規定で刑を免除する余地のない強盗予備罪、237条）。実質的にも、予備は未遂よりもさらに遠い危険を処罰するものだとすると、そのような危険を任意に消滅させた場合には中止犯としてよい。

[ケース……**11**]

　XはAを毒殺しようとして毒入りの饅頭を食べさせたところ、致死量に至らなかったため、殺すことができなかった。Aがあまり「痛い痛い」といって泣きながら「病院に連れて行ってくれ」と哀願したので、XはAを自己の自動車に乗せて医師に手当てをしてもらおうと思い病院に連れて行った。そのため一命を取り止めることができた。この場合のXの罪責について論ぜよ。

[論点整理]
1．不能犯と未遂犯の区別基準
　(1)**客観的危険説**（絶対的不能説・相対的不能説）：事後判断により行為後に判明した事情を含め、行為当時に存在したすべての客観的事情を基礎に、（科学的）一般人の見地から結果発生の危険性を感じる場合または客観的に結果発生の確率が存する場合は未遂犯、そうでない場合は不能犯。
　(2)**具体的危険説**：行為当時に行為者が特に認識した事情および一般人にとって認識可能な事情を基礎として、一般人の見地から具体的に結果発生の危険性がある場合が未遂犯で、そうでない場合が不能犯。
　(3)**抽象的危険説**：行為者の行為時における認識事情を基礎に、一般人の見地から危険の有無を判断し、行為者が予測したとおりに計画が進んだならば結果発生の危険性があると考えられる場合が未遂犯、なければ不能犯。
　(4)**純主観説**：犯罪的意思の危険性に求め、その意思が何らかの形で外部に表明された以上未遂犯として処罰する。迷信犯のみ除外する。
2．中止犯の成否
　(1)中止犯の法的性質
　　(a)違法性減少・消滅説
　　(b)責任減少・消滅説
　　(c)政策説（「引き返すための黄金の橋」）
　(2)中止犯の成立要件

(a)中止の任意性（「自己の意思により」）

　─主観説：外部的障害の表象に基づくのかどうか。

　　（フランクの公式：「たとえできたとしても、成し遂げることを欲しない」場合は中止未遂。「たとえ欲しても成し遂げることができない」場合は障害未遂）

　─限定主観説：広義の悔悟（改悛・憐憫・同情など）による場合。

　─客観説：行為者の認識した外部的事情が経験則上一般に犯行の障害と考えられる性質のものか。

(b)中止行為

　─実行未遂（結果防止の積極的行為を要する）か着手未遂（その後の実行を放棄するという不作為で足りる）か。

　　　区別基準：①行為者の犯罪計画ないし認識内容を標準とするのか（主観説）、②行為の外部的形態ないし結果発生に対する客観的危険性を標準とするのか（客観説）、③行為当時の客観的事情と行為者の主観を総合して判断するのか（折衷説）。

(c)結果防止行為の真摯性

(d)中止行為と結果不発生との間の相当因果関係

［関連判例］

(1)殺意をもって包丁で突き刺したところ被害者が哀願したため、憐憫の情と共に事の重大性に恐怖驚愕して結果発生の防止を食い止めるため、病院に連れていった事案につき、内心の意思により任意に結果発生の防止に努めたとしても諸事情の下で救助のために万全の行動をとったとはいいがたく、結果防止のため真摯な努力をしたと認めるには足りないとしたケース（大阪高判昭和44・10・17判タ244号290頁）

(2)母に対し憐憫の情から自殺の道づれとして殺害しようとしたところ、痛苦の念を感じさせないようにと意図し熟睡中を見計らい強打したが、打撃のため眠りからさめて流血痛苦するというまったく予期しない事態を見て事の重大性に驚愕恐怖して殺害行為を続行できなかった場合につき、さらに殺害行為を継続するのがむしろ一般の通例であるというわけにはいかないとして、刑法43条ただし書の自己の意思により犯罪を中止した場合に当たらないと解するのを相当としたケース（最決昭和32・9・10刑集11巻9号2202頁）

［本ケースから学ぶ刑法の基本原理・原則の重要ポイント］
　　(1)未遂犯と不能犯との区別基準
　　(2)中止犯の法的性質ないし成立要件

［ホームワーク］
　　次のケースについてどう考えるか。
　　Ｘは４連発のピストルでＡを殺そうとし、２発の弾丸を発したが命中せず、３発目の発射を断念した場合、中止犯となるのか。

（問題提起）

一．　Ｘは殺意をもってＡに対して毒入りの饅頭を食べさせている。しかしその毒が致死量に至らないものであったことから、そもそも殺人罪（刑法199条）の予定する結果発生の具体的危険を生じさせる行為なのかどうかが問われる。さらに、ＸはＡの哀願などにより医師のところに連れて行って一命を取り止めている。この行為につき違法性ないし責任が減少しまたは政策的配慮から中止犯として刑の必要的減免を受けることができるのかどうかが問題となる。

（規範定立）

不能犯と未遂犯との区別基準

二．　ところで、不能犯と未遂犯との区別に関して、行為当時に存在したすべての客観的事情を基礎に科学的見地から、客観的に結果発生の確率が存するか否かで危険を判断し、危険が認められる場合を未遂とすべきである。そもそも実行行為性は客観的見地から法益侵害という結果発生の（具体的）危険性を有するかどうかで判断される。そのため、危険性の判断はもっぱら客観的に存在する事情から法益侵害の危険性を判断すべきであり、行為者の認識した事情を判断の基礎にするのは、行為者の主観面の危険性を処罰するものであって不当である。

（あてはめ）

三．　本問のＸがＡを殺すつもりで投与した毒は、事後的客観的には致死量に至らないものであったが、被害者Ａをその痛みでもがき苦しませるような程度の量であったと解される。そのため、科学的観点からは死の結果発生の確率がなかったとは言い切れないものであって、結果発生の危険性はあったといえるため、不能犯ではない。Ｘは殺人罪の構成要件に該当する実行行為によりＡに死亡という結果を発生させていないため、未遂犯が問われる。

（規範定立）

中止犯の成立要件
・任意性
・中止行為
・結果防止の真摯性

四．　次に、中止未遂（刑法43条ただし書）がどのような場合に成立するのかが問われる。中止犯のうちすでに実行行為が終了した後の実行未遂の場合は、中止犯の成立要件として中止の任意性（「自己の意思により」）、結果防止行為（中止行為）、結果防止について真摯性があることが必要である（実行行為終了前

中止犯の法的
性質

の着手未遂の場合は実行の放棄という不作為で足りる）と解する。そもそも中止犯が刑の必要的減免を受けるのは、犯行の決意の事後的撤回が行為者の規範意識によるものとして非難可能性を減少させ、すなわちその責任を減少ないし消滅させるからである。そのため、その任意性については、広義の悔悟（改悛・憐憫・同情など）まで要しないが、外部的障害がないのにもかかわらず行為者の主体的意思決定によって中止する場合に認められると考える。以上の解釈は「自己の意思により」という文言の解釈としても自然である。さらに、中止行為自体に示される行為者の規範意識に基づく人格態度が責任を減少させるため、結果発生防止のための真摯な努力による中止行為を行った以上、中止犯成否につき未遂に終わったことに対する因果関係は不要であると解する。

（あてはめ）

五．　以上から、本問XはAが苦しむのを見てかわいそうになり医者のところに連れていった行為は、道徳的悔悟に基づくとは解されないが、外部的障害・事情が抑制的に作用した結果とはいえない。したがって中止に向かおうとする積極的意思ないし人格態度があり任意性は認められる。また、すでに毒饅頭を食べさせるという実行行為が終了しているため、結果発生防止の積極的行為を要する。XはAを医師のところに連れて行っており、その病状についての原因を的確に説明するなどして、万全の防止行為に出たと考えられる。そのため、仮に一命を取りとめたのが医師の処置によったとしても、Xの真摯な中止行為につき、中止犯が成立する。

（結論）

六．　Xは殺人罪（刑法199条）の中止犯として刑の必要的減免を受ける。

第6章 共犯

〔キー・ポイント・チャート〕

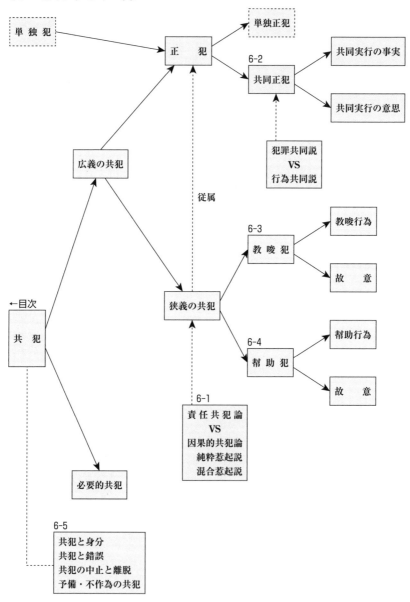

1. 共犯とは何か

● ―― 意義

　ここまでは、行為者が 1 人だけの単独犯の場合を扱ってきた。実際には、犯罪は複数の人間がかかわって行われることも多い。それらの者のうちの誰を、なぜ、どのように処罰しうるのかが、共犯論の問題である。

　(1)　**共犯の種類**　　「共犯」という言葉が使われる場合には、最広義、広義、狭義の 3 種類の意味がある。

　(a)　**最広義の共犯**　　最広義の共犯とは、複数の人間が共同して犯罪を実現することをいい、単独犯でないものをすべて含む。これは必要的共犯と任意的共犯に分けられる。必要的共犯とは、内乱罪（77条）や騒乱罪（106条）のように、刑法の規定が初めから複数の行為者を予定している場合をいう（本章第 5 節 ● ―― 必要的共犯参照）。それ以外の犯罪の共犯は任意的共犯といい、60条以下の規定にあてはまる場合にのみ犯罪が成立する。

　(b)　**広義の共犯**　　広義の共犯とは、60条以下に規定されている任意的共犯の形態をいい、共同正犯、教唆犯、帮助犯の 3 つである。共同正犯は、「2 人以上共同して犯罪を実行した者」である（60条）。教唆犯とは、「人を教唆して犯罪を実行させた者」であり（61条 1 項）、犯罪を行うように他人をそそのかして、その犯罪を行わせる場合があたる。帮助犯とは、「正犯を帮助した者」、つまり正犯を手伝った者をいう（62条 1 項）。

　(c)　**狭義の共犯**　　「共犯」の語を「正犯」に対立する意味で用いると

きは、共同正犯を含めない。そして、教唆犯と幇助犯のみを狭義の共犯という。共同正犯は、「正犯」という意味では単独正犯と共通する。

(2) **修正された構成要件**　AとBが強盗の共同正犯となる場合を考えよう。Aが被害者に暴行を加え、Bが金をとったとする。もしも任意的共犯の規定がなければ、Aは暴行罪、Bは窃盗罪でしか処罰されない。しかし、実際にはAもBも、強盗の共同正犯として処罰される。そうだとすると、共同正犯に関する規定は、強盗罪の成立範囲を広げるものであることになろう。ここでは、本来は単独犯を予定した各則の構成要件が、総則の60条以下の規定によって修正されているのである。この意味で、共犯の構成要件も、未遂犯の構成要件と同じく「修正された構成要件」と呼ばれる。未遂の構成要件が、犯罪の成立時期を時間的に早めるものであったのに対し、共犯の構成要件は、1人によってその全体が実現されたのでなくてもよいとする意味で、犯罪の成立範囲を広げるものである。

●───── 正犯と狭義の共犯との区別

(1) **正犯の限定**　日本の刑法は、共同正犯と教唆犯・幇助犯とを区別しているので、一体何がそれぞれにあたるのかを明確にしなければならない。正犯と狭義の共犯との関係について、複数の関与者をすべて正犯と考え、狭義の共犯はそのうちの特定の場合にすぎないとする法制度もある（拡張的正犯概念）。たとえば、「あいつを殺せ」とそそのかして被害者を殺させた場合、そそのかさなければ被害者は殺されなかったであろうから、そそのかす行為と被害者の死亡結果との間には因果関係がある。また、凶器となるナイフを貸した場合、もし貸さなければ被害者がそのナイフで殺害されることもなかったとすると、やはりその者は結果に対して影響を与えている。だから教唆者や幇助者も正犯だとするのである。

しかし、このような理解は日本の現行法に適合しない。何らかの形で結果への影響力があっても、つねに正犯となるわけではなく、正犯の範囲は限定的に考えられている（制限的正犯概念または限縮的正犯概念）。つまり、まず確定されなければならないのは正犯か否かであり、狭義の共犯は、正犯にあたらないものの中の一定の場合であることになる。

(2) **主観説**　　関与者をすべて正犯とする考え方では、その中の特殊な場合だけが狭義の共犯である。そして、狭義の共犯かどうかは行為者の主観で決まるとされた（主観説）。たとえば、他人の犯罪を援助する意思で行為した場合は幇助犯で、同じことを自己の犯罪として意欲した場合は正犯となる。判例は、利益を得る動機を重視して正犯とする場合が多く、主観説に近いともいわれるが、主観面のみを基準としているわけではない。

(3) **形式的客観説**　　正犯か狭義の共犯かを区別するための基準としてかつて有力であったのが「形式的客観説」である。この説は、構成要件該当行為を自分で直接に分担する者のみを正犯とする。たとえば先の例で、暴行を加えているAと財物を奪っているBとは、いずれも強盗罪の構成要件要素となる行為を分担しているから、共同正犯となる。これに対し、「あいつを殺せ」とそそのかす者や、ナイフを貸す者は、殺害行為を直接に行うものではないから、狭義の共犯にすぎないとされる。

　だが、これでは正犯の範囲が狭すぎるという批判がなされた。たとえば、医者が事情を知らない看護師を介して患者に毒を飲ませる「間接正犯」（本節●─共犯の従属性(3)参照）の場合、医者は被害者に直接毒を飲ませているのではないから、正犯でないことになってしまう。また、親分が犯罪の実行を発案し、綿密な計画を立てて、これを子分達に命じて行わせた場合、判例はこの親分を「共謀共同正犯」（本章第2節●─共同実行の事実(1)参照）として処罰するが、もし自分で直接に手を下している者（実行正犯）だけが正犯だとすると、この親分は教唆犯にすぎないことになる。そこで形式的客観説からは、もとの基準を修正し、直接の構成要件該当行為と同等に評価できる行為をした場合には正犯とする見解も主張された。しかし、同等かどうかは結局実質的に判断せざるをえないという問題がある。

(4) **実質的客観説**　　現在では、正犯かどうかを実質的に判断する立場が有力である。そして、犯罪の実現にとって重要な役割を果たした者が正犯であり、付随的な役割の者は狭義の共犯だとされる。

　ただ、実際には、行為者が複数いる事件での各人の関与の形態はまちまちなので、正犯といえるかどうかを一律に決めるのはむずかしい。実務においては特に、共同正犯と幇助犯との区別が争われている（本章第4節●

—客観的要件(3)、●—主観的要件(2)参照)。

(5)　**行為支配説**　　一定の目的に向かって人間の行動が統制されるという目的的行為論（第2章第1節●—構成要件の要素(3)(a)(ii)④参照）の考え方を、行為者が複数の場合にもあてはめたのが、行為支配説である。それによれば、事実的影響力や優越的な知識、また組織化などによって犯罪の実現に向けた流れを支配した者が正犯とされる。先の例では、親分は子分達の行為を支配して犯罪を実現しており、正犯となる。

正犯性

$$
\text{正犯と共犯の区別}\left\{
\begin{array}{l}
\text{形式的客観説}\\
\text{実質的客観説}\\
\text{行為支配説}
\end{array}
\right.
$$

●――――　共犯はなぜ処罰されるか

未遂犯と同じように、共犯も構成要件の拡張形式であるから、その処罰根拠が問題となる。この問題は特に、正犯とはいえない教唆犯や幇助犯がなぜ処罰されるかをめぐって議論されている。

(1)　**責任共犯論と因果的共犯論**　　古くは、狭義の共犯が処罰されるのは、正犯者を堕落させて犯罪へとおとしいれたからだとする責任共犯論も主張された。しかし、他人を堕落させたことを処罰するという考え方は、行為者の反倫理性を処罰根拠とするものであって妥当でないため、現在ではほとんど支持されていない（ただし、判例は、自己の刑事事件の証拠偽造について、自ら実行すれば不可罰である者が他人を教唆したときは処罰されるとしている。最決平成18・11・21刑集60巻9号770頁、犯人蔵匿・隠避につき最決令和3・6・9集刑329号85頁、各論第3編第3章第3節●—犯人蔵匿等罪と共犯参照）。通説は、刑法の目的が法益保護にあるとすれば、共犯を処罰する

共犯の処罰根拠

$$
\text{共犯の処罰根拠}\left\{
\begin{array}{l}
\text{責任共犯論}\\
\text{因果的共犯論}\left\{
\begin{array}{l}
\text{純粋惹起説}\\
\text{混合惹起説}
\end{array}
\right.
\end{array}
\right.
$$

のもそのためでなければならないと考え、共犯も正犯と同じように、因果的影響力によって結果をひき起こすから処罰されるとしている。これを因果的共犯論（または惹起説）という。

(2) **純粋惹起説と混合惹起説**　因果的共犯論の内部でも見解が分かれる。純粋惹起説は、共犯の処罰にとって第一次的に重要なのは共犯者自身が結果をひき起こしたことだとし、直接に結果を実現する者の行為がどのように評価されるかにかかわらず、教唆や幇助の成立を認めようとする。しかし、これでは単独犯と狭義の共犯とが同じものになるおそれがある。そこで多数説の混合惹起説は、狭義の共犯が法益侵害をひき起こすのはあくまで正犯の実行行為を通じてであると理解する。両者の対立は、共犯の従属性（本節●―共犯の従属性参照）をどの程度重視するかにあらわれる。

●―――― 共同正犯の特質

　共同正犯についてはその特質をどのように理解するかの争いがあり、学説は犯罪共同説と行為共同説に分かれている。犯罪共同説とは、共同正犯は犯罪を共同するものであり、したがってつねに同じ犯罪の間でしか成立しないという考え方である。これに対し行為共同説は、共同正犯とは行為を共同するものであり、したがって各関与者が行為を共同にしていれば異なった犯罪の間でも成立すると考える。

　たとえばAとBが被害者の身体に加害して死なせ、その際Aは殺人の故意、Bは傷害の故意で行為していたとする。犯罪共同説を最も徹底させた考え方である完全犯罪共同説は、つねに罪名は１つでなければならないとし、この場合AとBとは殺人罪の共同正犯であり、ただ殺人の故意を欠くBについては、傷害致死罪の刑の限度で処罰されるとする。この説は、狭義の共犯の罪名も正犯と同じでなければならないとする（共犯の罪名従属性）。しかし、けがをさせるつもりしかないBを殺人罪の共同正犯とするのは妥当でない。そこで現在の通説は、罪名の一致を求めるのではなく、構成要件の重なり合いを問題として、重なり合いの限度で共同正犯の成立を認める。この例では、共同正犯が成立するのは傷害致死罪の範囲であり、残りの部分は個人の責任に応じて判断されることになるので、Aは殺人罪、

Bは傷害致死罪で処罰される。これを部分的犯罪共同説という。

　これに対し、行為共同説からは、AとBは自然的行為を共同にしている以上、殺人罪と傷害致死罪との間での共同正犯が認められる。行為共同説は、他人の行為がどのように評価されるかは重要でないとする純粋惹起説の考え方と結びつきやすい。行為共同説を徹底させると、まったく罪質の異なる犯罪の間にも共同正犯の成立を認めることになる。

　判例は、Bについて、「殺人罪の共同正犯と傷害致死罪の共同正犯の構成要件が重なり合う限度で軽い傷害致死罪の共同正犯が成立する」とした（最決昭和54・4・13刑集33巻3号179頁［百選92事件］参照）。殺意のある者とない者との間に保護責任者遺棄致死罪の限度で共同正犯が成立するとした例もあり（最決平成17・7・4刑集59巻6号403頁［百選6事件］、最決令和2・8・24刑集74巻5号517頁参照）、部分的犯罪共同説に近い（ただし、業務上横領罪と会社法上の特別背任罪につき、本章第5節●―共犯と身分(3)参照）。

共犯の従属性

```
行為共同説
　　　共犯独立性説
（部分的）犯罪共同説
                      〈共犯成立のために必要な正犯行為の要素〉
              ┌  最小限従属性説　構成要件該当性
              │  制限従属性説　　構成要件該当性＋違法性
  共犯従属性説 ┤  極端従属性説　　構成要件該当性＋違法性＋責任
              └  誇張従属性説　　構成要件該当性＋違法性＋責任＋処罰条件
```

●――― 共犯の従属性

　(1)　**従属性の必要性**　　狭義の共犯を処罰するためには、正犯者が犯罪行為を実行したことが必要だろうか。これを肯定する共犯従属性説によれば、狭義の共犯を処罰しうるかどうかは正犯者が行為に出たかどうかによって、すなわち正犯者の行為に従属して決まる（共犯の**実行従属性**）。これに対して、共犯の処罰は共犯者の行為だけをみて決めるべきだとして、共犯の処罰を正犯行為から独立して認める共犯独立性説もある。共犯従属性説では、たとえば教唆行為がすでに行われた後でも、正犯が実行に至ら

ないうちは処罰が認められない。他方、共犯独立性説では、これを教唆の未遂として処罰しうる（本章第3節●─客観的要件(2)参照）。

共犯独立性説は、とりわけ、行為者の性格の危険性がどこかにあらわれていれば処罰の必要があるという近代学派の思想に基づいて主張された。すなわち、共犯者自身が教唆行為、幇助行為をなした以上、性格の危険性は認められるというのである。だが、刑法は性格の危険性を処罰するのではなく、法益侵害の危険の発生をまって初めて社会生活に介入すべきものである。独立性説は、現在では支持を失っている。

(2) **従属性の程度**　現在の学説の対立は、共犯従属性説を前提として、従属性をどの程度まで要求するかにある。これは、共犯が処罰されるためには、正犯者が行為に出たこと以上に、正犯が犯罪成立要件のどこまでを備えなければならないかという問題である（共犯の**要素従属性**）。

正犯者の行為に構成要件該当性があれば狭義の共犯の成立を認める見解を、①**最小従属性説**という。これによれば、正犯者が正当防衛で人を殺した場合も、構成要件に該当する以上、これに加担した共犯は処罰されうる。しかし、適法行為を正犯とは呼べないから、これへの関与も違法といえず、処罰するとすれば間接正犯（次項(3)参照）の論理による必要がある。

現在の通説は、正犯者の行為が構成要件に該当する違法な行為であることを要求する②**制限従属性説**をとっている。この見解からは、正犯者の行為が違法であるときに共犯行為の違法性も認められる。これを「違法性の連帯性」という。正犯者の行為が有責な行為であることまでは必要でないので、たとえば責任無能力者に対する教唆犯も成立しうる。なお、同じ制限従属性説の内部でも、故意・過失を構成要件要素ではなく責任要素とする説は、無過失の行為に対する共犯をも認めることになるが、故意・過失を構成要件要素とする説では、正犯に故意・過失がなければ共犯も処罰されなくなることに注意を要する。

これに対し、③**極端従属性説**は、正犯が責任まで備えていなければ共犯は成立しないとする。判例は、伝統的にはこの立場をとると理解されていたが、近時では、責任のない刑事未成年者に対する教唆犯が成立しうることを前提とする判示がみられる（後出268頁最決昭和58・9・21参照。刑事未成

年者との間での共同正犯を肯定した例として、最決平成13・10・25刑集55巻6号519頁）。さらに、正犯が客観的処罰条件などの可罰性の要件まで備えたことを要求する④誇張従属性説もあるが、現在ほとんど主張されない。

　多数説の制限従属性説と有力説の極端従属性説とでは、実際の処罰範囲に大きな違いはない。それは、直接行為者に責任がない場合、教唆犯の処罰を認めなくても、責任のない者を利用した間接正犯（次項(3)参照）として処罰する余地があるからである。また、近時では適法行為を利用した間接正犯（次項(3)参照）もあるといわれ、直接行為者の行為が違法かどうかにかかわらず処罰の余地自体は肯定する見解が有力になっている。

　判例は、共同正犯の事案であるが、共犯者の1人について正当防衛の「侵害の急迫性」の要件が満たされる場合であっても、別の者については満たされないとし、共犯者相互間で違法性の要件が完全には連帯しないことを認める（最決平成4・6・5刑集46巻4号245頁［百選90事件］参照）。

直接正犯

間接正犯

(3)　間接正犯

　(a)　**直接正犯と間接正犯**　複数の人が犯罪に関係する場合でも、共犯とならないことがある。たとえば、医師が、事情を知らない看護師を介して患者に毒を飲ませて死亡させる場合、通説によれば、医師と看護師は共犯関係にはない。しかし、ここでの医師のように、他人を自己の道具のように利用して犯罪を実現する者には正犯性が認められ（本節●―正犯と狭義の共犯との区別参照）、間接正犯として処罰されうる。これに対し、自分で直接手を下す場合は直接正犯と呼ばれる。いずれも、共犯ではなく単独犯である。

　(b)　**間接正犯の類型**　間接正犯には次のような類型があるとされる。

　（ｉ）　**故意のない者の利用**　毒入りの砂糖を郵送する場合のように、利用された者（郵便配達員）が無過失のときは、送った者が間接正犯になると考えられている（実行の着手時期につき、第5章第2節●―具体的類型(1)参照）。では先の例で、患者に毒を飲ませた看護師に過失があった場合は

```
（ⅰ）故意のない者の利用 ◀━ 間接正犯の類型 ━▶（ⅲ）適法行為の利用
                           ┃            （ⅲ）-1 被害者自身の行為の利用
                           ▼            （ⅲ）-2 物理的強制下の行為の利用
              （ⅱ）故意のある者の利用      （ⅲ）-3 他人の適法行為の利用
               （ⅱ）-1「目的なき道具」の利用
               （ⅱ）-2「身分なき道具」の利用
               （ⅱ）-3 責任のない者の利用
```

どうだろうか。通説は、この場合も医師を間接正犯とする。学説の中には、医師は看護師について成立する業務上過失致死に対する教唆犯だとする見解もある。しかし、教唆犯が成立するためには教唆された者が故意をもったことが必要だとすれば、ここでの医師を教唆犯とするわけにはいかない。通説の立場では、直接正犯と同様の現実的な危険性をもつ医師の行為は、狭義の共犯でなく間接正犯と評価される。判例は、子の健康に対する危険を認識していない母親を利用して、必要な薬剤を投与させずに子を死亡させた者を殺人の間接正犯とした（最決令和2・8・24刑集74巻5号517頁参照）。

　なお、びょうぶをピストルで撃ち抜くようにそそのかし、実際はその後ろにいる人を殺害させるように、被利用者が利用者とは異なる犯罪の故意をもっていた場合にも、利用者が殺人の故意のない他人を道具のように利用するときは、殺人の教唆犯でなく間接正犯を認めるのが通説である。

　　（ⅱ）　故意のある者の利用　　「行使の目的」を要件とする通貨偽造罪（148条）などの犯罪では、①「目的なき道具」の利用が考えられる。たとえば、学校の教材だと偽って、印刷業者ににせ札を作らせるような場合である。この場合は間接正犯が成立するとするのが通説であるが、通貨偽造罪の故意に「行使の危険性の認識」まで必要だとするときは、故意のない者を利用する類型としても理解できる。

　収賄罪（197条）のように、主体に特定の身分が要求される身分犯（第2章第1節●─構成要件の要素(3)(b)(ⅰ)参照）では、②「身分なき道具」の利用が考えられる。公務員が公務員でない妻を利用して賄賂を受けとらせる場合がそれである。かつてはこの場合にも間接正犯が成立するといわれてきた。しかし、妻は事情を知っているのだとすると、公務員は妻と協力して収賄罪を実現しているともいえる。現在では、この場合を間接正犯でなく

共同正犯とする見解が有力である（本章第5節●―共犯と身分(3)参照）。

③責任のない者の利用は、間接正犯を構成することが多い。たとえば、幼児や高度の精神病者のように是非弁別能力を欠く責任無能力者に物を盗んで来させるような場合や、心理的強制のように、適法行為の期待可能性を欠く者を利用する形態もありうる。判例は、暴行等によって12歳の養女の意思を抑圧し窃盗を行わせた事案につき、間接正犯の成立を認めた（最決昭和58・9・21刑集37巻7号1070頁［百選74事件］参照）。確かに、共犯の従属性に関して制限従属性説をとるときは、責任のない他人の行為が違法であれば、共同正犯や教唆犯、幇助犯が成立する余地もある。しかし、それにとどまらず、責任のない者を道具のように利用した場合には、単独正犯の成立も考えられる。

　(iii)　適法行為の利用　　近時では、適法行為を利用した間接正犯の類型も論じられている。①被害者自身の行為を利用する場合もその1つである。判例は、被害者に心理的圧迫を加えて車ごと海に飛び込ませた事案を殺人未遂としている（最決平成16・1・20刑集58巻1号1頁［百選73事件］参照）。ほかに、被害者の不知を利用するような場合も考えられる。他人を突き飛ばして別人に加害するような②物理的強制による間接正犯もあるが、この場合は他人の「行為」すら介在していないとすれば、ほとんど直接正犯といってもよい。このほかに、③他人の適法行為を利用する間接正犯も考えられる。たとえば、適法な逮捕の要件が備わるような状況を自ら作り出すことによって、無実の者を警察官に逮捕させる場合、警察官の行為自体は適法だとしても、背後にいる者は、そのような適法行為を利用して逮捕罪を実現する間接正犯になると考えられる。

　(c)　**自手犯**　　間接正犯の形態では行うことのできない犯罪を自手犯という。重婚罪（184条）や、速度違反の罪（道路交通118条1項1号）などがこれにあたるとされてきたが、これらの犯罪事実も、他人を利用して実現すること自体はできるので、自手犯の範囲や意義には不明確なところがある。

第**6**章········共犯

2. 共同正犯

● ──── 意義

　共同正犯とは、2人以上が共同して犯罪を実行した場合をいう（60条）。単独犯と対比すれば共犯であり、教唆・幇助と対比すれば正犯であるという2つの性格をもつ。その成立には、客観的には共同実行の事実、主観的には共同実行の意思が必要である。それらにずれがある場合には、重なっている範囲で共同正犯とするのが多数説である（部分的犯罪共同説）。

共同正犯

〈客観的要件〉　　　　　　　　　　　　　　　　　　〈主観的要件〉
共同実行の事実　◀─── 共同正犯の要件 ───▶ 共同実行の意思
★争点　共謀共同正犯　　　　　　　　　　　　　★争点　過失の共同正犯
　　　　承継的共同正犯　　　　　　　　　　　　　　　　片面的共同正犯

　共犯は構成要件の修正形式であり、行為者ごとの行為のみをみれば当該犯罪が成立しない場合でも、全体について犯罪が成立する。たとえばAが被害者に暴行を加え、Bが金をとったとする。これをばらばらに観察すると、Aは暴行罪、Bは窃盗罪でしか処罰できない。しかし、AとBとは協力して強盗罪を実現しており、一部を分担して実行しただけでも強盗罪の共同正犯となる。これを「一部実行全部責任」の原則という。その根拠は、それぞれの行為を互いに利用しあうことにより、協力して犯罪を実現するところにあるとされている（大判大正11・2・25刑集1巻79頁参照）。

　また、AとBとが被害者を殺そうとして2人でピストルを撃ったところ、Aの弾だけが当たって被害者が死亡したという場合、もしBの行為だけをみるならば、被害者に対して何の実害ももたらしていないので、殺人未遂にとどまる。しかし、AとBとがこの犯罪を共同で実行する意思をもって

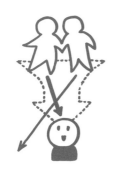

行動していたときは、両者は殺人既遂の共同正犯である。Bの行為と結果との間には、単独犯にいう意味での因果関係はないが、BはAとともに共同実行の意思に基づいて相互の行為を利用・補完しあい、犯罪を実現したといえるのである。これに対し、AとBとが犯罪を共同で実行する意思なく、たまたま同時に行為したにすぎない場合を同時犯といい、今の例ではそれぞれ殺人既遂と殺人未遂の単独犯となる（207条の例外につき、各論第1編第1章第2節●—同時傷害の特例参照）。

●——— 共同実行の事実

共同正犯の客観的要件として、共同実行の事実が必要である。

(1) **共謀共同正犯**　　共同実行があるかどうかが問題になる場合の1つが、共謀共同正犯といわれる類型である。組織的な犯罪では、主導的地位にある者が手下に命令して犯罪を実行させることが多い。そのような首謀者は共同正犯となるのだろうか。

正犯を認める基準として形式的客観説を徹底させる見解は、自分で何も実行行為をしていない以上、狭義の共犯だとする（実行共同正犯論）。しかし、たとえば、詐欺を行うために、親分が巧妙な手口を考案し計画を立て、子分達はただそれに従って行動したにすぎないようなとき、法益侵害に対する関与の程度は前者のほうが大きいともいえる。

そこで判例は昔から、背後の者を正犯とする余地を認めていた。2人以上の者が犯罪を共謀し、そのうちのある者がこれを実行したときは、実行行為に加担しなかった者も共同正犯となりうるとしたのである（大判昭和11・5・28刑集15巻715頁参照）。ただ、共同正犯を認めるには単なる共謀では不十分であり、特定の犯罪を行うため、共同意思の下に一体となって、互いに他人の行為を利用し、各自の意思を実行に移すことを内容とする謀議をし、これによって犯罪を実行したのでなければならない（「練馬事件」最大判昭和33・5・28刑集12巻8号1718頁［百選75事件］参照）。もっとも、全員

がそろって事前に謀議を行うことは必要なく、「現場共謀」や「順次共謀」も認められている（順次共謀の例として最決平成16・3・22刑集58巻3号187頁［百選64事件］、直接明示的な指示を出していなかった暴力団組長にボディガードによるけん銃不法所持の共同正犯を認めた例として最決平成15・5・1刑集57巻5号507頁［百選76事件］参照）。

　学説でも現在では、直接自分で手を下さない場合にも共同正犯として処罰する余地を認めるものが多くなっている（共謀共同正犯論）。その理論構成はさまざまである。代表的な見解としては、以下のものがある。①共同意思主体説は、複数の関与者の意思の連絡によって1個の共同意思主体が形成され、それがあたかも1人の人のように犯罪を行うのだと考える。②間接正犯類似説は、共同意思による心理的拘束によって他の者を利用して犯罪を実現する場合であるとする。③行為支配説は、犯罪の実現に向けた流れを支配した者を正犯とする。

　ここでの解決は正犯と狭義の共犯との区別の基準による。正犯の成立について、犯罪の成立にあたって果たした役割の大きさを基準とする見解によれば、形式的に構成要件の文言にあてはまる行為をしていなくても正犯とされる余地がある。共謀共同正犯の成立を安易に認めると、謀議の場にいただけで正犯として処罰する帰結を招きかねない。正犯としての可罰性は、犯罪実現への寄与の程度が一段と高い場合に限って認めるべきであろう（しかし、最決平成19・11・14刑集61巻8号757頁は、廃棄物の処理を他人に委託する際に不法投棄の未必的認識があっただけで共同正犯としている）。

　(2)　**承継的共同正犯**　　実行行為の一部がすでになされてから、別の者が来て協力した場合、後から来た者はどの範囲で刑事責任を負うだろうか。これが承継的共犯の問題である。

　継続犯では共同正犯が成立することに問題がない。たとえば、1人が被害者を閉じ込めてドアを押さえているところに別人が来て手伝った場合、監禁罪の共同正犯となる。しかし、来る前に被害者がけがを負っていた場合には、後から来た者はそのけがについて何の影響も与えていないので、監禁致傷罪でなく監禁罪の範囲でのみ処罰される。これに対し、先行者の行為の効果を利用して後行者が加担する場合には、共同正犯の成立を認め

るのが多数説である。たとえば、Aが被害者をだましてから、Bがやって来て被害者の財物を受けとるのに協力した場合、Bは、Aの行為により被害者が錯誤におちいっている状態を利用して財物をとったといえるので、詐欺罪について一部実行の全部責任を負うとされる（恐喝罪につき、名古屋高判昭和58・1・13判時1084号144頁参照）。

　ところが、裁判例には、この限度を超えて承継的共同正犯の成立を認めるものもあった。たとえば、先行者が被害者に暴行・脅迫を加えて傷害を負わせた後に、別の者がきて財物をとるのに協力した事案において、後行者も強盗致傷罪の共同正犯とされた（札幌高判昭和28・6・30高刑集6巻7号859頁参照）。完全犯罪共同説を適用し、共犯者の間で罪名を一致させたものであろう。しかしこの場合の後行者は、被害者が傷害を負ったことまで利用しているわけではない。そこで学説では、被害者が反抗を抑圧された状態を利用したといえる限度で共同正犯とすべきだとし、強盗罪のみを認める見解が有力である（部分的承継的共同正犯肯定説）。すでに発生した事実に対しては因果的影響を与えることができないとして、幇助犯（本章第4節参照）の成立のみを認める立場もある（承継的共同正犯否定説）。

　近時の判例も、行為者は、自らが共謀に加担する前に生じていた傷害結果については共同正犯としての責任を負わないとしている（最決平成24・11・6刑集66巻11号1281頁［百選81事件］。もっとも、行為者が他の攻撃者と同時に同じ場所におり、かつ、結果が行為者の行為から生じうるものであった場合には、同時傷害の特例を適用するとされている。最決平成28・3・24刑集70巻3号1頁［百選II 6事件］、最決令和2・9・30刑集74巻6号669頁、各論第1編第1章第2節●―同時傷害の特例参照）。

　後から関与した者の処罰範囲をめぐる従来の議論は、犯罪の実現に因果的な影響を与えたことが共犯の処罰根拠だと考えていた。ところが、近年の判例の中には、先行者が詐欺罪の実行に着手した後、「客体の不能」が生じてから、犯罪を完成させようと加わった者を未遂犯で有罪とするものがあらわれた（最決平成29・12・11刑集71巻10号535頁［百選82事件］、第5章第3節●―不能犯の態様(1)参照）。一部の下級審裁判例はこのような事案を、一般人が危険を感じるとして「具体的危険説」（第5章第3節●―不能犯と

未遂犯との区別(2)参照）で処理してきたが、最高裁はこの理由づけを採用しておらず、かつ、傷害結果の扱いとも異なる結論をとったことになる。これは、詐欺未遂犯人としての先行者の立場を後行者が引き継ぐとするのと同じである（本章第5節●—共犯と身分(4)、各論第1編第3章第3節●—事後強盗罪(4)参照）。法的根拠のない「おとり捜査」と同じ効果をこうした形で認めるべきかには疑問の余地もある。

●——— 共同実行の意思

共同正犯の主観的要件としては、共同実行の意思が必要であり、行為者間に意思の連絡がなければならない。しかし、その内容には争いがある。

(1) **過失の共同正犯**　犯罪共同説の立場からは、共同実行の意思とは、特定の犯罪を共同で実現しようとする意思であることになるので、共同正犯は故意犯についてのみ成立しうる。これに対し、行為共同説の立場では、共同実行の意思は自然的行為を共同で行う意思で足りるので、過失犯の共同正犯もありうる。たとえば、AとBとが一緒に窓から物を投げ捨てていたところ、どちらかの投げた物が通行人に当たって、けがを負わせたとする。それぞれを単独犯と考えるならば、どちらの物が当たったのかがわからないかぎり、因果関係の証明がないので、過失傷害罪で処罰できない。しかし、過失の共犯を認めるならば、AとBの両方を処罰できる。

判例は過失の共同正犯を肯定しており（最判昭和28・1・23刑集7巻1号30頁参照）、共同の注意義務に共同して違反した場合にのみ、過失犯の共同正犯が成立しうるとする立場を明らかにしている（最決平成28・7・12刑集70巻6号411頁［百選79事件］参照）。

学説では近年、過失犯の共同正犯を肯定する見解が有力になっている。特に、故意・過失を責任要素とする説からは、違法性の連帯にとって故意が共通していることは必要でないとされるため、故意を含まない意思連絡があれば足りるとする行為共同説に基づいて過失の共同正犯を認めるものが多い。もっとも、この立場でも、多くの論者は、何らかの行為の共同で足りるとするのではなく、結果発生の危険をもった過失の実行行為を共同で行うことが必要だとする。

これに対し、過失の共犯を否定する伝統的な見解からはいくつかの反論がある。過失の共同正犯としてでなければ処罰しえないような事案は多くなく、複数の単独犯（同時犯）として処罰すれば足りる。因果関係が不明な場合を共同正犯として処罰することは、立証の困難性をかいくぐるものにすぎず、訴訟法上問題がある。また、もし過失の共同正犯を認めるのであれば、過失による教唆犯や幇助犯の処罰を否定する論理的な根拠がない。

　判例は従来、結果的加重犯の共同正犯を処罰してきており（最判昭和26・3・27刑集5巻4号686頁、本章第1節●─共同正犯の特質参照）、過失の共同正犯も類似の考え方から肯定しているとみられる。すなわち、共同の注意義務に共同して違反する場合を、結果的加重犯における基本犯の共同実行と同様に扱っていると理解できる（自動車の運転により人を死傷させる行為等の処罰に関する法律2条5号の危険運転致死傷罪について、最決平成30・10・23刑集72巻5号471頁参照）。これに対し、共同正犯が成立するのは故意で共同した部分についてだけだとする立場からは、最終結果については単独犯の成立する範囲でのみ処罰対象とすることになろう。

　(2)　**片面的共同正犯**　　Aが被害者に対し強制性交を行う際、気づかないうちBが被害者の足を押さえつけていた場合、共同正犯が成立するだろうか。判例・通説は、共同正犯を認めるためには相互に利用しあう関係が必要であるから、意思の連絡を欠く場合には共同正犯が成立しないとする。ただし、一方的に協力しているBには幇助犯の成立の余地がある（本章第4節●─主観的要件(3)参照）。もっとも、近年は、順次共謀（本節●─共同実行の事実(1)参照）の形での意思連絡を極めてゆるやかに肯定した例もある（最決令和3・2・1刑集75巻2号123頁参照）。

[ケース……**12**]

　同日に手術予定の心臓疾患の患者Ｘと肺疾患の患者Ｙを、病棟看護師Ａが搬送して手術室看護師Ｂに引き渡した際、患者の名前を確かめること等がなかったため取り違えられ、Ｂはそれに気が付かないまま手術室に運んだ。Ｘの麻酔医Ｃ・執刀医ＥとＹの麻酔医Ｄ・執刀医Ｆも、手術の過程で、患者の同一性に疑念を抱くも確認等の措置を取らず、心臓疾患の患者に肺手術を、肺疾患の患者に心臓手術をするに至った。手術に関与する担当者間で具体的な役割分担や打ち合わせ等がなされていなかった。Ａ・Ｂ・Ｃ・Ｄ・Ｅ・Ｆの罪責について述べよ。共同正犯の罪責が問われるのかについても論ぜよ。

[論点整理]
1．業務上過失致傷罪（刑法211条）の成立要件
　　チーム医療（病院内での医療従業者の役割分担・分業を前提とする組織的医療）につき、各関与者の過失（注意義務違反）、各行為と結果との間の因果関係、共犯関係等が問われる。
2．チーム医療における医療従業者の過失・注意義務違反
　（1）過失犯の構造—過失の体系的地位等
　　旧過失論（結果無価値論）：過失は故意と共に責任の要素。過失とは、犯罪事実の「認識可能性」とし、結果発生を予見するための注意を欠いた内心の心理状態とする。
　　修正旧過失論：過失は主観的構成要件要素・責任要素。過失の注意義務の内容として結果予見可能性を重視するが、過失犯の実行行為を構成要件的結果発生の実質的危険性を有する行為（客観的注意義務違反行為）とする。
　　新過失論（行為無価値論）：構成要件（違法有責類型）・違法性（社会的相当性からの逸脱）・責任の各段階で問題。客観的注意義務（結果予見可能性を前提とした結果予見義務と結果回避義務）違反の行為とする。
　　新新過失論：基本的に新過失論と同様であるが、予見可能性の程度・内容について結果発生の危惧感・不安感で十分とする。
　（2）信頼の原則：被害者・第三者が適切な行動をすることを現に信頼し、具

　体的状況の下でその信頼が社会生活上相当な場合には、その不適切な行
　動によって結果が発生したとしても、行為者は責任を負わないとする原
　則。旧過失論では予見可能性の有無を認定するための基準、新過失論で
　は結果回避義務を軽減するための基準。
(3)医療の高度化・専門化・分業化に伴うチーム医療で、他の関係者の適切
　な行動を信頼して迅速・的確に行動しなくてはならない場面につき、医
　療従業者間の業務負担が明確にされ指揮命令系統が確立している場合、
　又は個々の関与者が微に入り細に入りの注意義務を要求するチェックを
　していたのでは作業効率が著しく低下し本来の目的が果たせない場合に、
　信頼の原則が適用される。
　　医療従事者の「患者の同一性確認」の注意義務は、患者に適切な医療
　行為を施すための前提であり、最も初歩的かつ基本的・重大な事項で、
　簡単なチェックでエラーを回避できるため、「信頼の原則」は適用され
　ない。患者の同一性確認という結果回避措置（取り違え防止）につき、
　病院全体の組織的なシステム構築や医療チーム内での役割分担が徹底さ
　れていない場合に、信頼の原則は不適用である。
3．過失の競合（患者の同一性確認に関する注意義務違反が重なった場
　合）：信頼の原則が適用されず、過失の競合（医療関係者の各人の職
　責・持ち場に応じて重畳的に負担する注意義務の違反）とされた場合、
　過失の同時正犯が成立するのか、過失の共同正犯となるのか。
(1)共犯（共同正犯）の本質
　「犯罪共同説」：共犯とは特定の犯罪につき共同して実行行為を行なうも
　のとする（同一の罪名で共同正犯が成立する「完全犯罪共同説」と犯罪
　が同質的で重なり合う性質のものであるとき重なり合う限度内で共同正
　犯が成立する「部分的犯罪共同説」）。
　「行為共同説」：共犯とは前構成要件的な自然的な行為を共同して各人の意
　図する犯罪を実行するものとする（構成要件の重要な部分の共同を必要
　とする説もある）。
(2)共同正犯の処罰根拠：一部実行全部責任（相互利用補充関係・因果的影
　響力）。各共同正犯者は意思の連絡を通じて相互に心理的影響を与え法
　益侵害の結果発生の蓋然性を高めたという点にある。過失の共同正犯を
　認める意味として、個々の行為と結果との因果関係の立証が不可能であ
　っても共同正犯として処罰できる。

(3)過失犯の共同正犯肯定説：行為共同説から自然的行為の共同および共同意思により成立を肯定。犯罪共同説から、過失犯にも実行行為を観念して実行行為の共同を認め得る新過失説により、共同の注意義務に共同して違反した場合に成立を認める。犯罪遂行に関する意思連絡があれば心理的因果性が認められ結果の帰責が認め得る。最高裁判例（最判昭和28・1・23刑集7巻1号30頁）は肯定説。

過失犯の共同正犯否定説：過失犯の重要部分は無意識な部分であるとか、単独の過失犯として対処可能とする。

(4)複数の医療従業者が互いに協力・補充し合って結果発生を食い止めるという共同の注意義務を負いながらそれぞれ結果回避措置を取らないという共同違反により結果が発生した場合につき、過失の共同正犯が成立。

共同作業のチーム医療について同一内容の結果回避措置が問題となっている場合には共同正犯成立を認め得るとする考え方、同一性確認という作業について手術室に入る前・麻酔導入前・術前等の各段階で注意義務違反があった場合には各人の職責・持ち場に応じて過失が重畳的に問われるとする考え方、麻酔医と執刀医について共同義務に共同違反したとして過失の共同正犯を肯定するが、医師と看護師のように上命下服の関係にあり注意義務が異なる場合には過失の共同正犯は否定する考え方等がある。

[関連判例]

(1)医師が看護師と共に電気吸引器を使用して採血する際に看護師が吸引用パイプではなく噴射用パイプを接続して静脈から多量の空気を注入したため死亡した事例について医師・看護師共に業務上過失致死罪を成立させたケース（東京高判昭和48・5・30刑月5巻5号942頁、判時713号133頁）

(2)看護師による電気手術器ケーブル誤接続により患者が傷害を負った事例について、ベテランの看護師を信頼した医師について監督責任を否定して無罪にしたケース（札幌高判昭和51・3・18高刑集29巻1号78頁［百選51事件］）

(3)指示された薬剤の取り違えについて看護師2名に過失の競合を認めたケース（東京地判平成12・12・27判時1771号168頁）

(4)大学病院の耳鼻咽喉科に所属の主治医が抗がん剤の過剰投与により患者を死亡させた事例について、治療方針の最終的決定権を有する同科長に当該患者に直接かかわっていないが過失の競合・監督過失を認めたケース（最決平成

17・11・15刑集59巻 9 号1558頁［百選55事件］）

(5)患者の同一性確認についての病院全体の組織的なシステムの構築や役割分担の取り決め、それらの周知徹底等を欠いている事案について、手術関与者は他の者が確認を行なっていると信頼して自ら確認をする必要がないと判断することは許されず、各人の職責や持ち場に応じ、重畳的にそれぞれが責任を持って患者の同一性を確認する義務があるとして過失の同時正犯の成立を肯定したケース（最決平成19・3・26刑集61巻 2 号131頁）

(6)業務上過失致死罪の共同正犯が成立するためには、共同の業務上の注意義務に違反したことが必要であると解されるところ、当該警察署の職制および職務遂行状況等に照らせば、当該地域官は本件警備計画の策定の第一次的責任者・現地警備本部の指揮官であったのに対し、当該副署長（ないし署警備副本部長）は署長が警察署の組織全体を指揮監督するのを補佐する立場にあり、それぞれ分担する役割が基本的に異なっており、本件事故発生防止のために要求されうる行為も異なるとして、本件事故を回避するために両者が負うべき具体的注意義務が共同のものであったということができないとして、業務上過失致死傷罪の共同正犯が成立する余地はないとしたケース（最決平成28・7・12刑集70巻 6 号411頁［百選79事件］）

(7)本件建設工事設計担当者 X は施設保守管理に関わる設計上の留意事項を施工部門に対して伝達すべき立場にあったこと、自らの指示変更により水抜き作業という新たな管理事項を生じさせたこと、当該作業の意義・必要性について施工部門に対して的確かつ容易に伝達することができ、それにより本件爆発の危険発生を回避できたことから、X には当該作業の意義・必要性に関する情報を、施工担当者を通じまたは直接施設管理者に伝え確実に説明して本件メタンガス爆発事故が発生することを防止する業務上の注意義務を負うものとし、またメタンガス爆発事故の発生を予見できたということができるから、注意義務を怠った点について X の過失を認めることができるとしたケース（最決平成28・5・25刑集70巻 5 号117頁）

［本ケースから学ぶ刑法の基本原理・原則の重要ポイント］
・過失犯の構造（過失の体系的位置付け・実行行為性等）
・共同正犯の本質・処罰根拠
・過失の共同正犯

［ホームワーク］

次のケースについて、どのように考えるのか。

(a) Xが普通自動車を運転して右折しようとした際に、後方からXの車両を追い越そうとしたY運転の自動二輪車と衝突した交通事故で、Xに右折方法に違法があった場合につき、常に過失が認められることになるのか、信頼の原則が適用されて過失が否定されるのか、Xは過失犯の罪責を負うのか。

(b) 旅館・ホテルの管理者・監督者Xに、具体的な出火の予見可能性が無い場合（原因不明の出火や宿泊客の寝煙草による火災事故）に、火災事故による死傷結果について、Xの罪責はどのようか。

[ケース・スタディ12] 過失の競合と共同正犯

（問題提起）
一. 看護師Ａ・Ｂ、執刀医Ｃ・Ｅ、麻酔医Ｄ・Ｆは同一病院内の医療従業者として、具体的役割分担・打ち合わせがないまま、患者Ｘと患者Ｙの手術に関与したが、患者の同一性確認がなされずに取り違えられて、それぞれ患部でない箇所の手術が行なわれたものであり、それぞれについてＸ・Ｙに対する業務上過失致傷罪（刑法211条）が成立するのか、その罪責が問題となる。

（規範定立）
「業務」
二. まず、業務上過失致傷罪の成立要件としての「業務」について「社会生活上の地位」「反復継続性」「生命身体等に対する危険性」を要する。この点、本問のＡ・Ｂ・Ｃ・Ｄ・Ｅ・Ｆが従事した医療業務は、それぞれが病院組織内での役割に応じて職務として遂行されるものであることから社会生活上の地位に基づき反復継続して行なう事務であり、かつ他人の生命・身体に危害を与えるおそれのあるものと解されるため、当該犯罪の「業務」に該当する。

過失犯の構造・本質
次に、その成立要件としてそれぞれの過失・注意義務違反が認められるのかどうかである。この点、過失犯の構造・本質をどのように捉えるのかが問われる。

思うに、過失の本質は、法益侵害という結果無価値だけではなく、具体的結果を回避するために社会生活上必要となる適切な行動をとらなかったという行為無価値にあり、そのため、過失は責任要素にとどまらず違法要素であり、それを類型化した構成要件の問題となる（新過失論）。

過失犯の実行行為
そのため、過失犯の構成要件該当行為（実行行為）については、客観的予見可能性を前提とする結果回避義務違反と解される。

さらに、役割分担・分業により組織的に複数の者により行為がなされるチーム医療等の場合に、各医療行為関与者相互間に、信頼の原則が適用されて過失の責任を負わないのかが問われる。

信頼の原則
信頼の原則とは、他の者が適切な行動をすることを信頼し、その信頼が社会生活上相当な場合には、その不適切な行動によって結果が発生したとしても、信頼した行為者の結果回避義務が軽減化して責任を負わないとする原則である。

チーム医療についての考察	チーム医療において一方が他方の適切な行動を信頼して迅速・的確に行動しなくてはならないが、医療従業者間の業務負担が明確にされ指揮命令系統が確立している場合、または個々の関与者が微に入り細に入りの注意義務を要求するチェックをしていたのでは作業効率が著しく低下し本来の目的が果たせない場合に「信頼の原則」が適用される。
（あてはめ）	本問では、医療の高度化・専門化・分業化に伴うチーム医療における医療従業者の過失が問われるが、結果回避措置（取り違え防止）につき、病院全体の組織的なシステム構築や医療チーム内での役割分担が徹底されていない事情にある。さらに
患者の同一性確認義務	「患者の同一性確認」についての医療関係者（従事者）の注意義務は、手術すべき患者に適切な医療行為を施すための前提であり、最も初歩的かつ基本的・重大な事項で簡単なチェックでエラーを回避できる。そのため本問では「信頼の原則」は適用されず、各人の職責・持ち場に応じて負っている患者の同一性確認の注意義務違反（過失）が問われる。
（規範定立）	三．　次に、複数の者による過失・注意義務違反により同一の結果が生じた場合に、同時犯が成立するのか、共同正犯（60条）が成立するのかである。
過失の共同正犯の成否	そもそも共同正犯の成立要件として、実行行為の共同の事実とそれに対応する共同の意思が必要である。そこで、過失犯についても、実行行為が観念でき共同の実行行為と共同実行の意思が認められて共同正犯が成立するのかである。思うに、前述したように、過失は、構成要件・違法性の段階で問題となり、結果発生の予見可能性を前提とした結果回避義務違反を過失の実行行為であると解するため、実行行為の共同も肯定される。そして、犯罪的結果発生の高度の危険性を有する共同行為の遂行につき意思連絡があることで心理的因果性が認められるため、共同行為者の各人に課せられた共通の注意義務に違反したことにより生じた犯罪的結果について、過失犯の共同正犯の罪責が問われると解される。
（あてはめ）	本問のチーム医療に関し、複数の医療従業者が互いに協力・

補充し合って結果発生をくい止めるという共同の注意義務を負いながらもそれぞれが結果回避措置を取らないという共同違反により結果が発生した場合であれば過失の共同正犯が成立し得る。しかしながら、各人の役割分担を決めてなされた共同作業上で同一内容の結果回避措置が問題となっているのであれば共同正犯は認め得るが、本問で問題となっているのは患者の同一性確認義務は専門分野を超えて課せられたところの基本的な重要な義務であり、医療関与者のそれぞれの作業段階・持ち場・役割・職責に応じて重畳的に負担するものと解される。そのため、共同違反ではなく別個にそれぞれの注意義務に違反したものと解される。

そして、本問では、医療業務に従業するＡ・Ｂ・Ｃ・Ｄ・Ｅ・Ｆは、それぞれの業務上の過失行為により、ＸとＹの身体の健康な部位を損傷させて生理的機能を侵害させたものであり、各行為と結果との間に相当因果関係が認められる。

（結論）　四．　以上から、本問のＡ・Ｂ・Ｃ・Ｄ・Ｅ・Ｆには、業務上過失致傷罪（211条）の同時犯が成立する。

3. 教唆犯

●───── 意義

　教唆犯とは、他人を教唆して犯罪を実行させた場合をいう（61条１項）。教唆とはそそのかすという意味である。その客観的な要件は、①まだ犯罪の実行を決意していない他人をそそのかして一定の犯罪の実行を決意させることと、②その他人が当該犯罪を実行したことである。主観的な要件としては、過失による教唆を認めない通説の前提に立つと、教唆の故意が必要である。すなわち、客観的な要件である①②の認識が必要である。

　教唆犯は狭義の共犯ではあるが、犯罪のないところに犯罪を作り出す点に重大性が認められるので、正犯と同じ刑の範囲内で処罰される。

教唆犯

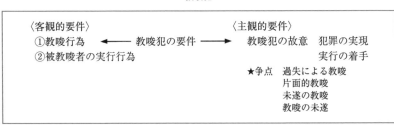

●───── 客観的要件

　他人を教唆し、犯罪を実行させたことが必要である。

〔1〕　**教唆行為**　　教唆行為は、他人に特定の犯罪の実行を決意させることであり、手段や態様には特に制限がない。口頭でも書面でもよいし、態様としても、説得、命令、嘆願などさまざまのものが考えられる。ただし、すでに相手が犯罪の実行を決意している場合は教唆にあたらず、犯意を強

化した場合にせいぜい幇助犯が成立するにすぎない。また、教唆は特定の犯罪について行われ、これを相手方が決意したのでなければならない。ばく然とした指示を与えただけでは、教唆行為とはいえない。

これと関連して、過失犯に対する教唆犯が成立するかどうかが問題となるが、否定説が多数である。この場合にはむしろ、故意のない者を利用した間接正犯の認められる余地がある（本章第1節●──共犯の従属性(3)参照）。

一方、結果的加重犯に対する教唆犯は成立するというのが多数説である。結果的加重犯の場合、基本犯は故意犯なので、これに対する教唆犯が成立するところまでは問題ない。判例は結果的加重犯について、加重結果については条件関係があれば帰責されるとしているため、共犯の場合にも同じ結論となる。すなわち、たとえば、AがBに暴行を教唆したところ、Bが暴行の結果被害者に傷害を与え死亡させた場合、Aには傷害致死罪の教唆犯が成立する（大判大正13・4・29刑集3巻387頁参照）。加重結果について過失を要求する学説の立場では、少なくとも教唆者自身について過失が必要となるが、過失の加重結果について教唆犯を処罰するのは、結局過失による教唆犯を処罰するのと同じことになり不当だという批判もある。

(2) **教唆された者による実行**　　教唆犯が成立するためには、教唆された者がその犯罪を実行したことが必要である。共犯独立性説によれば、教唆者は教唆行為をしただけで可罰的であるとされたが、現在では一般に、教唆された者（正犯者）が犯罪を実行しないかぎり、教唆犯は成立しないと考えられている（共犯従属性説）。したがって、正犯が既遂に達した場合には、教唆犯も既遂として処罰され、正犯が未遂にとどまった場合には、教唆犯も未遂が処罰される限度で処罰されることになる。

●───── 主観的要件

教唆犯の主観的要件は教唆の故意である。

(1) **過失による教唆**　　たとえば、医師が患者に薬を与えるつもりで誤って毒を看護師に渡したところ、看護師に殺意が生じてこれを患者に飲ませて殺害するに至った場合、医師は教唆犯として処罰されるであろうか。多数説は故意による教唆犯しか認めず、この例では、看護師を殺人罪で処

罰すれば足りるとするが、学説の中には医師についても過失犯の単独正犯性を認めるものもある。

(2) **片面的教唆**　教唆犯では共同正犯と異なり、相互の意思の連絡までは必要でないとされている。すなわち、教唆された者が教唆されたことを意識していなくてもよい。多数説によれば、片面的共同正犯は認められないが、片面的教唆は認められる。共同正犯では、関与者が相互に利用しあう関係が必要であるが、教唆の場合、背後の教唆者は自分のほうで力添えをしてもらう必要はない。法益侵害に向けた影響力の点からは、教唆者から教唆される者への方向性のみが重要だからである。

(3) **未遂の教唆**

(a) **未遂の教唆**　教唆された者の実行行為を初めから未遂に終わらせる意思で教唆した場合を、「未遂の教唆」といい、処罰できるかどうかが争われている。これと区別しなければならないのは、教唆者が侵害の結果を発生させようと思って教唆したが、教唆された者が実行に着手しなかった「教唆の未遂」である。こちらは共犯独立性説をとらないかぎり処罰されない。なお、教唆者が侵害を発生させようと思ったにもかかわらず、教唆された者の行為が未遂にとどまったときは、教唆者も未遂犯として処罰されうる（これを「未遂犯の教唆」ということもある）。「未遂の教唆」は、これらと異なり、教唆者に侵害を発生させるつもりのない場合をいう。

実際に問題になるのは、「アジャン゠プロヴォカトゥール」（agent provocateur　フランス語で、教唆する警官ないしその手先）と呼ばれる類型である。捜査官が、ある者に犯罪を教唆し、実行に着手したところをただちに逮捕するような場合がこれに含まれる。刑事訴訟法上は違法なおとり捜査とされる可能性があるが、刑法では、捜査官が犯罪を行っていることにもなるのかが議論されてきた。

(b) **教唆犯の故意**　教唆犯の故意には「人を教唆して犯罪を実行させ」ることの認識が必要である。そこで、もしこの「実行」を犯罪の完全な実現だと考えるならば、「未遂の教唆」には故意が

欠けるために、教唆犯の成立が認められない。これと異なり、「実行」は
「実行の着手」までで足りると考えるならば、教唆者はこれを認識してい
る以上、教唆犯が成立して未遂で処罰されることになる。

　この問題に関する学説は分かれていたが、単独犯の未遂の故意の内容は
既遂の故意と同じである以上、共犯の場合をこれと別に解するべきではな
い。おとり捜査に関する規制の発展により、この問題は解消しつつある。

●——— 間接教唆

　教唆者を教唆した者も、教唆者と同じに扱われる（61条2項）。これが間
接教唆であり、AがBを教唆し、BがCを教唆して、Cが犯罪を行った場
合や、AがBに対してCに犯罪をさせるようにそそのかした場合があたる。

　議論があるのは、登場人物がさらにもう1人増えた、再間接教唆につい
てである。AがBに対し「Xを脅迫しろ」と教唆した。Bがこの話をCに
もちかけたところ、Cはさらに別人Dにもこの話をもちかけて、Xに対す
る脅迫が実現した。大審院は再間接教唆者のAにも61条2項を適用した
（大判大正11・3・1刑集1巻99頁参照）。条文は間接教唆の場合しか規定して
いないので、反対解釈からは再間接教唆を処罰できないようにもみえる。
しかし、間接教唆者も「教唆者」になると考えれば、再間接教唆者は「教
唆者を教唆した者」にあたると解釈できるし、また、実質的に考えても、
両者は法益侵害の危険を作り出す点で異ならないので、多数説は再間接教
唆の可罰性を認めている。

●——— 幇助犯の教唆

　正犯を幇助した者は従犯（幇助犯）とされ（62条1項）、従犯を教唆し
た者には従犯の刑を科することとされる（62条2項）。

第 **6** 章┈┈┈┈共犯

4. 幇助犯

● ━━━ 意義

　幇助犯とは、正犯を幇助することをいい、従犯とも呼ばれる（62条1項）。幇助とは助けるという意味であり、幇助犯の客観的要件は、①他人による犯罪の実行を容易にすることと、②その他人が当該犯罪を実行したことである。過失による幇助を認めない前提に立つと、主観的要件としては、幇助の故意、すなわち客観的な要件である①②の認識が必要である。

　幇助犯も教唆犯と同じく狭義の共犯にあたるが、教唆犯とは異なり、正犯の刑を必要的に減軽した刑の範囲内で処罰される（63条）。

幇助犯

〈客観的要件〉		〈主観的要件〉
幇助行為　物理的幇助　◀━━ 幇助犯の要件 ━━▶	心理的幇助	幇助行為の認識
★争点　幇助の因果性 　　　　共同正犯との区別 　　　　承継的幇助		★争点　過失による幇助 　　　　共同正犯との区別 　　　　片面的幇助

● ━━━ 客観的要件

　幇助犯の成立には、他人の犯罪の実行を容易にする幇助行為が必要である。狭義の共犯という意味では幇助犯は教唆犯と平行的に論じられることが多い。過失犯に対する教唆を認めない見解からは過失犯に対する幇助も否定される。また、共犯従属性説からは、幇助犯が成立するためには、正犯者が犯罪を実行したことが必要である。

(1) **物理的幇助と心理的幇助**　　幇助行為には、物理的幇助と心理的幇助の2種類があるとされる。物理的幇助とは、正犯者に資金や凶器などの

物理的帮助　　　　心理的帮助

物理的な援助を与えることをいう。心理的帮助とは、激励したり勇気づけたりする場合のように、正犯を心理的に援助することをいう。帮助行為としてはそのいずれかがあれば足りる。

法益侵害に向けた物理的ないし心理的な影響力を考えることができる点では、共同正犯も同じであることに注意を要する。たとえば、2人で一緒に人に向けてピストルを撃って、1人の弾だけが当たった場合、他方の者は何も物理的に貢献していないが、心理的な寄与によって殺人の共同正犯となる。このように、広義の共犯においては、各行為者の行為と結果との間に、単独犯におけるのと同じ意味での因果関係は必要でない。そこで、場合によって、共同正犯と帮助犯との区別が問題になる（(3)および次項(2)参照）。

(2) **帮助の因果性**　　帮助犯は正犯より軽い犯罪形式であり、まず、どの程度の影響力があればそもそも可罰的なのかが問われる。一般に、正犯の犯罪の実行を促進し、容易にしたといえる場合には、帮助犯が成立するとされる。親分が被害者を車に乗せて、走行中に殺害したが、その際、子分がもう1台の車で親分の車について走ったという事案につき、裁判所はこの追走行為が帮助になるとした（東京高判平成2・2・21判タ733号232頁［百選88事件］参照）。確かに、親分は子分がついて来なくても被害者を殺害したかもしれないので、この場合の子分の行為には、単独正犯における意味での条件関係はない。しかし事実認定によれば、親分は子分の車がついてくるのを心強く思っており、子分の行為は親分の殺人の意図を強化したとされる。そこでこの点につき心理的帮助が認められたのである。

これに対し、たとえば、正犯者に気づかれずに見張りをしたが、人が来なかったためにまったく役に立たなかった場合のように、帮助者の行為の結果自体を正犯者が認識していないときは、帮助犯が成立しない。なぜなら、人が通らなければ見張りは物理的に役に立っていないし、見張りをしてもらっていることを知らない正犯者の意を強くするという関係もない以

上、心理的な幇助にもならないからである。先の事件でも、子分は追走以外にさまざまなことをしていた。しかし裁判所は、物理的に役に立たず、親分にまったく認識されていない行為については、物理的にも心理的にも正犯行為との間に何の促進関係もない以上、幇助にあたらないとした。

(3) **共同正犯との区別**　　共同正犯と幇助犯とは、主観面で区別される場合と客観面で区別される場合とがある。共同正犯の主観的要件である共同実行の意思ないし意思の連絡が欠ける場合には、せいぜい幇助犯しか成立しないとするのが多数説である（本章第2節●—共同実行の意思参照）。客観面による区別には、正犯性のところで述べた基準が適用される（本章第2節●—共同実行の事実参照）。

客観面による区別が典型的に問題とされてきたのは、見張り行為である。形式的に実行行為を分担したかどうかを正犯性の基準とする形式的客観説によれば、見張りは、殺害行為や窃取行為ではないので、殺人や窃盗についてつねに正犯性を欠くことになる。

他方、判例は、見張りについても共同正犯の成立を肯定する傾向にある（たとえば、最判昭和23・3・16刑集2巻3号220頁参照）。共謀共同正犯の成立範囲を広く考えるときは、犯行現場にいなくても正犯となりうるのであるから、見張りが正犯となりうるのは当然かもしれない。判例は、共謀の上、麻薬密輸入の資金を提供した事案についても、共同正犯としている（最決昭和57・7・16刑集36巻6号695頁［百選77事件］参照）。

判例は、自己の犯罪を実現する意思で行為した者は正犯だとする傾向にあるが、学説では客観面をより重視し、犯罪の実現にとって重要な役割を果たした者が正犯であり、付随的な役割しか果たしていない者は幇助犯だとする基準も提唱されている。これは、法益侵害への関与の程度を重視する点で、共犯の処罰根拠に即した見解であるが、形式的な明確性を欠くために具体的な判断がむずかしいという問題もある。

(4) **承継的幇助**　　承継的共同正犯の問題と同じく、先行行為者が特定の犯罪の実行行為の一部を終了した後で別の者が加担した場合について、承継的幇助の成立が問題となる。大審院は、金銭をとるために夫が被害者を殺害したところ、妻が来てろうそくをともし、金銭をとるのに協力した

事件で、妻に強盗殺人罪の幇助犯の成立を認めた（大判昭和13・11・18刑集17巻839頁参照）。これは、承継的共同正犯における完全犯罪共同説の考え方に合致している。つまり、共犯の罪名が、正犯と同じでなければならないとするのである（共犯の罪名従属性）。しかし、法益侵害への因果的な影響という観点からすれば、この場合の妻は、被害者が死亡していることについては何らの影響も与えておらず、被害者の反抗を抑圧した状態で財物をとることに協力したにすぎない。そこで、この事案では強盗罪のみについて幇助犯が成立するとする見解が有力である。

●——— 主観的要件

　他人の犯罪の実行を容易にする認識と、他人による実行の認識が問題となる。一般に、他人に何かを提供する場合、それが悪用されないとの保証はないから、もしここでの認識が抽象的なもので足りるとすると、幇助犯の成立が極めて広く肯定されることになってしまう。最高裁は、ファイル共有ソフト「Winny」を開発・提供した行為について、これが著作権侵害に用いられることの具体的な認識がなかったとして、幇助犯の成立を否定している（最決平成23・12・19刑集65巻9号1380頁［百選89事件］参照）。

　(1)　**過失による幇助**　　多数説は、教唆犯の場合と同じく、故意による幇助犯しか認めない。

　(2)　**共同正犯との区別**　　共同実行の意思が欠ける場合には、共同正犯は成立しないので、せいぜい幇助犯としての処罰が認められるにすぎない。近時の下級審の判例の中には、形式的には実行行為の一部を分担しているとみられる場合にも、共同正犯でなく幇助犯の成立を認めるものがあらわれており、そこでは共同実行の意思（正犯意思）が欠けることが理由とされている（たとえば、福岡地判昭和59・8・30判時1152号182頁［百選78事件］、承継的共同正犯と承継的幇助犯とを同様に区別したものとして、横浜地判昭和56・7・17判時1011号142頁参照）。

　(3)　**片面的幇助**　　狭義の共犯は正犯に加担するものなので、互いに利用しあう関係を必要としない。したがって、片面的教唆と同じく、**片面的幇助**も成立しうる。つまり、正犯者が、自分は誰かに助けられていると意

識していない場合であっても、幇助犯は成立する。たとえば、他人がとばく場を開帳する（186条2項）のを知って、その他人が知らないうちに客寄せをした場合、片面的幇助犯が成立するとされている（大判大正14・1・22刑集3巻921頁）。また、正犯者自身は情を知らない者の行為を利用しているつもりが、その者は事情を認識したうえで協力していた、という形態の片面的幇助も考えられる（東京地判昭和63・7・27判時1300号153頁［百選87事件］参照）。いずれも、意思の連絡が欠ける場合である。

●──── 間接幇助

　AがBに資金援助をし、Bがその金でCに凶器を調達した場合、Aは幇助犯として処罰されるであろうか。間接教唆と異なり、間接幇助を直接に規定する条文はないので、学説は対立している。62条の「正犯を幇助した者」が、正犯を直接に助けた者だけをいうと考えるならば、幇助の幇助は処罰されないことになろう。しかし、他人を介して幇助する場合をも含めるときは、間接幇助の可罰性が認められる。判例は、幇助犯の処罰根拠は正犯の実行を容易にするところにあるから、間接的な幇助であっても処罰根拠に欠けるところはないとし（たとえば大判大正14・2・20刑集4巻73頁参照）、AがBにわいせつな映画フィルムを貸し、BがさらにCに貸与し、Cがこれを公然と上映した事案において、Aに幇助犯が成立するとしている（最決昭和44・7・17刑集23巻8号1061頁［百選86事件］参照）。

第6章……共犯

5. 共犯のいろいろな問題

●——— 必要的共犯

　必要的共犯とは、最広義の共犯の一種であり、刑法の規定が初めから複数の行為者を予定している場合をいう。たとえば、内乱罪（77条）や騒乱罪（106条）では、「首謀者」「指揮した者」「付和随行した者」というように、処罰される関与者があらかじめその役割に応じ、種類を分けて規定されている。これらのように、大勢で行われる犯罪を「多衆犯」という。これに対し、同じ必要的共犯でも、収賄罪（197条）と贈賄罪（198条）のように、パートナー相互間で行われる犯罪は「対向犯」という。

　これらの必要的共犯では、条文に規定されていない関与者を、刑法総則の任意的共犯の規定（60条以下）で処罰しうるかどうかが問題となる。たとえば、弁護士法は、弁護士の資格のない者が報酬を得る目的で他人の法律事件をとり扱うことを処罰している。弁護士でない者がこれに違反した場合、その法律事件を持ち込んだ相手がいたはずである。そうだとすると、その者は弁護士法違反を教唆したことにならないだろうか。最高裁は、「ある犯罪が成立するについて当然予想され、むしろそのために欠くことができない関与行為について、これを処罰する規定がない以上、これを、関与を受けた側の可罰的な行為の教唆もしくは幇助として処罰することは、原則として、法の意図しないところ」だとし、相手方の処罰を認めなかった（最判昭和43・12・24刑集22巻13号1625頁［百選99事件］参照）。この結論は学説によっても支持されている。各則の規定は総則の任意的共犯の規定に対して特別法の関係にあり、優先するからである（各論第2編第3章第1節●—わいせつ物頒布等罪、重婚罪(3)参照）。

●───── 共犯と身分

　(1)　**身分犯の共犯**　　主体に一定の制限のある犯罪を身分犯という（第2章第1節●─構成要件の要素(3)(b)(i)参照）。身分犯には、収賄罪（197条）のように、身分がないかぎり何の犯罪にもならない**真正身分犯**と、横領罪（252条）に対する業務上横領罪（253条）のように、身分によって刑に軽重が設けられている**不真正身分犯**とがある。真正身分犯の要件となっている身分は、それがある場合に初めて犯罪を構成するので**構成的身分**と呼ばれ、不真正身分犯における身分は、刑の軽重にかかわるものなので**加減的身分**と呼ばれる。これらにおいて、身分のある者とない者とが共犯関係にある場合、いかなる犯罪が成立してどのように処罰されるだろうか。

　これに関する規定は65条である。1項は真正身分犯に関する規定であり、「犯人の身分によって構成すべき犯罪行為に加功したときは、身分のない者であっても、共犯とする」としている。たとえば、公務員でない者が賄賂の受けとりに協力したときは、自分自身には身分がなくても収賄罪の共犯となる。これに対し、不真正身分犯に関する規定である2項は、「身分によって特に刑の軽重があるときは、身分のない者には通常の刑を科する」とする。たとえば、業務者として物を占有する者と、単なる占有者とが協力して横領を行った場合、身分のない後者は横領罪で処罰される。ただし、1項と2項の関係については争いがある（後出(3)参照）。

　(2)　**身分とは**　　身分について、判例は、「男女の性別、内外国人の別、親族の関係、公務員たるの資格のような関係のみに限らず、総て一定の犯罪行為に関する犯人の人的関係である特殊の地位又は状態を指称する」とし（最判昭和27・9・19刑集6巻8号1083頁参照）、その範囲をかなり広く理解している。通説も一般にこれを支持する。たとえば、麻薬密輸入罪は、営利目的があることによって処罰が加重されているが、「目的」は身分といえるのだろうか。判例は麻薬密輸入罪について、「営利の目的をもつていたか否かという犯人の特殊な状態の差異によつて、各犯人に科すべき刑に軽重の区別をしているものであつて、刑法65条2項」が適用される身分犯だとした（最判昭和42・3・7刑集21巻2号417頁［百選93事件］参照）。

　(3)　**65条1項と2項の関係**　　65条1項は身分のある者とない者とを同

じように処罰することとしているのに対し、2項は身分のある者とない者とに異なった取扱いを与えている。そこで、両者の関係をどのように理解したらよいかが争われている。

　共犯者の罪名はつねに同じでなければならないとする完全犯罪共同説の立場からは、65条1項と2項とで①犯罪の成立と科刑とを区別する説が導かれる。それによれば、1項は、すべての身分犯においてつねに全員に同じ犯罪が成立することを確認した規定であり、2項は、身分があるかないで科刑の点のみを個別的に処理する規定だとされる。たとえば、妊娠した女子の依頼を受けた恋人が、医師と協力して堕胎を行った場合、恋人についても業務上堕胎罪（214条）が成立し、刑のみが通常の同意堕胎罪（213条）の程度にとどまるとされる。判例は、横領罪と業務上横領罪、背任罪と会社法上の特別背任罪について、この考え方を採用する（最判昭和32・11・19刑集11巻12号3073頁［百選94事件］、各論第1編第3章第6節●―業務上横領罪(3)、同第7節●―背任罪(6)参照）。このような処理はかつて有力に主張されたが、成立する犯罪と刑とを分離させることには批判もある。

　そこで、65条1項と2項とはいずれも犯罪の成立と科刑の両方を定めたものだと理解し、1項と2項とで②真正身分犯と不真正身分犯とを区別するのが通説となっている。これによれば、たとえば、真正身分犯である収賄罪に、公務員でない者が協力した場合には、1項によって収賄罪が成立するが、不真正身分犯である常習賭博罪（186条1項）に、常習性のない者が協力した場合には、2項によって賭博罪（185条）が成立する。この説は、条文を文字どおり適用するもので明快だが、なぜ真正身分犯だと同じ扱いで、不真正身分犯は個別の扱いになるのかを理論的に説明していない。

　学説の中には、1項が共通性、2項が個別性を定めた規定であることに注目し、前者は違法性の連帯性、後者は責任の個別性に対応するものだとして、1項と2項とで③違法身分と責任身分とを区別する理解もある。すなわち、1項は共犯者間で連帯的に考えられるべき違法性に関係する身分、2項は個別的に考えられるべき責任に関係する身分を規定しているとする。この説によれば、収賄罪のように違法性に関係する身分犯に公務員という身分のない者が協力した場合には、違法性が連帯するから後者にも身分犯

が成立するが、常習賭博罪のように責任に関係する身分犯に常習性という身分のない者が協力した場合には、責任は個別的に判断される以上、後者には通常の賭博罪の限度でのみ犯罪が成立するとされる。しかし、条文の文言は違法性と責任とを書き分けているわけではなく、あくまで構成的身分（真正身分犯）と加減的身分（不真正身分犯）とを規定しているにすぎない。実際には、違法性に関係する加減的身分や責任に関係する構成的身分もあるので、この見解は条文に合っていないという問題がある。

(4) **真正身分犯の共同正犯**　65条1項の文言は、真正身分犯に「加功したときは」身分のない者も「共犯とする」となっている。学説の中には、これを狭義の共犯の成立だけを認めた規定だと理解し、身分を欠く者は真正身分犯の共同正犯とはなりえないとするものがある。しかし判例は、身分のない者も身分のある者の行為を利用することによって保護法益を侵害することができるから、共同正犯たりうるとしている。通説もこの考え方を支持する。判例は強制性交罪を真正身分犯とし、女性も共同正犯になることを認めた（最決昭和40・3・30刑集19巻2号125頁参照）。また、他人が被害者をだまして金銭を交付させようとしたところ、警察に発覚してこれが不可能になったが、知らずに共謀して金銭を受けとろうとした者について、詐欺未遂罪の共同正犯とした例もある（最決平成29・12・11刑集71巻10号535頁［百選82事件］、本章第2節●―共同実行の事実(2)参照）。この例で、最高裁は65条を適用していないが、何らかの因果性を及ぼさなければ共犯として処罰できないとする前提からは、この結論をとることはできない。そのため、この判例は、先行者の地位を後行者も引き継いだものとして扱ったのと同じだと理解することもできる。

(5) **身分者による狭義の共犯**　真正身分犯において、身分のある者が身分のない者に対し教唆・幇助行為を行った場合、正犯がいなくても狭義の共犯の成立を認める立場もあるが、多数説は正犯のない共犯を認めず、身分のない者を利用した間接正犯や共同正犯の成立を問題にすることによって解決しようとしている（本章第1節●―共犯の従属性(3)(b)(ii)参照）。

　不真正身分犯において、身分のある者が身分のない者を教唆・幇助した場合、判例は、身分のある者に重い犯罪の成立を認めている。たとえば、

賭博の常習者が、常習者でない者の賭博行為を幇助した場合、常習者には常習賭博罪の幇助犯が成立する（大判大正 3・5・18刑録20輯932頁参照）。

　なお、無免許医業罪（医師17条、31条 1 項 1 号）における医師のように、主体にそれが欠けることが犯罪成立の要件となっているものを消極的身分というが、この場合には、「医師でない者」を通常の身分と考えたのと同じ処理がなされる。たとえば、無資格の者による無免許医業を医師が幇助したときは、「医師でない者」という身分のある者を身分のない者が幇助したのと同じことになり、65条 1 項によって後者にも犯罪が成立する（大判大正 3・9・21刑録20輯1719頁参照）。

●──── 共犯と錯誤

　(1)　**犯罪事実の錯誤**　　共犯は複数の者がかかわる場合なので、認識の不一致が起こりうる。ある者が認識した犯罪事実と、他の者が実現した犯罪事実とに食い違いがある場合、どの範囲で処罰が認められるであろうか。

　　(a)　**方法の錯誤**　　AがBに、Cを殺すよう教唆したところ、BはCを狙ってピストルを撃ったが、弾がそれてDを死亡させた場合、Bにとっての方法の錯誤はAにとっても方法の錯誤である。この場合、単独犯と同様に処理されることに問題はない（第 4 章第 2 節●─故意(3)(b)(ii)参照）。

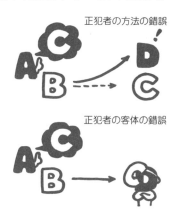

正犯者の方法の錯誤

正犯者の客体の錯誤

　それでは、AがBに、Cを殺すよう教唆したところ、BはDのことをCだと思って撃ち殺した場合はどうだろうか。これはBにとっての客体の錯誤だが、Aにとっては弾がはずれたのと同じで、方法の錯誤のようでもある。この場合、方法の錯誤が故意を阻却しないとする法定的符合説からは、ＡＢいずれも殺人既遂の教唆犯ないし正犯として処罰される。しかし、客体の錯誤と方法の錯誤とで異なった扱いをする具体的法定符合説の内部では、直接行為者であるBの客体の錯誤は背後のAにとっても客体の錯誤だから教唆

の故意を阻却しないとする説と、Aにとっては方法の錯誤だから故意を阻却するとする説とが対立している。

(b) **抽象的事実の錯誤**　自分で認識した程度よりも重大な結果を共犯者が生じさせた場合を、共犯過剰という。共犯の場合にも、認識と客観が一致した範囲でしか処罰されないことは、単独犯の場合と同じである。判例・通説である構成要件的符合説によれば、錯誤が異なった構成要件にまたがる抽象的事実の錯誤の場合には、実質的に構成要件が重なり合う限度で故意犯が成立する（第4章第2節●─故意(3)(c)参照）。たとえば、複数名で傷害を共謀して現場に向かったところ、1名が被害者を殺害した場合につき、最高裁は、「殺人罪と傷害致死罪とは、殺意の有無という主観的な面に差異があるだけで、その余の犯罪構成要件はいずれも同一であるから」、殺意のなかった者には「殺人罪の共同正犯と傷害致死罪の共同正犯の構成要件が重なり合う限度で軽い傷害致死罪の共同正犯が成立する」とした（最決昭和54・4・13刑集33巻3号179頁［百選92事件］参照）。また、AがBに窃盗を教唆したところBが強盗を実現した事案では、Aの可罰性はせいぜい窃盗罪の範囲でしか問題にならないとされた（最判昭和25・7・11刑集4巻7号1261頁［百選91事件］参照、ケース・スタディ13参照）。

なお、共同正犯においては共同実行の事実と共同実行の意思が必要なので、犯罪事実の認識自体はあったとしても、法的因果関係や意思の連絡がないために共同正犯が成立しなくなることがある（本章第4節●─客観的要件(3)参照）。

(2) **共犯形式の錯誤**　共犯に特有の錯誤の問題として、共犯形式の錯誤がある。たとえば、他人に犯罪を決意させて実行させたつもりが、実はその者はすでに実行を決意しており、意を強くしたにすぎなかった場合、教唆の認識で心理的幇助を実現したことになる。

この問題は、抽象的事実の錯誤と同様に解決することができる（第4章第2節●─故意(3)(c)参照）。抽象的事実の錯誤では、殺人罪と傷害罪のように、犯罪の種類による構成要件の重なり合いが基準とされたが、一般に、共犯そのものの構成要件の重なり合いも考えられるからである。共犯形式のうち、関与の度合いが最も大きいのは共同正犯であり、次が教唆犯であ

り、幇助犯がそれに続く。そこで、それぞれの構成要件もこの順に重なり合っていると考えれば、重い犯罪形式の認識で軽い形式を実現したときは、実現された軽い関与形式で処罰され、軽い認識で重い形式を実現したときは、認識した軽い形式で処罰されることになる。

　共犯と間接正犯の錯誤も同様である。間接正犯は共同正犯ではないが正犯なので、犯罪の形式としては狭義の共犯より重い。そこで、間接正犯の意思で軽い狭義の共犯を実現したときは狭義の共犯の限度で処罰され、狭義の共犯の意思で間接正犯を実現したときも軽い狭義の共犯の限度で処罰される。ただし、他人に犯罪を決意させる認識がない場合を教唆とすることに反対する説もある。下級審には、他人に窃盗を行わせたがその者は刑事未成年だったという事案につき、「間接正犯の概念をもって律すべきであるが刑法第38条第2項により……窃盗教唆罪の刑をもって処断さるべき」だとした例がある（仙台高判昭和27・2・29判特22号106頁参照）。

● ――― 共犯の中止と離脱

　(1)　**共犯の中止**　　「中止行為」と「任意性」という2つの要件が満たされれば、共犯の場合にも中止犯の規定が適用される（第5章第4節参照）。

　中止行為の要件が満たされるためには、法益侵害が阻止されたことが必要である。判例・通説は、一部の者が防止の努力をしたが、他の者が犯行を続行したために結果が発生してしまったときは、既遂に達した以上中止犯を認めることはできないとする。次のような事案が問題になった。AとBが被害者宅に強盗に入ったが、被害者が裕福でないことがわかった。AはBに対し、被害者の差し出した金銭を「置いて行ってやれ」と言ってそのまま外に出たが、Bはこの金銭を持ち去り、結局Aと一緒に使ってしまった。最高裁は、AがBの行為を放任していた以上、中止犯は認められないとしている（最判昭和24・12・17刑集3巻12号2028頁参照）。

　逆に、一部の者の努力によって犯罪の実現が阻止されても、中止行為や任意性を欠く他の者についてまで中止犯が認められるわけではない。

　(2)　**共犯からの離脱**

　　(a)　**共犯関係の解消**　　中止犯と似ているが、それと区別しなければ

ならないのが、共犯関係からの離脱の問題である。侵害が発生して既遂に達してしまった場合、中止犯の規定は適用できない。しかし、全員で「やめよう」と合意したうえでその場を立ち去ったはずであったのに、一部の者が勝手に犯罪を続行して実現してしまった場合にまで、全員を既遂犯として処罰すべきではない。そのような事案では、後の行為についてはそもそも共犯関係が成立していないからである。現在では、自己が当初与えていた犯罪実現への影響力を完全に断ち切ってしまった場合には、もはや共犯関係そのものから離脱したとして、後の部分についての処罰を否定する考え方が一般的である。

　まだ犯罪が成立していない段階で離脱した場合には何の責任も認められないし、すでに犯罪が成立してしまってからでも、離脱したといえるときは、その後の部分についてまでは責任を負わなくてよい。共犯からの離脱は、共同正犯、教唆犯、幇助犯のどの形態を出発点としても成立しうる。

　⒝　**離脱の基準**　　離脱が認められるかどうかは、犯罪実現に向けて自己が当初もたらした影響力を消滅させたかどうかで判断される。先の強盗の事案のように、単に立ち去っただけでは、この因果的な影響を消し去っていないことになる場合がほとんどである。これに対し、離脱の意思を他の者に明示して了解された場合は、原則として共犯関係が解消されたと評価しうる。また、「お前はもうあっち行け」と他の者から排除されてしまったような場合にも、犯罪実現への影響力を失った以上、その後に他の者がなしたことについては責任を負わない。なお、情報を教えてしまった場合のように、影響を消し去ることのできないときでも、一定の危険減少行為をすれば離脱を認めてよいのではないかは議論の余地がある。

　判例は、最初の共謀が成立する以前の状態まで戻さなければ、離脱を認めない傾向にあった。AとBが共同して被害者に傷害を負わせていたが、Aが「おれ帰る」と言って立ち去った後、Bが致命傷を負わせて被害者を死亡させた事案では、Aについて、やはり傷害致死罪が成立するとした。Bが法益侵害を続ける危険があったのにこれを防止する措置をとらず、成り行きに任せて現場を去ったにすぎないから、その後のBの暴行も最初の共謀に基づくものだとしたのである（最決平成元・6・26刑集43巻6号567頁

［百選96事件］参照、ケース・スタディ12参照）。また、共謀共同正犯論からは、そもそも現場に赴かなくても正犯たりうるので、いったん現場にいた者の立ち去りが実行の着手より前でも、それだけで離脱が認められることにはならない（最決平成21・6・30刑集63巻5号475頁［百選97事件］参照）。

　しかし近時の判例では、まったく新たな共謀が発生し、それに基づいて犯行がなされた場合には、それ以前にのみ共同関係にあった者に責任が及ばないことが認められている。若者数名がたむろしていたところ、その中の女性が酔っぱらった被害者にからまれた。仲間は当初、これをやめさせるために反撃したが、激怒した一部の者は、被害者がからむのをやめた後に至ってもなお攻撃をしかけ、けがを負わせた。最高裁は、被害者からの急迫不正の侵害が終了した後の暴行に加わっていない者については、過剰防衛ではなく正当防衛が成立するとした（最判平成6・12・6刑集48巻8号509頁［百選98事件］参照）。正当防衛を共同することは「共謀」ではないから、新たに共謀が生じた場合に、最初の防衛にだけ関与した者はあとの部分の責任を負わないのである。

●——— 予備・不作為の共犯

　(1)　**予備の共犯**　　共犯の成立を画する「犯罪の実行」を「実行の着手」の意味に解するならば、共犯関係が成立するのも未遂以降についてであることになる。しかし、予備罪も法益侵害の危険を根拠として処罰されるものだとすれば、その危険への関与の程度に応じて共犯の成立を認めてよいことになる。判例も、殺人予備罪の共同正犯を認めている（最決昭和37・11・8刑集16巻11号1522頁［百選80事件］参照）。

　(2)　**不作為の共犯**　　形式的に実行行為を中核として共犯の成立を考えるときは、不作為の共犯も観念しにくくなる。しかしここでも、法益侵害に対する影響力を実質的に考えれば、作為の場合と同様に不作為の共犯を認めることができる。たとえば、両親が共謀して乳児の世話をせず殺害した場合は、不作為の殺人罪の共同正犯である。また、乳児の両親を教唆して、世話を行わせず、乳児を死亡させるような場合には、不作為の正犯に対する作為の教唆犯や幇助犯が成立しうる。

作為義務のある者とない者とが不作為を共同した場合に、後者も共同正犯たりうるかについては議論がある。正犯になれるのは作為義務者だけだという見解もあるが、その他の者も作為義務者に協力することによって法益を侵害できる以上、正犯になるとする説もある。この考え方によると、たとえば、母親が乳児を放置して死なせるつもりであるのを了解しつつ、意思の連絡のもとに同居を始めた愛人には、もともとは作為義務がなかったとしても、不作為の殺人罪の共同正犯が成立しうることになる。

　不作為による教唆犯・幇助犯が成立するかどうかも問題である。裁判例は、作為の正犯に対する不作為による幇助犯の成立を肯定している（札幌高判平成12・3・16判時1711号170頁［百選85事件］参照）が、その範囲には争いがある。介入しても救助できなかった合理的疑いのある場合には作為義務がないとする立場と、作為の幇助には促進の因果関係で足りるとされるのと同じく、不作為の幇助には介入によって犯罪実現を困難にできたであろうことで足りるとする立場とがある。作為の正犯がいるときに不作為に共同正犯までが認められるかは激しく争われている（肯定例として、東京高判平成20・10・6判タ1309号292頁）。

[ケース……**13**]

　Xは傷害の意思で、Yは殺人の意思で、共同してAに切りかかり、それによってAは死亡したが、その死亡がXの行為によるのかYの行為によるのか判明しなかった。この場合のXの罪責について論ぜよ。

[論点整理]

1. 共犯と錯誤（共犯の過剰）——共同正犯の本質・成立要件および罪名の従属性

(1) 共犯独立性説 vs 共犯従属性説

(2) 共同正犯の一部実行全部責任の法理、構成要件の自由保障機能

(3) **行為共同説**（**罪名独立性説**）：共犯とは複数人が事実的な行為を共同して各自の意図する犯罪を実現する場合をいう。罪名の同一性を認めない。

　(a) **かたい行為共同性説**：何らかの事実的行為の共同が存在すれば共同正犯を認める。

　(b) **やわらかい行為共同性説**：それぞれに成立する犯罪の重要な部分の共同が必要である。

犯罪共同説（**罪名従属性説**）：共犯とは複数人が共同して特定の犯罪を共同にすることをいう。罪名の同一性を認める。

　(a) **完成犯罪共同説**：共同正犯が成立するためには複数の犯罪が完全に一致していることが必要である。

　(b) **かたい部分的犯罪共同説**：罪質が同じ場合（ex. 殺人と傷害）には共同実行の事実を重視して重い犯罪の共同正犯の成立を認め、刑法38条2項を適用して重い犯罪の故意をもたない行為者には刑のみ軽い犯罪の範囲にとどめる。

　(c) **やわらかい部分的犯罪共同説**：故意内容の異なる複数人について、それぞれの認識した構成要件が重なり合う範囲（具体的基準—法益の同質性、実行行為の類似性、法益侵害の危険・罪質の共通性等）で共同正犯の成立を認める。

2．結果的加重犯と共同正犯の成否
(1)肯定説
　　(a)結果的加重犯の重い結果につき過失を要しない説——基本犯と重い結果との間に条件関係または相当因果関係があれば足りる。
　　(b)責任主義の観点から、結果的加重犯の重い結果につき過失を要する説——過失犯の共同正犯を肯定する考え方、または過失犯につき共同正犯を否定したうえで結果的加重犯について、重い結果を発生させる危険を内包している基本犯となる犯罪行為につき共同していることに着眼する考え方。
(2)否定説：結果的加重犯を基本たる故意犯と重い結果についての過失犯との結合形態として、過失犯については共同実行の意思がないとして過失犯の共同正犯を否定することで結果的加重犯についても共同正犯を否定する考え方。

[関連判例]
　　暴行・傷害を共謀したところ、そのうち１人が殺意をもって被害者の下腹部を突き刺して失血死させた事案に関し、殺意のなかった共謀者については殺人罪と傷害致死罪の共同正犯の構成要件が重なり合う限度で軽い傷害致死罪の共同正犯が成立するとしたケース（最決昭和54・4・13刑集33巻３号179頁［百選92事件］）

[本ケースから学ぶ刑法の基本原理・原則の重要ポイント]
　(1)共同正犯の本質論
　(2)犯罪共同（ないし部分的犯罪共同）説と行為共同説
　(3)罪名従属性
　(4)結果的加重犯と共同正犯の成否（責任主義）

[ホームワーク]
　　次のケースについてどう考えるか。
　　　XはYに対してAの住居に無断で侵入して窃盗することをそそのかした（教唆した）ところ、Yは窃盗することを決意してA宅にZと共に侵入しようとしたが、鍵を開けることができなかったため、B宅へ侵入して金品を強奪した場合の、Xの罪責はどうか。

(問題提起)

一. Xは傷害の意思でAに切りかかっているため、傷害罪の実行行為が認められる。他方Yは殺意をもってAに切りかかっているため、殺人罪の実行行為が認められる。しかし、Aが死亡したというのがXとYとの共同加害の行為によることは明らかであるが、いずれの行為によるかが判明しない。殺人罪の構成要件に該当する行為をした者と傷害罪に該当する行為を行ったものとの間で共同正犯が成立しAの死という結果につき何らかの罪責を問うことができるのか問題となる。

(規範定立)
共同正犯の本質
・成立要件

行為共同説 vs
犯罪共同説

構成要件の自
由保障機能

二. 異なる構成要件に該当する行為を行った者の間で、共同正犯が成立するのか、まず共同正犯の本質ないしその成立要件が問われる。

　思うに、共同正犯は刑法60条に基づき「共同して犯罪を実行した」場合であり、この「犯罪」とは、構成要件に該当する類型的な行為であることが必要である。この点に関し犯罪を悪い性格の徴表であるとして共同正犯は構成要件を離れた自然的行為を共同にすることで成立すると解する（行為共同説）のは、主観主義犯罪論であり刑法60条の解釈としては容認できず構成要件の自由保障機能を害すると考える。そのため、共同正犯は特定の構成要件該当行為を共同して行う事実と共同意思とが存在する場合に成立すると考える（犯罪共同説）。ただ、共同正犯者相互間に同一の罪名しか認められない（完全犯罪共同説）とする必要はない。そもそも共同正犯者はその相互の利用補充関係に基づき一部実行したのにもかかわらず他人の実行行為ないしその結果についても罪責が問われる。このような利用補充関係という実質からすれば、2つの構成要件が重なり合っている範囲ないしその限度で（法益の同質性、実行行為の類似性、罪質・法益侵害の危険性の共通性などの観点から判断される）、構成要件該当行為を共同して実行したという実体が認められ、その点につき共同意思が認められるのである。それゆえ異なる犯罪であっても構成要件的に重なる範囲内で共同正犯の成立を認めるべきである（部分的犯罪共同説）。

部分的犯罪共同
説

（規範定立）

結果的加重犯の
共同正犯の成否

三.　さらに傷害致死罪の共同正犯が成立するのかどうかについ
ては、結果的加重犯の共同正犯が認められるかどうかが問題と
なる。

　そもそも結果的加重犯とは、一定の行為が行われれば一定の
重い結果が引き起こされやすい状況が存在することに着眼した
特殊犯罪形態と解される。そのため、結果的加重犯の基本犯自
体に重い結果を発生させる高度の危険性が含まれており、基本
犯を共同して行う者には重い結果につき共同の注意義務が課せ
られることになる。加重結果の発生回避の措置をとらずに基本
犯を共同して実行する行為ないし意思に、加重結果発生に対す
る共同注意義務違反の事実と意思の連絡を認めることができる
と解する。以上より結果的加重犯にも共同正犯が肯定できる。

（あてはめ）

四.　ところで、本問のYの殺人罪に該当する行為とXの傷害罪
に該当する行為とは、人の生命身体に関する法益侵害罪として、
その保護法益の同質性、罪質・法益侵害の危険性の共通性が認
められ、またその実行行為形態も類似していると考えられる。
そのため傷害（致死）罪の限度で構成要件は重なり合っている
と解される。さらにはXとYのそれぞれの行為とAの死亡とい
う結果との間の因果関係は不明であるが、XとYとは傷害罪に
該当する行為を共同にすることでその死亡という加重結果発生
の回避に関する共同注意義務が課せられ、その注意義務に違反
したと解される。以上から、Aが死亡したことについてXとY
には傷害致死罪の共同正犯の罪責が肯定される。

（結論）

五.　Xには傷害致死罪の共同正犯（刑法60条・205条）が成立す
る。

[ケース……**14**]

　Xは、YとZに対して「最近知り合いのAが多額の株式配当金を得たので、A宅に侵入して強盗に押し入ろう」とYとZにもちかけ3名で強盗の計画を立てた。しかしXは当日高熱を発したため、着手前に「おれはこの件から手をひく」とYとZに告げたところ、両名の了承を得た。YとZは予定どおりA宅へ押し入り、手拳、竹刀、木刀でことごとくAを殴打したが、Yは脅えているAが可哀相になり「おれ帰る」といってそのままA宅を出た。その後Zは殴打のうえ強取した。XとYの罪責について論ぜよ。

[論点整理]
　1．共謀共同正犯の成否
　　(1)否定論：共同正犯を実行共同正犯に限定する（個人責任の原則、共犯規定の解釈、教唆・幇助との区別論、実行行為の自由保障機能等）。
　　(2)肯定論
　　　(a)包括的正犯説
　　　(b)共同意思主体説
　　　(c)準実行共同正犯説（実行行為の実質化）
　　　　(ⅰ)間接正犯類似説
　　　　(ⅱ)行為支配説
　　　　(ⅲ)優越的支配共同正犯説
　2．共犯関係からの離脱
　　(1)因果的共犯論──自己の行為と実行の着手（実行行為）ないし結果発生との間の心理的・物理的因果性が切断されたかどうかを問題とする。
　　　責任共犯論──共同犯罪意図の放棄・解消
　　(2)実行の着手前の離脱の要件──(a)離脱の意思表明(b)離脱の了承
　3．共犯関係からの離脱
　　(1)実行の着手後の離脱の要件──(a)離脱の意思表明(b)離脱の了承
　　　　　　　　　　　　　　　　　(c)共犯者の行為を現実に阻止したこと

(2)共犯関係からの離脱者に対する中止（障害）未遂の規定の適用

　(a)意思欠如論――単独犯への還元論

　(b)共同正犯からの離脱論――共同正犯関係からの離脱とは、共同正犯の
　　実行の着手後既遂に至らない段階で相互的利用補充関係を切断し共同
　　正犯関係を離れることをいい、真摯な中止努力にかかわらず結果が発
　　生した場合および共同者の了承を得て他の共同者の犯行への影響が消
　　失したと解される場合に離脱時までの行為の責任（障害未遂に準じた
　　責任）のみを負う。

　(c)因果関係遮断論――単独犯への還元論

4．中止犯の成立要件

　(a)任意性

　(b)中止行為

　(c)結果防止行為の真摯性

　(d)中止行為と結果不発生との間の相当因果関係

［関連判例］

(1)暴力団組長である被告人が、自己のボディガードに対してけん銃等を携行し
　て警護するように直接指示を下さなくても、ボディガードらがけん銃等を所
　持していることを確定的に認識しながら認容し、ボディガードらと行動を共
　にしていたことなどの事情の下においては、被告人らは前記所持の共謀共同
　正犯の罪責を負うとしたケース（最決平成15・5・1刑集57巻5号507頁［百選76
　事件］）

(2)実行着手後に一段落した時点で自己の目的を達したとして「おれ帰る」と言
　って立ち去った共犯者の一部の者は、その後に生じた他の共犯者の行為の責
　任を負うとしたケース（最決平成元・6・26刑集43巻6号567頁［百選96事件］）

(3)共犯者数名と住居に侵入して強盗に及ぶことを共謀した被告人が、共犯者の
　一部が住居に侵入した後強盗に着手する前に、住居内に侵入していた共犯者
　に電話で「犯行をやめた方がよい、先に帰る」などと一方的に伝えただけで、
　格別それ以後の犯行を防止する措置を講ずることなく、待機していた現場か
　ら離脱した場合について、共謀関係の解消が否定されたケース（最決平成21・
　6・30刑集63巻5号475頁［百選97事件］）。

［本ケースから学ぶ刑法の基本原理・原則の重要ポイント］

　(1)因果的共犯論

　(2)共謀共同正犯論

　(3)共犯関係からの離脱

［ホームワーク］

　　次のケースについてどう考えるか。

　　　(a)本問において、Xが、「短刀を忘れたから取ってくる」と偽って、その
　　　　まま逃げた場合は、Xの罪責はどうか。

　　　(b)本問において、YがZに対して強盗をするのをやめさせようとZの体を
　　　　戸外に引っ張り出し、YはZが犯行を断念したものと思いその場を立ち
　　　　去ったが、Zはさらに思い直して1人でAに対する財物強取の犯意を遂
　　　　げた場合のYの罪責はどうか。

（問題提起）

一.　　X、YおよびZは住居侵入（刑法130条）および強盗（刑法236条）を共謀したが、Xはその実行の着手前に犯意を失い、共謀関係から離れることをYとZに表示しYとZもそれを了解している。さらにその後YとZによる実行の着手後、YはAに同情して犯行を途中で断念して犯行現場を立ち去ってしまい、結局残されたZがAから財物を強取して犯行を遂げている。この場合に、実行の着手前の共謀関係からの離脱者Xと実行着手後の共犯関係からの離脱者Yは、発生した住居侵入および強盗の結果について責任を負わなくてはならないのかが問題となる。

（規範定立）
実行着手前の共犯関係からの離脱

・共謀共同正犯

・共同正犯の処罰根拠

・因果的共犯論

二.　　㈠着手前の共謀関係からの離脱者Xの罪責につき、そもそも謀議だけに関与したにとどまるXに住居侵入罪および強盗罪の共同正犯が成立するのか、まずいわゆる共謀共同正犯を認めるべきかが問われる。

　思うに、以下の理由から共謀共同正犯は共同正犯の一態様として認めるべきである。そもそも共同正犯の処罰根拠は、相互に利用補充し合う関係によって犯意が強化・維持されるという、心理的・物理的影響により法益侵害の危険性が高められるという点にあると解する。すなわち、共同正犯が一部実行にかかわらず全部の責任を負うのは、自己の行為と実行行為・結果発生との間に心理的・物理的因果性があるからである（因果的共犯論）。そのため、実行行為を分担しなくても実行行為者に強い心理的影響を与え、犯罪の実現に重要な役割を果たした場合は、共同正犯として処罰し得ると考える。関連する規定（刑法43条および同60条）の文理のみを基準とするのは形式的な解釈であり、また実行行為概念の自由保障機能のみならず、教唆・幇助では対処し得ない犯罪関与形態についての処罰の必要性をも考慮されなければならないと考える。

（規範定立）
共謀関係からの離脱要件

因果関係遮断論

　㈡次に、実行の着手前の離脱については、前述した共同正犯の処罰根拠・因果的共犯論に基づき、心理的影響力が切断された場合であれば、離脱者はその後に発生した結果についての因果関係が否定されるため、結果につき（共謀）共同正犯の責任は負わないと考えられる（因果関係遮断論）。通常の共謀関

「一般の共謀者」と「他を統制する立場の者」

（あてはめ）

与者であれば、離脱の意思表明と他の共犯者の了承があれば、心理的影響力は切断されると解される。しかし謀議の中心的役割をなした者の離脱については、その離脱者が当初の計画による犯行を阻止することが必要であると解する。

　㈢本問のXは実行行為を分担していなくても共謀共同正犯として共同正犯の罪責を否定されることはない。そして、実行の着手前に共犯関係からの離脱の意思を他の共犯者であるYとZに表明しYとZはこれを了承しているが、Xは謀議の中心的役割を担っているため、Xには共謀関係からの離脱は認められず、共同正犯の責は負うと解する。

（規範定立）
実行着手後の共犯関係からの離脱の要件
因果関係遮断論

（あてはめ）

三.　㈠次に、実行着手後の共犯関係からの離脱者は、共同正犯の責任を常に負うのかどうか。因果関係遮断論からすれば、共同正犯者の1人が共同正犯関係から離脱する意思を表明すると共に、離脱者の犯罪実現への影響を除去し因果関係を遮断したと解される場合には、共同正犯関係は解消され単独犯の罪責を問われるにとどまると考える。

　㈡本問では、Yは「おれ帰る」といってその場を立ち去っておりこれだけでは離脱の意思とは解されず、離脱の了承もない。さらに、被害者も凶器もその場に放置されたままで立ち去っていると考えられ、自己のなした心理的・物理的な影響力は除去されていないと解する。そのため共犯関係の解消は認められずYは共同正犯の罪責を負う。なお、実行の着手後の共犯関係からの離脱については、離脱論とは別途に、中止未遂（刑法43条ただし書）が、中止の任意性（「自己の意思により」）、結果防止行為、中止行為の真摯性という要件が具備されることで認められる。この点、Yには真摯な結果防止行為がないため、中止未遂は認められない。

（結論）

四.　以上より、XYには、Zと共に住居侵入罪（刑法130条）および強盗罪（刑法236条）の共同正犯（刑法60条）が成立する。

第7章　罪数論

〔キー・ポイント・チャート〕

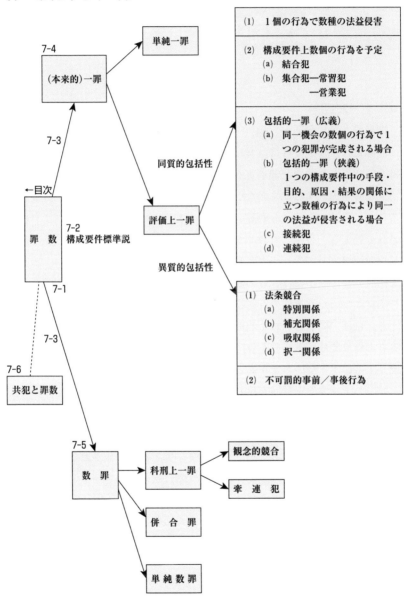

第7章………罪数論

1. 罪数論の意義・重要性

● ——— 罪数論

　罪数論とは、犯罪が１個（一罪）か数個（数罪）かに関する問題である。

　犯罪とは、構成要件に該当し、かつ違法性・有責性の要件を具備する行為をいう。具体的な犯罪事実が１個の行為で１個の法益を侵害し、１個の構成要件を充足するにすぎない場合に、その構成要件の犯罪が一罪成立することに異論はない。しかし、具体的な犯罪事実が数個の行為により構成されていても、必ずしも数罪が成立するとはことにはならない。また、法益を数回侵害しても、必ずしも数罪が成立することにはならない。そもそも構成要件のなかには、その犯罪の形態として数個の法益を侵害することを予定していたり数個の行為を予定している場合があるからである。

　さらには、問題とされる犯罪事実が同一の構成要件を数回充足したり、異なる構成要件に該当しそれぞれを充足する場合でさえも、１個の犯罪が成立するにすぎないことがある。

　同一の構成要件を数回充足しているのにもかかわらず１個の犯罪のみが成立するのは、数個の行為ないし法益侵害行為が、同一の犯罪の機会、時間ないし場所の近接性、犯罪態様・侵害法益の同一性、犯意の連続性等により密接な関連性があるため、一括して一罪として評価されるからである。

　以上に対し、異なる構成要件を充足するにもかかわらず１個の犯罪が成立するというのは、各構成要件（法条）間の関係において、一方が他方を排除ないし吸収する関係にあったり、さらには一方が他方の法益侵害行為を評価しつくしているといった一定の関係が認められるからである。

●─── 罪数の数え方

では、どのように罪数、すなわち犯罪の個数を考えたらよいのだろうか。

犯罪が一罪なのか数罪（同一罪名の場合と異なった罪名の場合がある）なのかは、行為や法益の侵害回数などの明確な基準で一律に判断されるのではなく、問題となる構成要件ごとに、構成要件該当行為が何回あったと法的に評価されるのかを検討する必要がある。

それはそもそも、1個の構成要件に1回該当ないし充足して1つの犯罪が成立したと評価できるための必要十分条件とはどういうことなのか（構成要件該当評価の「内包」の問題）を考えるだけではなく、さらに各犯罪ごとに、一罪として包括的に評価され数罪を成立させずに取り扱われることができる範囲が問題とされる。すなわち各構成要件該当性がどの範疇の事実をその充足内容として含めることができるのかという問題（構成要件該当評価の「外延」の問題）である。

●─── 罪数の違いの重要性

また、なぜ一罪か数罪かの差違が重要であるのか。

一罪か数罪かにより、犯罪者に科すことのできる刑罰の内容、範囲が違ってくると解される。各犯罪ごとに刑罰の対象になるため、数罪とされると一罪とされる場合より処断される刑罰の範囲が広がると解することができる。そして数罪とされた場合のうちには、法定の要件を満たすことを条件に、科刑上最も重い刑をもって処断するという科刑上一罪の処理がなされたり、併合罪として特別に（たとえば、最も重い罪につき定めた刑の長期にその半数を加えたものをもって長期とするなど）処断される場合がある。

このように罪数論は、刑罰論にリンクされ、具体的にどのように刑が処断されるのかという刑罰論の間口において、すなわち犯罪が1個成立するのか数個成立するのか、数個としたらその数罪に特別な関係があるのか（1個の行為によるのか、手段・目的ないし原因・結果の関係があるのかなど）を定める際に、実益を有する。さらには、犯罪事実の個数の問題は、公訴事実の同一性を考えるメルクマールとなり、公訴不可分の原則の適用や既判力の問題に関し、訴訟法的にも重要な意義を有する問題である。新制度

として導入された「裁判員制度」の下で、裁判員としては、犯罪の成否（有罪か無罪か）と共に、犯罪に対して具体的にどのような刑罰とするのかにつき、裁判官と一緒に議論（評議）し、決定（評決）するのであり、その際、犯罪が一罪なのか数罪なのか、数罪としても科刑上一罪なのか併合罪なのか等の罪数論は、刑罰の処断範囲を画する前提として、その検討を避けて通れない。

2. 一罪か数罪かの具体的区別基準

　罪数を定める基準として、行為の個数を標準とする行為標準説、行為者の意思を基準とする意思標準説、侵害された法益の数を基準とする法益標準説、構成要件を充足する回数を基準とする構成要件標準説がある。

罪数の区別基準

罪数を定める基準 ─ 行為標準説
　　　　　　　　　　意思標準説
　　　　　　　　　　法益標準説
　　　　　　　　　　構成要件標準説

　行為標準説は、１個の行為で多数の者を死亡させた場合に一罪と解する。また、意思標準説によると、行為者が主観的に１個の意図で実行した場合に一罪とするため観念的競合（本章第５節●─科刑上一罪(1)参照）の場合の多くが一罪とされる。さらに、法益侵害説のように法益の個数のみで判断して、その法益の種類・内容（財産的法益の場合と生命・身体といった一身専属的な重要な法益の場合の相違）の点を考慮しないと不当な結果が生じる。

　そのため、本章第１節でも説明したように、構成要件ごとに犯意、被害法益、行為、結果などを総合して、ある事実が何回の構成要件的評価を必要とするかを判断すべきである（構成要件標準説）。構成要件標準説は、客観的法益侵害という結果と主観的要素を総合的に判断するものであり、犯罪の成否ないし犯罪の数を具体的事実に対する法律的・総合的評価によって決するもので妥当な解決を導くことができる考え方である。なお、この法律的・総合的評価の点に関しては、犯罪成立要件として構成要件該当性、違法性、責任があげられることから、構成要件のみならず各罰条の予定した違法性および責任をも考慮したうえでの総合的評価でなければならない

とする実質的基準説がある。しかし構成要件は違法・責任類型であることから、構成要件を基準として罪数を判断すれば足り、非類型的な違法性ないし責任をも基準として犯罪の成否ないし数を決するのは、刑法の自由保障機能という観点からは是認できない。

3. 罪数の種類および概念区分

　罪数は、(本来的)一罪と数罪に大きく2分類される。

　そして本来的一罪とされるものとして、単純一罪と評価上一罪とに大きく2分類される。さらに評価上一罪には、1つの構成要件が同じ構成要件に該当する事実をどこまで1回的に包括して評価することができるのかという問題(構成要件的評価の同質的包括性)と、数個の構成要件を充足するような事実がある場合に、その中の1つの構成要件によってどこまでこれを包括的に評価することができるのかという問題(構成要件的評価の異質的包括性)とがある。

　構成要件的評価の同質的包括性を有する場合としては、1個の行為で数種の法益を侵害した場合、構成要件が数個の行為を予定している場合、包括的一罪(接続犯、連続犯など。「包括一罪」とも呼ばれる)の場合に細分できる。他方、構成要件的評価の異質的包括性を有する場合としては、法条競合(特別関係、補充関係、吸収関係、択一関係)と不可罰的(共罰的)事前行為および不可罰的(共罰的)事後行為とに細分できる。

　以上の(本来的)一罪に対し、数罪は、科刑上一罪(観念的競合、牽連犯)、併合罪と単純数罪に細分される。

　なお、包括的一罪の概念については、構成要件上数個の行為を予定する犯罪(集合犯)としての常習犯や営業犯、不可罰的事前行為ないし不可罰的事後行為、接続犯ないし連続犯を含ませるのかどうかなどにつき議論があり、さらに後述するように併合罪との区別等が判例で争われている(本章第5節●―併合罪(5)参照)。

4. 本来的一罪

●——— 単純一罪

　1つの行為で1つの結果が生じた場合、すなわち、構成要件に該当する犯罪事実が1回発生する場合をいう。たとえば、XがAに対して、殺害の意図で刃物を一刺しした場合には、殺人罪の単純一罪である。

●——— 評価上一罪：構成要件的評価の同質的包括性

　(1)　**1個の行為で数種の法益を侵害した場合**　　たとえば、1個の放火行為で数個の家を焼損した場合には、個人の財産（家屋）は従たる法益であり、公共の安全が主たる法益であるため、1個の公共の安全を侵害したと解され放火罪一罪となる。また、1つの窃取行為で所有者の異なる複数の財物を、1人の被害者から窃取した場合には、1つの事実上の支配（占有）を侵害していると解されるため、窃盗罪（235条）の一罪が成立する。

　(2)　**構成要件が数個の行為を予定している場合（結合犯、集合犯、常習犯、営業犯）**　　結合犯とは強盗罪（236条）のように、暴行・脅迫行為と財物奪取行為とが構成要件上予定されている犯罪をいう。

　集合犯とは、構成要件自体が数個の同種類の行為を予想している犯罪をいう。たとえば、常習賭博罪（186条）のように、賭博の常習犯が数回の賭博行為を行うことを構成要件上予定している常習犯の場合とか、無免許医業罪のように、無免許医業行為を繰り返して行うことを構成要件上予定している営業犯の場合をいう。

　なお、上記(1)を包括的一罪の一場合としたり、(2)の場合を単純一罪と捉えたり、さらには(2)の結合犯は単純一罪であるが集合犯（常習犯や営業犯）は包括的一罪の一類型とするなどの分類がなされることがある。しか

し、上記(1)(2)の場合は、単純に１個の行為で１個の法益侵害があった場合ではない点で、単純一罪と区別される。さらに包括的一罪とは、構成要件的評価の同質的包括性を有する（構成要件に１回該当すると評価できる）場合である点で共通するが、そもそも構成要件が犯罪の成立要件として数個の行為ないし数個の法益侵害を予定しているかどうかで区別されるべきである。

（3）**包括的一罪（広義）**　同一の構成要件にあたる数個の行為が行われた場合に、それらの行為の間に密接な関連性があり、かつ同一の法益の侵害に向けられた行為者の１つの人格態度の現われと解される場合には、包括して１回の構成要件該当性が認められ、包括的一罪と解される。関連判例で、被告人はその銀行預金に質権を設定する意思がないのにもかかわらずこれを偽ってノンバンクから融資をうけたうえ、銀行の支店長名義の質権設定承諾書を偽造してノンバンクに交付した事案につき、原判決は詐欺罪（246条）と偽造有印私文書行使罪（161条）とを併合罪としたのに対し、偽造質権承諾書の交付は融資金の騙取につき必要不可欠なものとして同時的一体的に行われることが予想されたとして包括的一罪としたケースがある（東京高判平成７・３・14高刑集48巻１号15頁、判タ883号284頁参照）。また、ガソリンスタンドにおいて代金支払の意思なく給油を受けた者が、従業員に暴行を加え負傷させて逃走した事案について、当初から暴行を加える意思があったかどうかを問わず、詐欺と強盗致傷の包括一罪が成立するとした判例（大阪地判平成18・４・10判タ1221号317頁）が参照される。上記判例において、ガソリンの取得とその代金の支払を免れるという利益が法益面で密接に関連し，両行為につき、時間的場所的接着性があり同一の機会になされたものとし、密接な関係があることから包括一罪の関係にあると解すべきであるとしている。

　なお、数個の犯罪が成立し異なる罪名にまたがり数個の法益侵害がある場合について、具体的妥当性の見地から「混合的包括一罪」という概念の下で、１個の処罰により対応することが認められていることが注目される。

　包括的一罪はさらに以下のように４通りの類型に分類される。

（a）**第１の類型**──数個の反復行為が集まって初めて１個の既遂類型が充足さ

れる場合　これは、1つの犯罪の完成をめざして同一の機会に行われた数個の行為がある場合である。

　たとえば、東京と樺太とで同一人に対して数次にわたって毒殺行為を試みたところすべて失敗に終わり、そのため出刃包丁で刺し殺した場合に1個の殺人既遂罪とした判例がある（大判昭和13・12・23刑集17巻980頁参照）。

　(b)　**第2の類型──包括的一罪（狭義）の場合**　同一罰条（構成要件）が、相互に手段・目的、原因・結果の関係に立つ数種の異なった行為態様を含み、その1つの行為態様によっても犯罪が成立するが、行為者が同一の法益の侵害に向けてその複数の行為を順次に行った場合に、各行為が行為者の1つの人格態度の発現と解される場合をいう。

　たとえば、人を理由なく逮捕して引き続き監禁したときは1個の逮捕監禁罪（220条）が成立するにすぎず（最大判昭和28・6・17刑集7巻6号1289頁参照）、また、賄賂の要求・約束・収受の行為が日時・場所を異にして行われても1個の賄賂罪（197条）が成立するにすぎない（大判昭和10・11・23刑集14巻1052頁参照）。

　(c)　**第3の類型──接続犯の場合**　同一法益の侵害に向けられた数個の行為が、時間的・場所的に極めて接近した状況の下で行われ、かつ行為者の1個の人格態度の発現と解される場合である。その要件として、構成要件の同一性、法益侵害の単一性、時間的・場所的接着性、犯意の単一ないし継続が挙げられる。

　たとえば、一夜の間に米俵を数回にわたって運び出す行為につき、「単一の犯意の発現たる一種の動作」であるとして、「別個独立の犯意」に出たものでないとして、一罪とした判例がある（最判昭和24・7・23刑集3巻8号1373頁［百選100事件］参照）。この判例では、上記要件のうち、犯意が単一で継続しているのかという基準がその判断において重視されているものと解される。

　(d)　**第4の類型──連続犯の場合**　上記(c)の接続犯の要件のうち、時間的・場所的接着性の要件が緩和される場合をいう。

　同種の行為の反復につきどのように取り扱われるかに関し、旧法55条において、「連続シタル数個ノ行為ニシテ同一ノ罪名ニ触ルル時ハ一罪トシ

テ之ヲ処断ス」と規定されていた。しかし、連続犯を広範囲に認めすぎた
ため不都合が生じて、この規定は昭和22年に削除されている。

　医者である被告人が約4カ月もの間に約40回、同じ場所で同一の麻薬中
毒患者に、中毒症緩和のために麻薬注射をした場合、その注射行為は時間
的に連続し、場所・目的・対象など犯行の事情、構成要件、被害法益、犯
意などを同一にするから、併合罪ではなく、包括的一罪である（最判昭和
32・7・23刑集11巻7号2018頁参照）。

　また、同一被害者に対し一定の期間（約4カ月間または約1カ月間）内に
反復累行された一連の暴行によって種々の傷害を負わせた事実について、
その暴行が、被告人と被害者との一定の人間関係を背景として、ある程度
限定された場所で共通の動機から繰り返し犯意を生じて行われたものであ
ることなどの事情に鑑みると、全体を一体のものと評価し、包括して一罪
と解することができる（最決平成26・3・17刑集68巻3号368頁〔百選101事
件〕参照）。さらに、不特定多数の被害者に対して、同一構成要件に該当
する行為が連続・反復して行われた場合として、街頭募金詐欺事件（不特
定多数の者に対して複数の場所で欺罔行為がなされ、不特定の者から現金の交
付を受けたという事例）につき、併合罪ではなく（連続的）包括一罪とされ
た最高裁判例（最決平成22・3・17刑集64巻2号111頁〔百選102事件〕）が参
照される。当該判例では、約2カ月間、連日のように同一内容の定型的な
働き掛けを行って寄付金を募るという行為態様が不特定多数の通行人一般
に対して一括してなされたこと、一個の意思・企図に基づき継続して行わ
れた活動であること、被害者が投入する寄付金を個々に区別して受領する
ものでないこと等にかんがみて、財物の交付者（通行人）が複数でありな
がら、これを併合罪ではなく、一体として評価して包括一罪と解すること
ができるとされた。

●────評価上一罪：構成要件的評価の異質的包括性
　(1)　**法条競合**　　1個の行為について数個の構成要件に該当するかのよ
うに解されるが、結局は各法条間の論理的関係から、それらの中から1個
の構成要件だけが適用され、他は排除される場合をいう。通常4種類に分

類される。

　(a)　**特別関係**　　1個の行為が一般法と特別法に該当する場合で、特別法が一般法に優先する。たとえば業務上横領罪（253条）と単純横領罪（252条）や、殺人罪（199条）と同意殺人罪（202条）であって、前者が成立する場合には後者は適用されない。

　(b)　**補充関係**　　特定の構成要件の欠けた部分を他の構成要件が補充する関係に立つ場合に、1つの行為が同時にそのいずれにも該当するように解される場合をいう。基本法は補充法に優先適用される。たとえば、傷害罪（204条）が成立すると暴行罪（208条）は成立しない。また、建造物等以外放火罪（110条）と現住建造物等放火罪（108条）との関係である。

　(c)　**択一関係**　　1個の行為に同時に適用されるように解される数個の構成要件が論理的に両立し得ない排他的関係にある場合をいう。横領罪と背任罪（247条）、未成年者誘拐罪（224条）と営利目的等誘拐罪（225条）である。

　(d)　**吸収関係**　　1個の行為に適用されるかのように解される数個の構成要件につき、一方の構成要件該当行為が他の構成要件該当行為を通常随伴すると考えられるため、前者の構成要件による評価で足りる場合である。たとえば、一方の構成要件が他方の構成要件の中に必然的な過程または手段として含まれている場合で、強盗罪は暴行ないし脅迫罪（222条）を吸収すると解される。判例で、監禁罪（220条）の手段として行われた暴力行為等処罰に関する法律1条所定の暴行脅迫は、監禁罪に吸収されるとした事例がある。

　(2)　**不可罰的（共罰的）事前行為と不可罰的（共罰的）事後行為**　　数個の行為がそれぞれ別個の構成要件に該当するかのように解される場合でも、その中の1個の構成要件によって全体を包括的に評価し得る場合には、本来的一罪と解される。

　(a)　**不可罰的事前行為**　　基本犯罪に対する予備的段階にあるため、基本犯に包括的に評価され独立の処罰の対象とならないものをいう。たとえば、殺人罪（199条）と殺人予備罪（201条）や、通貨偽造罪（148条）と通貨偽造準備罪（153条）との関係をいう。

(b) 不可罰的事後行為

犯罪完成後の違法状態がすで
に1個の構成要件によって評
価され尽くしているかぎり、
事後の行為が他の構成要件に
該当・充足する場合でも別罪を構成しない場合をいう。たとえば、状態犯
である窃盗犯が後に盗品を利用・処分する行為の場合である。

　なお、委託を受けて管理する他人所有の土地に、欲しいままに抵当権を
設定しその旨の登記を完了した者が、さらにその土地を売却し移転登記を
完了するに至った場合について、その売却行為について、業務上横領罪を
肯定したケース（最大判平成15・4・23刑集57巻4号467頁［百選Ⅱ69事件]）が
参照される。

5. 数罪

　数個の構成評価を受ける犯罪事実のうち、刑を科す手続上においては一罪として取り扱われる場合を科刑上一罪という。科刑上一罪には、行為が1個である場合の観念的競合（54条1項前段）と、複数の行為が目的と手段、原因と結果などの関係のために1個に準ずる場合の牽連犯（54条1項後段）とがある。科刑上一罪は訴訟上の一罪として取り扱われ、その一部について判決が確定した場合、既判力・一事不再理効は他の部分にも及ぶ。その特徴は数罪のうち最も重い刑で処断される点にある。

　また公訴時効について、一体として観察し、その最も重い罪につき定めた時効期間によるとされる（最判昭和41・4・21刑集20巻4号275頁）。

　さらに、科刑上一罪とされない数罪のうち、法定（45条）の要件を充足するものは併合罪とされ、その併合罪の要件にも該当しない場合を単純数罪という。

● ─── 科刑上一罪（観念的競合・牽連犯）

(1)　**観念的競合**

　(a)　**意義**──「1個の行為」性ないし「重なり合い」の程度　　観念的競合とは、1個の行為が数個の罪名に触れる場合をいう。

　1個の行為の判断基準については、自然的観察・社会的見解によるとする考え方と、これを前提としつつもその判断において法的・規範的制約を受けるとする考え方がある。

　そもそも罪数とは構成要件的評価をすることであるから、行為を自然的観察・社会的見解に照らして判断するとしても、1個の行為の成否は構成

要件に該当する行為をその評価の対象とするため、構成要件による法規範的制約のなかで捉えるべきである。

1個の行為を判断するについて、最高裁では、「1個の行為とは、法的評価を離れ構成要件的観点を捨象した自然的観察のもとで、行為者の動態が社会的見解上1個のものと評価をうける場合をいう」とした（最大判昭和49・5・29刑集28巻4号114頁［百選104事件］参照）。

また、行われた行為がそれ以上に細分できない場合には、その行為の構成要件該当性を考慮して観念的競合の処理を検討すればすむことになる。しかし、一応その行為を分けて捉えられる場合には、どの程度重なりあっているかで判断することになる。異なった罪名の構成要件に該当するそれぞれの分断された行為が完全に合致する必要はないが、少なくてもその主要な部分が重なり合っていることが必要である。たとえば、職務執行中の公務員に暴行を加えて負傷させた場合には、傷害罪と公務執行妨害罪との観念的競合となる（大判明治42・7・1刑録15輯910頁参照）。

そして、その重なり合いは、ある構成要件に該当する行為と他の構成要件に該当する行為との間で問題にされるのであって、単なる自然的・社会的行為の重なりあいを問題にするのではないと解される。

(b) **関連判例の概要**　判例において、①酒酔い運転（道路交通65条1項）と業務上過失致死傷罪（自動車運転過失致死傷罪）とは併合罪、②無免許運転（道路交通64条）と酒酔い運転とは観念的競合、③信号無視（道路交通7条）と業務上過失致死傷罪（自動車運転過失致死傷罪）とは観念的競合、④無免許運転と最高速度違反（道路交通22条）とは併合罪、⑤道路交通法（同72条1項前段・後段）上の救護義務違反と報告義務違反とを観念的競合とした。

なお、上記関連判例の①・③では、自動車事故に関して「業務上過失致死傷罪」との間の各罪数が問題とされていたが、自動車の運転中に過失により人身事故を起こした場合に、刑法の改正（平成19年5月23日法律第54号）に基づき新設された「自動車運転過失致死傷罪」との間の罪数として捉えられることとなり、その後、同罪は刑法から除かれ特別法の「自動車の運転により人を死傷させる行為等の処罰に関する法律」（平成25年11月27

日法律第86号）で規定されることとなった。

　自動車運転過失致死傷罪や信号無視のように一定の法益侵害の発生によって犯罪事実が完成する場合と、酒酔い運転、無免許運転等の一定の法益侵害の状態が継続する限り犯罪事実が継続する場合とは区別される。そして便宜上、前者を「点」、後者を「線」と捉えて、点と線との関係にある場合を併合罪として、線と線との関係または点と点との関係にある場合を観念的競合として処理しているものと解される。⑤のような不作為犯の観念的競合については、特殊な問題として、後述(3)(a)の項で詳述する。

　なお、判例で、パチンコ店用のプリペイドカードを偽造してカード専用の玉貸機に挿入してパチンコ玉を窃取した事案につき、偽造カードの行使と窃盗との罪数関係を、牽連犯でなく観念的競合としたケースがある（広島地判平成 7・7・18判時1549号145頁参照）。

　(c)　**意義──「数個の罪名に触れる場合」**　また、2 個以上の罪名に触れる場合としては、1 個の行為が異なった数個の構成要件に当たる場合と同一の構成要件に該当する場合とに分類できる。同種の構成要件に該当する結果が数個発生した場合、観念的競合か本来的一罪（評価上一罪）かが争われる。この場合にはその保護法益の独立性で判断されることになる。たとえば、1 個の放火行為で数個の建造物を焼損した場合には、公益の安全が主たる法益であることから放火罪一罪が成立する。また、1 つの告訴状で数人につき虚偽の告訴をした場合には、被害者の数に応じた虚偽告訴罪（172条）が成立し観念的競合となる。

　(d)　**処断刑**　一個の行為が二個以上の罪名に触れる観念的競合の場合について「その最も重い刑により処断する」と定めているのは、「その数個の罪名のうちもっとも重い刑を定めている法条によって処断するという趣旨と共に、他の法条の最下限の刑よりも軽く処断することができないという趣旨を含むと解するのを相当とする」とされた（最判昭和28・4・14刑集 7 巻 4 号850頁参照）。また数罪が科刑上一罪の関係にある場合（観念的競合のケース）において、その最も重い罪の刑は懲役刑[*]（令和 4 年 6 月17日公布の改正刑法（法律第67号）により「懲役ないし禁錮」が「拘禁刑」として一本化されるが、その施行は当該公布日より起算して 3 年を超えない範囲内に

おいて政令で定める日からとされる。本章にて「拘禁刑」として施行されることになる箇所について＊マークを付けている）のみであるがその他の罪に罰金刑の任意的併科の定めがあるときには、刑法54条１項の規定の趣旨等にかんがみ最も重い罪の懲役刑にその他の罪の罰金刑を併科することができるものと解するのが相当であるとしたケースがある（最決平成19・12・３刑集61巻９号821頁）。さらに、科刑上一罪の「牽連犯」につき、「数罪が科刑上一罪の関係にある場合において、各罪の主刑のうち重い刑種の刑のみを取り出して軽重を比較対照した際の重い罪及び軽い罪のいずれにも選択刑として罰金刑の定めがあり、軽い罪の罰金刑の多額の方が重い罪の罰金刑の多額よりも多いときは、刑法54条１項の規定の趣旨等に鑑み、罰金刑の多額は軽い罪のそれによるべきものと解するのが相当である」としたケース（最判令和２・10・１刑集74巻７号721頁）があり、重点的対照主義（各罪の法定刑のうち重い刑種のみを比較対照して刑の軽重を判断する考え方）を修正した一連の裁判例として捉えられる。

(2) **牽連犯**　牽連犯とは、犯罪の手段もしくは結果たる行為が他の罪名に触れる場合をいう。

この手段ないし結果に該当するかどうかについて、どのように判断したらよいのかが問題となる。

この点につき、行為者があらかじめ主観的に手段・結果とする意思で行為した場合に牽連犯を認める考え方（主観説）がある。しかし、構成要件標準説の立場からは、ある犯罪と手段もしくは結果たる犯罪とに密接な因果関係が必要であり、その手段・結果の関係は経験上通常と認められるだけの類型性が必要である（客観説）と考えられる。最判昭和24年７月12日（刑集３巻８号1237頁参照）においても、「犯罪の手段とはある犯罪の性質上其手段として普通に用いられる行為をいうのであり、また犯罪の結果とはある犯罪から生じる当然の結果を指すと解すべきである」として客観説を採用している。

判例において具体的に牽連犯とされたものとして、①住居侵入罪（130条）と窃盗（235条）・放火（108～110条）・殺人（199条）・強盗（236条）の各犯罪、②私文書偽造罪（159条）と偽造私文書行使罪（161条）、③偽造文

住居侵入　　　　　　　　　窃盗

書の行使罪（158条・161条）と詐欺罪（246条）等がある。これに対して、密接な関係にある犯罪類型であるのにもかかわらず牽連犯を認めずに併合罪としたものとしては、④賭博開帳罪（186条2項）と賭博罪（185条）、⑤殺人罪（199条）と死体損壊罪（190条）、⑥保険金詐取を目的とする放火罪と保険金詐欺罪等がある。なお、恐喝の手段として監禁が行われた場合の罪数関係につき、不法監禁罪と恐喝罪の牽連犯とされた（大判大正15・10・14刑集5巻456頁）が、この点判例が変更し、通常、両罪は手段・結果の関係にあるものといえずとして、被害者を監禁して金品を喝取する際被害者に加えた暴行に傷害を負わせた上脅迫して現金等を喝取した場合に、監禁致傷罪（221条）と恐喝罪（249条）の併合罪とされた（最判平成17・4・14刑集59巻3号283頁［百選103事件]）。

　牽連犯は、観念的競合と同様に各罪の刑のうち最も重いものによって処断される。なお、牽連犯の処断刑について前述した令和2・10・1付け最高裁判例が参照される。

(3)　科刑上一罪に関する特殊な問題

(a)　不作為犯の観念的競合

行為は、作為と不作為による場合がある。そして観念的競合は、1個の行為が2個以上の罪名に触れる場合に成立する。そのため、不作為と作為、または不作為と不作為との間にも「1個」の行為があるとして観念的競合が成立するのかどうかが問題となる。判例では、車を運転中歩行者に重傷を負わせる交通事故を起こしたにもかかわらず、負傷者を救護せずまた事故を警察官に報告もせずに現場から逃走した被告人につき、道交法上の救護義務違反と報告義務違反という2個の真正不作為犯につき観念的競合なのか併合罪なのかが争われた（最大判昭和51・9・22刑集30巻8号1640頁［百選105事件］参照）。併合罪説は、不作為そのものの個数は対応する別個の作為を予定せざるをえないかぎり、意思活動として複数個と考えられ、併合罪であるとする。

　しかし、そもそも行為とは、自然的観察のもとでなされる。救護しない

不作為と報告しない不作為とは、同一のひき逃げ行為という時間的・場所的状況のもとで、ひき逃げという1個の行為から同時に派生した2つの不作為と構成でき、自然的観察、社会的見解のもとでは1個の動態として評価できる。そのため、観念的競合と解される（判例同旨）。

(b) **かすがい現象**　　かすがい現象とは、A罪とB罪とが本来併合罪であっても、A罪とB罪のそれぞれがC罪と科刑上一罪の関係に立つ場合には、A罪とB罪も科刑上一罪の関係に立つことをいう。すなわち、全体として科刑上一罪として処断されることになる場合をいう（次頁の図参照）。

具体的には、判例では住居に侵入して順次3人を殺害した場合には、住居侵入罪と各殺人罪との間に牽連犯の関係があり、全体として科刑上一罪が成立するとされている（最決昭和29・5・27刑集8巻5号741頁［百選106事件］参照）。また、1個の居眠り（過労）運転と2人に対する業務上過失致死傷罪を犯した場合には、全体として観念的競合とした判例がある（最決昭和33・4・10刑集12巻5号877頁参照）。

かすがい現象

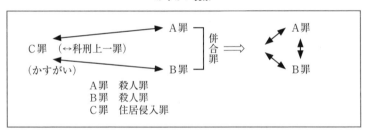

しかし、かすがいとなる犯罪類型（上記前者の判例における住居侵入罪）に比較してかすがいにより結び付けられる犯罪（上記前者の判例における殺人罪）の法定刑が重い場合には、本来であれば併合罪として処断されるものが、かすがいとなる罪の存在によって処断刑が軽くなって

しまうのではないかという刑の均衡論に関する疑問が生じる。

そのため、新しい解釈論が展開されているので、上記前者の判例の事案

を例にとって、以下説明する。(i)かすがいにより結び付けられる2個の殺人罪のうちの一方と、かすがいとなる住居侵入罪とは牽連犯となり、この牽連犯と他方の殺人罪とが併合罪となるとする考え方、(ii)かすがいにより結び付けられる2個の殺人罪と、かすがいとなる住居侵入罪とはそれぞれ牽連犯となり、その各科刑上一罪が併合罪となるとする考え方、(iii)かすがいにより結び付けられる2個の殺人罪について併合罪の成立を認めたうえで、この併合罪とかすがいとなる住居侵入罪とが牽連犯となるとする考え方が提唱されている。しかし、(i)説については、牽連関係がなぜかすがいにより結び付けられる片方の犯罪との間に認められるのに、他方との牽連関係が否定されるのか合理的説明が困難である。また、(ii)説に対しては、一罪としての住居侵入罪を罪数評価において数回考慮することは不当である。(iii)説に対しては、このような科刑上一罪による処断が現行法の解釈において認められるのかが疑問とされる。

　以上から、かすがい現象を認めたうえで、刑の不均衡の問題については、量刑上の運用で対処すべきであると解する。実務的には広範な法定刑の中で、裁判所によるバランスのとれた処断刑を採用するという対応をすれば、実際上の不都合は回避されるであろう。

●───── 併合罪

　(1)　**意義**　　併合罪とは、確定裁判を経ていない2個以上の罪をいう。ある罪について、禁錮*（改正刑法の施行により拘禁刑とされることについて326-327頁参照）以上の刑に処する確定裁判があったときは、その罪とその裁判確定前に犯した罪とを併合罪とする。

　併合罪は実質的に数罪であり（本来的一罪と区別される）、科刑上も数罪である（科刑上一罪と区別される）。ただ、それが同時審判の可能性のある数罪であることから（単純数罪と区別される）、刑の適用上特別な取扱いを受けるものである。

　(2)　**種類**　　併合罪には2つの場合がある。①確定裁判を経ていない2個以上の罪がそのまま併合罪とされる同時的併合罪の場合、すなわち、同時に訴追ないし審判しうる現実的可能性がある場合と、②禁錮*以上の刑に

処する確定裁判があったときは、その確定裁判のあった罪とその裁判確定前に犯した罪が併合罪とされる事後的併合罪の場合である。

(3) **趣旨**　併合罪として取り扱われる趣旨は、併合関係にある数罪については、刑の適用上一括して取り扱うことが合理的であり、共通した行為者の人格の発現としての行為は一括評価することが妥当であるからである。確定裁判によって限界づけているのは、確定裁判によって、行為者に重要な影響が与えられ、新たな人格態度がとられることが期待されるからである。

(4) **処理方法**　併合罪の処理の仕方には、吸収主義、加重単一刑主義、併科主義の3種類ある。日本刑法はこれらを併用している。

(a) **吸収主義（46条1項本文および同2項本文）**　一罪について死刑または無期*刑に処するときは、他の刑を科さない。ただし、死刑については付加刑（9条）である没収は併科される。無期*刑の場合には、罰金・科料・没収を併科することができる。

(b) **加重単一刑主義（47条・48条2項）**　併合罪関係の2個以上の罪につき有期*刑に処するときは、その最も重い犯罪に対する法定刑の長期にその半数を加えたものが長期とされ、そして各罪の長期の合算したものを超えることができないとされる。また、いかに加重しても30年を超えることができないとされる（14条2項）。2個以上の罰金はその合算以下で処断する。

(c) **併科主義（48条1項、46条1項ただし書および同2項ただし書、49条2項、53条）**　罰金、拘留、科料と他の刑は原則として（例外については46条）併科する。2個以上の没収・拘留・科料も併科する。

併合罪につき2個以上の裁判があるときはその言い渡された刑をあわせて執行する。ただし死刑の場合は没収、無期刑の場合は罰金・科料・没収とのみ併せて執行する（51条1項）。数個の有期刑の場合にはその最も重い罪の定めた刑の長期の1.5倍を超えて執行できないとされる（51条2項）。

(5) **関連判例**　判例では、パチンコ店で模造コインをコイン計量用のジェットカウンター内に不正に投入して景品引換券1枚を窃取した後、さらに同様の方法で窃取しようと考え、いったん店を出て駐車してあった自

分の自動車からも同種の模造コインを取り出し店内に持ち込んで景品引換券を窃取した事案につき、単一の犯意の発現としての一連の動作ともいえないとして包括的一罪を否定して併合罪を認めたケースがある（東京高判平成 5・3・29判タ840号222頁参照）。

　また、被告人らが甲会社代表取締役宛てに恐喝文言を記載した通知書を郵送した後、他人に依頼して同社に行かせたり電話をかけさせたりして金員を脅し取ろうとしたが失敗し、さらに、乙会社の常務取締役宛てに恐喝文言の記載した通知書を郵送し同社との交渉の末 1 億円を支払う旨の意思表明をさせて脅し取った事案につき、通知書の発送という点で共通しているものの実行行為の大半は重ならず相手方も異なっていること、さらには恐喝罪の保護法益などを考慮し、両者は別個独立の犯罪で包括的一罪でないとしたケースがある（東京高判平成 8・6・25判時1581号134頁参照）。

6. 共犯と罪数

　共犯と罪数については、第1に共犯者の罪数、すなわち、共犯は1個成立したのか数個成立したのかにつき、どのような基準で判断するのかという問題と、第2に、共犯が数個成立した場合に、その数罪の競合関係（観念的競合なのか併合罪なのかなど）は、どのような基準で決定されるのかという問題とに区別して考えられるべきである。

●─── 共犯の犯罪の個数

　共犯の犯罪として1個成立したのか数個成立したのかという、共犯に関する犯罪の個数の問題については、共犯従属性説（および制限従属性説）を前提として共犯の処罰根拠という実質的観点から考えるべきである。共犯従属性説からは、共犯は確かに「正犯の行為を通じて」結果が発生した場合に共犯が責任を負うという意味で、共犯は正犯に従属している。すなわち、共犯は実行行為以外の行為をもって正犯に加功することによって成立するから、このような従属性から、成立すべき共犯の個数については、正犯の罪の個数に従って決定されると解される。

　しかし、ゆきすぎた従属性は問題であり、共犯の可罰性までの従属性を必要とする可罰性借用説は、共犯者も自己の行為およびそれによって生じた法益侵害結果についてのみ罪責を問われるという個人責任の原則からして不当である。そもそも共犯は正犯行為による法益侵害結果を間接的に惹起させたことにより処罰されるという処罰根拠から、共犯が正犯の行為を通じて、複数の構成要件該当評価を受けるような法益侵害結果を生じせしめているかどうかが判断されるべきである。

　この点につき、「幇助罪は正犯の犯行を幇助することによって成立する

ものであるから、成立すべき幇助罪の個数については、正犯の罪のそれに従って決定される」とした判例がある（最決昭和57・2・17刑集36巻2号206頁［百選107事件］参照）。

●──── 共犯に数罪成立した場合の罪数処理

　共犯に犯罪が数個成立した場合に、その数罪の競合関係（観念的競合なのか併合罪なのかなど）の決定基準については、主として正犯に成立する競合関係を基準とするのか共犯行為を基準とするのかが議論される。

　この点につき、共犯従属性説を前提として共犯は正犯の可罰性まで従属するものであると解することにより、正犯の行為を基準とすべきであるとする考え方がある。

　確かに、「正犯の行為を通じて」結果が発生した場合にのみ共犯は責任を負うという意味で、共犯は正犯に従属している。しかし、個人責任の原則に基づき、共犯も自己の行為およびそれによって生じた法益侵害結果についてのみ罪責を問われるという共犯の実質的処罰根拠をも考慮して、共犯者の共犯行為を基準とすべきである。すなわち、数個の共犯の競合関係の処理については、共犯行為自体を基準としてなされるべきである。

　たとえば、幇助行為が1個でも（54条1項前段の「1個の行為」について前出325頁の最大判昭和49・5・29参照）正犯の実行行為が数個あるため2個の覚醒剤取締法違反の幇助の罪が成立した場合に、正犯の罪が併合罪の関係にあっても幇助の罪は観念的競合になるものと解する（上記［百選107事件］同旨）。

　なお、共犯に犯罪が1個成立した場合も、数個成立した場合と同様に、共犯従属性説（および制限従属性説）を前提として共犯も自己の行為およびそれによって生じた法益侵害結果についてのみ罪責を問われる（個人責任の原則）という共犯の実質的処罰根拠に基づいて判断されるべきである。

　たとえば、教唆・幇助が数回行われたが、正犯者の実行行為が1回で一罪のみ成立する場合には、法益侵害は1個であるが、包括的一罪か単純一罪について議論がある。共犯の従属性を強調すると単純一罪となると考えられるが、前述したように、共犯の実質的処罰根拠に基づき共犯者の行為自体に着眼すると、包括的一罪と解される。

答案（論文）作成テクニックのポイントⅠ── 事例問題

1．問題提起
　　──事案（事例）分析
　　──問題の所在
　　──問題点の指摘
　　──問題点（ないし論点）への導入方法
　　　　（条文の形式的文理解釈による不都合性、結果の具体的妥当性の観点、原理・原則論 etc.）

2．論証
　　(1)　規範定立のプロセス（自説の理由・根拠付けないし論証過程）
　　　　(a)　原理・原則論
　　　　(b)　制度論
　　　　(c)　条文の趣旨
　　　　(d)　形式的文理解釈
　　　　(e)　定義・概念論
　　　　(f)　利益衡量論
　　　　(g)　基礎理念
　　　　(h)　結果の具体的妥当性
　　　　(i)　実質的妥当性／実体論
　　　　(j)　判例の引用
　　　　(k)　反対説への批判
　　(2)　規範定立（ないしは自説の確立）

3．具体的事例（事実）へのあてはめ
　　──事案（事実）分析
　　──具体的な事実内容の整理
4．結論

5．その他の注意点
　　──出題意図の把握
　　──接続詞の選択・使用方法
　　──問題文の形式に対応
　　──文字・段落分けに対する配慮
　　──条文引用の正確性
　　──冒頭部分の工夫

1．論述構成（出題意図の把握）
　　　　——問題文の逐語分析
　　　　——問題文で使用されている概念・用語の定義付け
　　　　——問題点の抽出・設定
　　　　——問題形式（a原則－例外型、b相違・異同・比較対照型等）および内容（適法性・効力論・性質論等）に対応した問題点の抽出
　　　　——問題点の論理的関係ないし論述順序
　　　　——段落ないし項目分けの工夫
　　　　——問題点に対応した適切な具体的事例の選定

2．A．各問題点についての論証
　　　(1)　規範定立のプロセス（自説の理由・根拠付けないし論証過程）
　　　　　(a)　原理・原則論
　　　　　(b)　制度論
　　　　　(c)　条文の趣旨
　　　　　(d)　形式的文理解釈
　　　　　(e)　定義・概念論
　　　　　(f)　利益衡量論
　　　　　(g)　基礎理念
　　　　　(h)　結果の具体的妥当性
　　　　　(i)　実質的妥当性／実体論
　　　　　(j)　判例の引用
　　　　　(k)　反対説への批判
　　　(2)　規範定立（ないしは自説の確立）
　　B．原則－例外型問題の留意点
　　　(1)　原則に関する論述——特に(a)(b)(c)(d)(e)
　　　(2)　例外に関する論述——特に(f)(g)(h)(i)
　　C．1行型問題の一般的留意点
　　　各問題に対応した論点につき上記A．(1)に基づく規範定立をし、適切な具体的事例を摘示する。

3．具体的事例（事実）へのあてはめ
　　　　——事案（事実）分析
　　　　——具体的事実内容の整理

4．結論

5．その他の注意点
　　　──接続詞の選択・使用方法
　　　──問題文の形式に対応
　　　──文字・段落分けに対する配慮
　　　──条文引用の正確性
　　　──冒頭部分の工夫

事項索引

判例索引

著者紹介

島　伸一（しま・しんいち）＊編著者
　　駿河台大学名誉教授・弁護士
只木　誠（ただき・まこと）
　　中央大学法学部教授
山本輝之（やまもと・てるゆき）
　　成城大学法学部教授
髙山佳奈子（たかやま・かなこ）
　　京都大学法科大学院・法学部教授
大島良子（おおしま・よしこ）
　　弁護士

たのしい刑法Ⅰ　総論　〔第3版〕

1998（平成10）年3月15日	たのしい刑法		初版1刷発行
2008（平成20）年6月15日	同		第2版1刷発行
2012（平成24）年3月30日	たのしい刑法Ⅰ		初版1刷発行
2017（平成29）年3月30日	同		第2版1刷発行
2023（令和5）年3月15日	同		第3版1刷発行

編著者　　島　　伸一

発行者　　鯉渕　友南

発行所　株式会社　弘文堂　　101-0062 東京都千代田区神田駿河台1の7
　　　　　　　　　　　　　　TEL 03(3294)4801　振替 00120-6-53909
　　　　　　　　　　　　　　https://www.koubundou.co.jp

印　刷　港北メディアサービス
製　本　井上製本所

ISBN978-4-335-35923-1